U0873816

"十四五"职业教育国家规划教材

新编21世纪高等职业教育精品教材●工商管理类

+ BUSINESS ADMINISTRATION

管理心理学

（第五版）

邓靖松●编著

中国人民大学出版社

·北京·

图书在版编目（CIP）数据

管理心理学/邓靖松编著．-- 5 版．-- 北京：中国人民大学出版社，2025.4．--（新编 21 世纪高等职业教育精品教材）．-- ISBN 978-7-300-33899-6

Ⅰ．C93-051

中国国家版本馆 CIP 数据核字第 2025WY0628 号

“十四五”职业教育国家规划教材
新编 21 世纪高等职业教育精品教材·工商管理类
管理心理学（第五版）
邓靖松　编著
Guanli Xinlixue

出版发行	中国人民大学出版社		
社　　址	北京中关村大街 31 号	邮政编码	100080
电　　话	010－62511242（总编室）		010－62511770（质管部）
	010－82501766（邮购部）		010－62514148（门市部）
	010－62511173（发行公司）		010－62515275（盗版举报）
网　　址	http://www.crup.com.cn		
经　　销	新华书店		
印　　刷	天津中印联印务有限公司	版　　次	2010 年 10 月第 1 版
开　　本	787 mm×1092 mm　1/16		2025 年 4 月第 5 版
印　　张	14.75	印　　次	2025 年 4 月第 1 次印刷
字　　数	352 000	定　　价	45.00 元

第五版前言

随着经济与社会的发展，管理心理学研究的成果逐渐在实践中得到重视，并逐步拓展到行为经济学、行为金融学等社会科学相关领域，社会科学各领域的学者也越来越关注人类行为背后的心理学规律。近年来，研究管理心理学的学者多次获得诺贝尔经济学奖，进一步彰显了管理心理学的重要作用。管理心理学的知识体系建立在这些理论研究的基础之上，并将相关理论应用于组织管理的实践，形成理论与实践相结合的学科结构。本教材的编写主要围绕个体心理、群体心理和组织心理的通用框架展开，目的是帮助读者学习系统的管理心理学知识并能够在管理实践中加以应用。

本教材第四版出版已经 3 年。3 年来，组织内外环境的变化与管理心理学理论的发展都非常快，因此很多新知识、新技术需要通过教材修订来加以补充。党的二十大报告指出，要加强教材建设和管理，推进教育数字化。在这次教材修订中，我们紧密结合管理心理学的理论基础和最新进展，系统介绍管理心理学的理论体系。在修订期间，编者获得管理心理与行为相关领域内的国家自然科学基金资助（NSFC：71772189），并把课题研究的部分成果和收集的最新资料也加到了新一版的教材中。

本教材修订以立德树人为目标，并力求落实《习近平新时代中国特色社会主义思想进课程教材指南》。本教材尝试采用科普风格介绍管理心理学的理论知识，力求语言简洁、内容生动。本教材在内容安排上，注重问题导向，引导读者自己思考和解决问题，并且重点介绍各种理论的实践应用。本教材在修订过程中仍然注重突出以下五个特点：

1. 直观形象。通过图形、数据等直观地呈现管理心理学的理论与应用，尽量使教材内容一目了然；通过图示帮助建立理论构思的假设以及确定研究的实施过程等；通过小资料的引用和现实管理中的案例，使教材内容生动有趣，避免陷入抽象的理论框架和知识介绍的窠臼。

2. 实践导向。以经典的管理心理学理论作为研究对象，阐明管理心理学理论的来龙去脉；以企业管理实践中的类似问题作为实践案例，通过丰富的事例强调理论的应用，让读者切实掌握相关理论并能够把理论运用到工作和生活中。在每单元的最后，编者还结合本单元内容设计了“技能开发”栏目，旨在通过管理游戏、案例分析和心理测验等活动培养读者在相关领域的管理技能。

3. 中西结合。管理心理学早期的理论多由国外学者总结和开发，随着中国经济的高速发展，管理心理学理论在中国的管理实践中得到很好的应用和验证。因此，我们在教材修订时既重视学习国外先进理论的全球视野，又强调结合中华优秀传统文化和现代优秀企业的本土管理智慧，不仅吸收和运用相对成熟的管理心理学理论，还结合中华优秀传统文化思考这些理论对当今管理实践的启示。我们在新版教材中补充了国际学者的最新研究成果和理论，同时增加了大量中国知名企业的管理实践案例，从中西结合、传统与现代结合的双元视角帮助读者更好地掌握管理心理学的知识和技能。

4. 注重动态趋势。由于管理心理学的理论体系还在不断完善之中，新的研究和理论不断出现，因此本书关注管理心理学的最新进展和发展趋势，较多地引用近年来管理心理学的研究成果，并对某些理论的局限和未来研究方向略作评述，希望引起读者进一步的思考和探索。同时，本书注重启发读者以发展的眼光学习管理心理学，理解管理心理学的理论只是相对真理而不是绝对真理，掌握管理心理学理论发展的一般规律。

5. 突出研究背景。由于管理心理学的理论基本上来自以往的实证研究结论，如果仅仅介绍相关的理论，读者只能知其然而不知其所以然，因此本书在介绍理论知识的同时，突出对得出理论的研究背景的介绍，让读者了解理论产生的时代背景、当时研究者思考以及所解决的理论问题，从而帮助读者在学习中能够透过现象看本质，深刻理解管理心理学的理论思路。

全书分为 4 个模块共 12 个单元，内容体系如下：“模块 1　管理心理学概述”介绍管理心理学的基本概念、学科体系、产生背景和历史演变；“模块 2　个体心理与行为”从个体研究的角度介绍管理心理学的基础理论，包括：个体知觉与管理，个体差异与管理，态度、价值观与管理，激励理论及其应用；“模块 3　群体心理与行为”从群体行为的角度探讨心理学理论在组织管理中的应用，包括：群体心理与团队管理，沟通的理论与应用，冲突与谈判；“模块 4　组织心理与行为”从组织结构、组织文化和员工心理健康管理的角度介绍心理学知识的运用，包括：领导理论及其应用，组织理论及其应用，组织文化建设，员工压力与心理健康。

本书既可以作为教材，也可以作为了解管理心理学的入门读物。由于编者尝试采用通俗易懂的风格写作，因此本书中可能会存在许多不足之处，敬请读者批评指正。在此次修订中，中山大学管理学院的赵静和王雪晴同学参与了修订工作，在此表示感谢。

目　录

模块 1　管理心理学概述

单元 1　认识管理心理学 …… 3

1.1　管理心理学的定义 …… 3
1.2　管理心理学的学科体系 …… 4
1.3　学习管理心理学的目的和意义 …… 5
1.4　管理心理学的产生与发展 …… 7

模块 2　个体心理与行为

单元 2　个体知觉与管理 …… 15

2.1　知觉 …… 16
2.2　社会知觉 …… 21
2.3　归因理论 …… 26

单元 3　个体差异与管理 …… 31

3.1　个性心理特征 …… 32
3.2　气质 …… 34
3.3　性格 …… 40
3.4　能力 …… 45

单元 4　态度、价值观与管理 …… 51

4.1　态度与管理 …… 52

4.2 工作满意度 …… 57
4.3 价值观 …… 60

单元 5 激励理论及其应用 …… 70
5.1 内容型激励理论 …… 72
5.2 过程型激励理论 …… 78
5.3 激励理论的应用 …… 82

模块 3 群体心理与行为

单元 6 群体心理与团队管理 …… 91
6.1 群体心理与行为基础 …… 91
6.2 群体心理的基础理论 …… 96
6.3 团队管理 …… 102

单元 7 沟通的理论与应用 …… 113
7.1 沟通概述 …… 113
7.2 管理沟通 …… 117
7.3 影响沟通的因素和改善策略 …… 120

单元 8 冲突与谈判 …… 129
8.1 群体中的人际关系 …… 129
8.2 冲突与管理 …… 134
8.3 谈判与管理 …… 143

模块 4 组织心理与行为

单元 9 领导理论及其应用 …… 153
9.1 领导概述 …… 154
9.2 领导特质理论 …… 156
9.3 领导行为理论 …… 158
9.4 领导权变理论 …… 161
9.5 领导理论的新进展及应用 …… 167

单元 10 组织理论及其应用 …… 174
10.1 组织的概念、类型与功能 …… 175
10.2 组织理论 …… 177
10.3 组织结构与设计 …… 178
10.4 组织变革与发展 …… 185

单元 11 组织文化建设 …… 194
11.1 组织文化的概念与作用 …… 195
11.2 组织文化的构成与影响要素 …… 197
11.3 组织文化理论 …… 200
11.4 组织文化建设的内容与步骤 …… 205
11.5 跨文化管理 …… 207

单元 12 员工压力与心理健康 …… 217
12.1 压力概述 …… 217
12.2 压力应对策略 …… 220
12.3 员工帮助计划 …… 221

参考文献 …… 226

模块1

管理心理学概述

单元 1 认识管理心理学

学习目标

知识目标：

1. 了解管理心理学的定义和学科体系
2. 了解学习管理心理学的目的和意义
3. 了解管理心理学产生和发展的历程

技能目标：

1. 懂得运用管理心理学去理解组织和组织行为
2. 懂得运用管理心理学去加强组织和行为管理

素养目标：

1. 系统学习管理心理学理论，提高学术与文化修养
2. 理解马克思主义指导下的管理实践，强化民族自信和理论自信

1.1 管理心理学的定义

管理心理学是研究管理活动中人的心理与行为的发生、发展与变化的一般规律的科学，是心理学和管理学交叉的一个应用学科。管理心理学是工业心理学的一个重要分支，早在 20 世纪 20 年代至 30 年代，工业心理学就比较注重有关员工心理调节和工业效率影响因素的行为研究，尤其是有关人员选拔、配备、评价和培训的人事心理学研究。此后，研究的重心转移到群体社会心理因素和组织背景中的工作行为研究。到 60 年代，管理心理学逐步形成比较系统的学科领域。到 70 年代至 80 年代，管理心理学在激励、群体、领

导行为方面的理论与应用研究日趋活跃。90年代以来，管理心理学日益关注组织层面的问题，越来越与组织行为学融合在一起。

美国工业与组织心理学会（SIOP）提出，工业与组织心理学学科的目标为：通过在各类提供产品与服务的组织（包括制造业、商业、工会组织以及公共机构等）中开展各种心理学应用，增进人类福祉。由此可见，管理心理学的应用范围不仅是工业企业，而且包含各类组织机构。

1.2 管理心理学的学科体系

管理心理学的学科体系主要包括三大部分：个体管理心理、群体管理心理和组织管理心理。这三个部分相互影响和制约，决定着管理心理学的形成和发展。

一、个体管理心理

个体管理心理着重于研究管理情景中员工和管理人员个体心理特征的形成与作用，着重于理解个体心理特征的差异在管理中的应用。其主要包括四个方面的内容：(1) 知觉与信息加工过程、决策判断与问题解决模式、学习过程、归因与行为风格等；(2) 能力、技能、个性和工作价值取向等；(3) 工作激励的内容理论与过程理论、工作激励的有效策略等；(4) 工作态度、工作满意感与工作绩效、工作价值观及管理策略等。

二、群体管理心理

组织管理的基本单元是群体。群体管理心理的核心理论是“群体动力学”，即群体组合、协调、发展的动态机制。因此，群体特征并不等于个体特征的简单相加或者相乘，人们在群体中的行为跟独处时的行为会有差异，因为群体中存在群体角色、规范和群体动力的作用，人们的心理和行为在群体中会相互影响。群体管理心理包含四个方面的内容：(1) 群体动态发展，即群体发展阶段与群体互动、群体规范和群体内聚力、群体决策等；(2) 群体间动力学，即群体间沟通、群体间工作模式、群体关系协调等；(3) 团队管理，即团队工作理论、高效团队的特征、团队管理途径等；(4) 群体沟通和协调，即群体沟通模式、冲突管理策略和群体领导协调途径等。

三、组织管理心理

组织管理心理是管理心理学的整合分析，着重分析组织的结构、设计、文化等如何影响员工的态度和行为。组织管理心理由以下四个方面组成：(1) 领导行为与管理决策，含领导行为与权力模式、领导行为的传统理论与权变理论、管理决策的理论与优化方法等；(2) 组织结构和组织设计，含组织理论、组织结构与技术机制、组织设计与权变因素等；(3) 组织文化，含组织文化的理论、组织文化的策略、交叉文化下的组织管理等；(4) 组织发展和战略管理，含组织变革和发展的模型、组织发展与管理改革创新的途径、学习组织与战略管理的理论与方法等。

1.3 学习管理心理学的目的和意义

一、认识人心：原来人心也可测

中国有个成语叫“人心叵测”，意思是人心不可测，揣摩一个人的心理状态非常困难。然而随着心理测评理论和方法的发展，人们可以通过一系列标准化测验，对贯穿于人的认知、情感、行为等心理活动全过程的心理特质作出推论和量化分析。

美国心理学家卡特最先提出“心理测评”这个概念，心理测评是指通过一系列的科学方法测试个体的心理特征。心理测评不仅可以用于诊断个体的心理健康，而且还广泛应用于人才招募选拔、培训开发和职业生涯管理等领域。心理测评的概念一产生，立刻得到管理实践者的关注，因为管理中的选人和用人都需要建立在对人的透彻了解的基础之上，如果心理测评能够对人的心理进行科学的解释和预测，其在管理中的作用将是难以估量的。例如通过心理测评，可以了解一个人是否胜任某一岗位以及他/她的未来发展潜力。因此，在管理心理学者和管理实践者的共同努力下，心理测评技术在当今的管理活动中得到了迅速发展。

心理测评在管理中的应用是多方面的，例如在人员选拔工作中，常常用心理测评来测量员工的认知能力、个性和兴趣。大量研究发现，这三种心理特征与工作绩效的关系最为密切。

关于心理测评的理论与应用，本书将在“模块 2　个体心理与行为”部分进行详细的介绍。

二、引导人心：人心所向即领导

对于领导的研究很多，既有关于领导特质、领导行为和领导魅力等的相关理论，又有关于领导过程、领导技巧的相关方法。如果我们认真思考领导的本质问题，即下属为什么愿意接受领导，就可以得出结论：领导的本质是下属的追随与服从。如果下属不愿意追随并服从，仅仅是屈服于领导者的权威或者正式的职位权力，那么领导者只是名义上的领导，而不是真正意义上的领导。因此从某种程度上说，领导成功与否在于对人心的引导和驾驭，只有那些善于收服人心的领导者，才能做到人心所向，成为名副其实的成功领导者。

深入分析领导的过程，可以发现领导实际上是对下属施加影响力的过程，而这种影响力的表达形式是多种多样的，要么通过领导者自身的个性特质让下属信赖，要么通过表现不同的领导风格和领导行为让下属喜欢并追随，要么通过领导者本人的人格魅力获得下属的尊敬，或者还可以通过领导者和下属的社会交换来换取下属的忠诚。总之，领导者的影响力要体现在下属的行为之中，要让下属接受领导者的影响并表现出跟随的行为。而在这种影响过程之中起决定性作用的是下属的心理因素，所以要做好领导者，就必须了解处于不同情境中的下属的心理特征，思考他们在什么情境中更可能喜欢领导者、信任领导者和忠诚于领导者。

因此，准确地说，管理心理学关于领导心理的研究思路实际上侧重于对下属心理的研究。纵观领导研究的历史沿革，我们可以发现：领导的特质理论探讨的是不同个性特质的领导者的领导成效，领导的行为理论研究的是不同领导风格的领导者所带来的下属绩效。

三、理解人心：沟通须从心开始

沟通是一种信息交流的过程，是信息借助一定的符号载体在个人或群体间进行传递并获取理解的过程。管理沟通之所以在组织管理中具有举足轻重的地位，是因为沟通既是组织获得必要信息的重要途径，也是满足员工心理需求、改善人际关系的重要工具。虽然在组织管理中可以通过制度来保障沟通的实施，沟通者也只需要语言信息等作为传递工具，但是有效沟通必须从心开始，否则，沟通只能传递信息而不能交流情感，难以让沟通对象产生贴心的感受，沟通的效果也会大打折扣。事实上，心与心的交流是沟通的本源。

俗话说：知人知面不知心。如何理解人心，仍须从心开始，只有了解沟通对象的动机、需要、态度、兴趣和价值观等心理特征，才能有效地选择沟通的媒介、环境和沟通的方式。因此个性心理是管理沟通的基础，例如有关态度的认知失调理论为沟通中说服对方改变态度提供了理论依据，有关价值观的介绍为调解管理冲突提供了解决思路。

在本书的“模块 3　群体心理与行为”部分，我们将介绍心理学的内容如何运用于群体和团队的管理之中，例如团队的建设和冲突管理的方法。尤其在“单元 7　沟通的理论与应用”中，我们将对沟通的过程、影响沟通的因素以及沟通的策略和方法进行系统的介绍。

四、激发人心：激励重在动人心

激励能够提高员工和企业的绩效，是管理的重心之一，而激励的核心是激发人的动机，让员工产生努力工作的意愿。所有的激励理论都是围绕激发人心展开的，其中内容型激励理论从人内心的需要和动机入手，认为激励的过程就是满足人内心的需要并且持续激发新的需要和动机的过程。一方面，内心的需要得到满足后，人们就会产生更强的满意感，从而提高工作的积极性；另一方面，人们为了满足自己内心的需要，也会形成很强的动机去积极工作，从而获得激励并表现出努力工作的行为。在这种观点下，马斯洛、麦克利兰、奥尔德佛等人从不同的角度对需要的内容和层次进行了归纳与比较，赫茨伯格对导致满意和不满意的因素进行了总结与分析，各自得出了有关激励要素的内容型理论。而过程型激励理论着重研究人从动机产生到采取行动的心理过程。过程型激励理论特别注重解释需要、奖励和行为之间的关系与相互作用，例如公平理论、期望理论、目标设置理论等。这类理论同样以激发人心为基础，它们关注的重点是激发人心的过程。过程型激励理论认为要使员工出现企业期望的行为，需要在员工的行为与员工需要的满足之间建立起必要的联系。

本书的“单元 5　激励理论及其应用”将系统介绍有关激励的内容型理论和过程型理论，详细分析人的需要、动机以及激发人心的各种因素，深入分析激发人心的过程和激励机制等。

五、呵护人心：心理调适解压力

组织管理中的心理健康也是管理心理学研究的重要内容。当今中国处于经济全球化的转型期，社会变化快速，文化多元，人们有时难以适应快节奏而产生压力，一些人心态浮躁，没有安全感。而且，职场的激烈竞争、沉重的工作负荷，也使得某些员工感觉压力大。工作压力过大会影响员工的心理健康和身体健康。而员工的心理健康与组织的工作绩效是息息相关的，一旦员工感觉压力过大，他们对组织的满意度就会大打折扣，直接导致工作氛围差、工作效率低下。

管理心理学考察了工作压力和工作绩效之间的关系，并对导致压力的社会因素、组织因素和个人因素等压力源进行深入分析，对组织中的工作压力进行诊断，提出应对压力的策略，以及通过心理调适缓解压力的具体方法。本书的“单元12 员工压力与心理健康”将介绍压力管理的知识，以使读者了解管理心理学关于压力研究的相关理论和最新进展。

1.4 管理心理学的产生与发展

一、科学管理与工业心理学诞生

19世纪初，由于资本主义大生产和规模化工厂的兴起，管理研究者和实践者非常关注生产过程的效率，人们从提高效率的方法入手研究人的行为，从而带来了科学管理的革命。科学管理的主要代表人物是泰勒（Frederick W. Taylor），泰勒通过在伯利恒钢铁公司进行的著名的“搬铁块”和“时间-动作分析”，以及相继完成的“铁锹实验”“金属切削实验”等多项实验，提出了“劳动定额”“工时定额”“工作流程图”“计件工资制”等一系列科学管理制度和方法。泰勒于1911年发表的《科学管理原理》一书，成为科学管理学派的代表作。我国企业现行的“劳动定额”“工时定额”“计件工资”等管理制度，都在很大程度上来源于“泰勒制”。这些制度与系统的管理目标联系在一起，发挥了积极的作用。1914年，莉莲·吉尔布雷斯（Lillian M. Gilbreth）出版了其博士论文《管理心理学》，首次把管理心理学概念应用到管理学之中。

其他一些管理科学家也对科学管理的发展作出了重要贡献，例如，甘特（Gantt）建立的“任务奖金工资计划”，把员工任务成效与管理人员的奖金联系在一起。他所发明的“计划比较图”被称为“甘特图”。现代管理中流行的“方案评价与回顾技术”（PERT）就是以甘特图为基础的。吉尔布雷斯夫妇（Frank Gilbreth，Lillian Gilbreth）发明了一种快速测量仪并进行了动作研究，对工人操作时的手部动作进行了细致的分析，确定了每一动作所需的时间。

19世纪末20世纪初，资本主义完成了从自由竞争向垄断的过渡，从而加剧了劳资矛盾。为了缓和阶级矛盾、提高工作效率，不少资本家邀请心理学家进行工业活动中的人际关系、群体组织与领导行为等方面的研究，这些方面的研究及成果被称为工业心理学（Industrial Psychology）。在这个方面较早引人注目的心理学家是明茨伯格（Minsterberg）。他生于德国，后移居美国，受聘于哈佛大学。在哈佛大学，他建立了心理学实验室，对工业心理进行实证性研究。他的研究要点是弄清楚人们的心理素质，并据此将工人安排在最适当的工作岗位上。同时，他还研究营造何种心理氛围方可从每个工人处得到最大的、最令人满意的产量，以及如何使工人的情绪更积极地影响他们的工作。他将有关这方面的研究于1912年汇编成《心理学与工业效率》并出版。该书系统地总结了早期管理心理学的思想和研究成果，论述了采用心理测验方法选拔合格员工的心理技术学问题，主要涉及职业选拔和职业培训、工作疲劳、劳动合理化等方面。明茨伯格成为把心理学应用于商务与工业的先行者，在工作安全和员工选拔方面成果尤其显著，并且，他第一个把效度验证作为正式标准程序引入了人员选拔实践。

正如明茨伯格的经典论著的题目所表明的，早期工业心理学主要关注的是通过更好的员工选拔、培训方法、工作设计和工作场所布局等关键途径提高工作效率。因此，其研究思路与科学管理理论相一致。明茨伯格创立的工业心理学研究的基本思路是，挑选和培养合格的人员去适应他们所要掌握的机器和承担的工作任务，即解决人适应岗位的问题。此时，一些大学也设立了工业心理学专业，例如 1921 年，卡内基技术大学授予了第一个工业心理学博士学位。工业心理研究的发展为管理心理学体系的形成做好了准备。

二、行政管理理论和官僚组织结构理论再奠基础

几乎在科学管理发展的同时，行政管理学派也日益引人注目。与科学管理学派注重降低生产活动成本的思路不同的是，行政管理学派强调通过改善行政管理程序来提高人的工作效率。行政管理学派以法约尔（Henri Fayol）为代表，他在担任法国矿业及冶金公司的总经理期间，提出了一系列行政管理原则，并首先确立了管理的四大职能：计划、组织、指挥和控制。他具体论述了十四条管理原则：工作分工、权威与责任、纪律、指令单元、指导单元、个体与整体利益、人事报酬、集中化、层次链、命令、平等、工龄稳定性、首创精神、团队协调。

法约尔的理论对组织管理理论与实践产生了巨大的影响。与此同时，韦伯（Max Weber）的官僚组织结构模型描述了管理的分化与整合特征。他提出了层峰式组织的六大特点：选拔与晋升标准、权威层次、规则与规章、劳动分工、书面文件和所有制分离。虽然行政管理理论和组织理论研究的焦点仍然是人的行为，但上述理论为提高行政管理规范化和组织效能奠定了充分的理论基础。

三、行为科学理论的创立

现代管理理论的重要发展是 20 世纪 30 年代至 70 年代兴起的行为科学理论。行为科学理论涉及心理学、政治学、社会学、人类学和管理学，行为科学的研究使管理思想出现了重大的转变，即从强调个体特征转移到注重“群体动力过程”，从而使管理心理学得到了长足的发展和完善。

行为科学学派是以梅奥（George Elton Mayo）主持的霍桑研究为标志形成和发展起来的。梅奥是澳大利亚人，1898 年取得阿德雷得大学逻辑学和哲学的硕士学位，并在澳大利亚昆士兰大学任教。由于得到洛克菲勒基金会的资助，他得以移居美国。1926 年梅奥作为工业心理学副教授进入哈佛大学工作。在 1926 年至 1932 年期间，梅奥主持了一系列科研项目，其中最著名的是在芝加哥的西方电器公司霍桑工厂进行的为期五年的调研（史称霍桑实验），即运用模拟实验的方法考察员工工作行为。根据实验所得的材料，梅奥创立了著名的“人际关系学说”（Theory of Human Relation，或译为人群关系理论）。

霍桑研究主要评价物理条件变化和管理措施对于工作效能的影响。在霍桑研究的初期，研究者测试了厂房照明对生产率的影响。测试组所在的工作场所照明强度会变化，而对照组则处于恒定照明强度中。研究者曾预期，测试组员工会由于灯光的明暗变化而影响生产率，对照组则会因为照明强度恒定而保持产量稳定。出乎意料的是，两个组的生产率都提高了！

研究者分析认为，可能是社会条件变化，如员工受到研究者的重视，导致两组生产率的提高。为了验证这一假设，研究者进行了进一步的实验，考察职务简化、奖励、缩短工

作时间、工间休息和友好监管等措施的效应。结果表明，生产率的提高在很大程度上是由于管理方式和群体关系及规范的变化而引起员工态度的变化。因此，霍桑研究表明，员工的士气和积极性主要取决于群体规范、群体奖励和工作支持等社会心理因素。霍桑研究对注重效益与个体的科学管理和行政管理原则提出了挑战，并推动了“人际关系”理论的发展，把管理的焦点从单纯提高效率转移到关注员工成长、团队关系和满意感上。霍桑研究可以说是管理心理学的开端。

四、管理心理学正式形成

管理心理学以学科的面貌出现大约是在20世纪50年代。1958年，美国斯坦福大学教授黎维特（H. Leavitt）出版了专著《管理心理学》，意味着管理心理学开始登上历史舞台。管理心理学之所以在这一时期正式出现，与当时蓬勃发展的管理心理研究密切相关。如前所述，人际关系理论的创立，使不少科学家尝到了运用人际关系理论探讨人类行为规律的甜头。到20世纪30年代末，已经有100位左右的工业心理学家活跃在理论研究和管理实践的第一线。许多企业开始聘用全职心理学家，同时，专业心理学咨询公司也应运而生。西方电器、梅西百货、宝洁公司等各类公司都从心理学咨询公司雇用心理学家，以获得管理心理学服务。

第二次世界大战后，许多企业、机关和学校也开始从社会学、心理学的角度探讨人的行为及其激励问题。1949年在美国芝加哥大学召开了一次有自然科学家和社会科学家参加的跨学科会议，会议决定用“行为科学”取代“人际关系理论”。所谓行为科学，美国《管理百科全书》的定义是：运用研究自然科学那样的实验和观察方法，研究在一定物质和社会环境中人的行为和动物的行为的科学。而行为科学所涵盖的问题，有相当一部分是管理心理学的内容。

五、管理心理学走向成熟

从20世纪60年代起，组织管理理论和管理心理学受到权变思想和认知理论的显著影响。权变思想认为，没有哪一个理论、程序或规则在所有管理情境中都行得通；特定管理途径的有效性取决于所管理的情境特征。由于受到权变思想的影响，组织管理和管理心理学理论开始把研究重点从寻求具有一般意义的管理规则转移到探索特定理论的关键条件。在研究的构思上，日益注意理论和关键因素的层次性。20世纪70年代以来，出现了一系列渗透权变思想的新理论。

随着认知心理学的兴起和发展，人类信息加工的思想也对管理理论和管理心理学产生了巨大的冲击。在认知能力、因果关系归因、激励理论、管理决策、人员选拔与评价、领导模式、组织设计和学习组织等领域，都提出了注重管理心理中深层次认知成分的理论模型。20世纪80年代后期，随着跨国经营的迅速扩展和组织变革的持续深入，管理理论越来越重视战略管理思想。战略管理要求管理者采用新的管理思路，即超越组织边界和时间构架。这就是说，战略管理需要从组织内外关键因素及其互动关系和时间发展阶段的整体、动态的观点出发，设计与确定管理举措和行动。战略管理理论的发展大大拓宽了管理心理学的研究思路，更为关注在组织文化、交叉文化理论、管理授权和团队建设等组织层面的心理与行为。自此，管理心理学的发展走向成熟，形成了完整的学科体系。

本单元内容提要

1. 管理心理学是研究管理活动中人的心理与行为的发生、发展与变化的一般规律的科学，是心理学和管理学交叉的一个应用学科。

2. 管理心理学的学科体系主要包括三大部分：个体管理心理、群体管理心理和组织管理心理。这三个部分相互影响和制约，决定着管理心理学的形成和发展。

3. 1912 年，著名心理学家明茨伯格出版了《心理学与工业效率》。该书系统地总结了早期管理心理学的思想和研究成果，论述了采用心理测验方法选拔合格员工的心理技术学问题。

4. 管理心理学的学科基础包括心理学、政治学、社会学、人类学和管理学等学科。

5. 1958 年，美国斯坦福大学教授黎维特出版了专著《管理心理学》，标志着管理心理学的诞生。

技能培养与练习

1. 什么是管理心理学？
2. 研究和学习管理心理学对于组织管理有哪些作用？
3. 管理心理学的学科体系包括哪些内容？
4. 管理心理学包括哪些学科基础？
5. 管理心理学的发展历程的不同阶段各有什么特点？

技能练习

技能开发

小组讨论

请讨论以下两种观点，以加深对管理心理学的理解。

管理心理与组织行为：组织化解释

如果你真的想理解人们在工作中的行为，你就要关注组织结构。为什么呢？正如一位著名学者所表述的：“社会生活的基本事实是它恰恰是社会的——人不是孤立地生存，他们是相互关联的。”

人们花费了太多的精力来研究个人的特点。我们并不是说价值观、态度、人格以及类似的个人特点对于理解组织行为没有作用。恰恰相反，我们的观点是，如果理解组织中人与人之间的结构关系以及这些关系如何限制或促使某些行为发生的话，我们就可能更深入地认识人的行为。

任何组织都有大量的正式或非正式的控制机制，它们在很大程度上塑造、指导和限制着成员的行为。让我们来看几个实例。

几乎所有的组织都有自己的政策、程序、规则、工作说明、工作指导等正式文件，这些文件限制并塑造着组织成员的个人行为。这些正式文件设定了行为的标准，明确哪些是可接受的行为，哪些是不可接受的行为。如果你了解组织的主要政策，并能拿到一项具体工作的工作说明书，你就能够相当准确地预测这个员工在工作中的大多数行为。

几乎所有的组织都是横向分解其成员角色。组织也会从纵向通过设置不同的管理水平来区分不同的角色。这样做，就产生了上司—下属关系，这种关系又会限制下属的行为。请记住，上司评价员工的绩效并且会控制奖酬的分配。所以，如果一个人知道你的上司喜欢什么行为，他就能够很有把握地判定你可能会做出什么行为。

当你加入一个组织，人们会期望你适应这个组织可接受的行为规范。这些规范不一定要形成书面的文字才有效力。例如，组织对员工的穿着没有明文规定，但员工都会穿着整齐得体，这意味着适应隐含的穿着规范。同样，微软公司的规范是强调长时间地工作——每周 60～70 小时司空见惯。这些期望被员工理解，员工则相应地调整他们的行为。

组织对于其成员的行为选择的限制，取决于员工能在多大程度上接受上司的权威和组织对其扮演的角色的限制。

管理心理与组织行为：心理学解释

组织的活动不过是个体活动的组合体而已。我们在这里强调，大多数的组织行为可以看成是一系列半独立的活动者活动的集合。

首先我们要承认，组织对于员工的行为有一定的限制。但是，尽管有这些限制，每项工作都有一定程度的自由决定权——在那些规则、程序、工作说明书、监督指导和其他正式限制不适用的领域。一般来讲，一个人在组织中的位置越高，他所拥有的自主权越大。一线的工作者可能比中层管理者的工作更程序化；中层管理者的自主权比高层管理者要弱。但是，每项工作都有一定的自主性。正是这种自主性允许不同的人在同一岗位上做不同的事。

通过观察我们就会得出这样的结论：没有任何两个人在做同一种工作时会采用完全一样的方式。即使在高度程序化的工作中，像汽车制造厂生产线上的工作或保险公司的索赔程序，员工的行为也会有所不同。为什么呢？因为个体差异！大学生在选择课程时最明白这一点了。如果有三位教师在同一天同时讲授会计学课程，多数学生会询问他们的朋友，以找出三位教师的不同之处。尽管教师都按教学大纲的要求讲授，但他们在决定实现教学目标时也会有相当程度的自由度。学生对此很清楚，所以他们要收集准确的信息，以便作出正确的选择。因此，尽管教师讲授同样的课程，课程的内容在组织的正式文件中有明确规定（教学大纲），学生也知道三位教师的行为毫无疑问会有很大差异。

人们以不同的方式上班，以不同的方式与上司和同事交往。他们的工作习惯不同，如完成工作任务的敏捷性、检查质量的责任心、与同事的合作、处理紧急事件的能力等。他们的工作动机不同，投入工作的努力程度不同，在工作时表现出来的创造性不同，他们对工作的安全性、认可、晋升、社会支持、工作任务的挑战性的重视程度不同，对加班工作的愿望不同。什么因素能够解释这些差异呢？个体的心理特点，如价值观、态度、知觉、动机和人格。

我们的结论是：要想理解员工的生产率、缺勤、流动和工作满意度，你就不得不承认个体的心理因素起着巨大的影响作用。

资料来源：斯蒂芬·P. 罗宾斯，蒂莫西·贾奇．组织行为学．孙健敏，等译．18 版．北京：中国人民大学出版社，2021.

讨论：

1. 组织行为是通过正式的权力和控制体系表现出的行为，还是所有员工心理和行为共同作用形成的行为方式集合？

2. 如果分别从以上两个角度管理组织行为，应如何加强管理？

3. 以上两个角度的学科基础各是什么？还有哪些学科是组织行为学的学科基础？

模块2

个体心理与行为

单元 2 个体知觉与管理

学习目标

知识目标：

1. 掌握知觉的概念与特征
2. 了解影响知觉正确性的因素
3. 分辨现实中的错觉，学会运用错觉
4. 掌握社会知觉效应的种类
5. 了解归因的概念，掌握基本的归因理论及常见的归因偏差

技能目标：

1. 能够在现实生活中运用知觉规律
2. 熟悉社会知觉效应，能发挥这些效应的积极作用，消除其负面影响
3. 能够运用归因理论去理解和管理行为

素养目标：

1. 通过知觉理论的学习，掌握人认识事物的过程及其客观规律
2. 理解人和事物的复杂性，学会保持理性与客观

人们的行为以他们对现实的知觉为基础，而不是以现实本身为基础。人们要对现实作出正确的反应，就必须了解人的一般知觉过程及其规律，尤其是知觉在社会交往和个体决策中的作用。

眼睛看到的一定就是真的吗？请你尝试数一下图 2－1 中的黑点的数目，能数出来吗？

事实上，图片中并不存在黑点，我们看到的黑点是因为视觉后像引起的。可见，眼见并不一定为实，我们感知到的也并不一定就与客观世界相符合。我们需要学习知觉过程中的一些规律，从而最大限度地减少因知觉错误造成的损失。

图 2－1　图中的点

2.1　知觉

管理心理学的研究对象是管理工作中人的行为及其规律，研究目的在于解释、预测与控制人的行为。在现实生活中，人的行为是多种因素共同作用的结果，包括知觉、个性、需要与动机、价值观与态度、群体与组织。其中，知觉是最关键的因素，其他因素通过知觉影响人们对事物的判断，最终影响行为。

小资料

感觉剥夺试验

一、知觉的定义

知觉（Perception）是指个体为了给观察到的对象赋予一定的意义而进行的组织和解释感觉印象的过程。知觉是一种积极的、能动的认识过程。大量的研究表明，不同的个体对于同一事物的认知往往有所不同。事实上，任何人看到的都不能说是事实，我们只是在解释我们看到的事物，并将其看成事实。

二、知觉的特征

知觉反映的是人们如何从环境中获得信息从而实现对世界的认识过程。这一过程的复杂性使得不同的学者对此过程的理解各不相同，但是，大多数学者认为这一过程包含刺激、感觉、选择、组织、理解、解释、行为反应等多个阶段，是一个多阶段的过程，如图 2－2 所示。

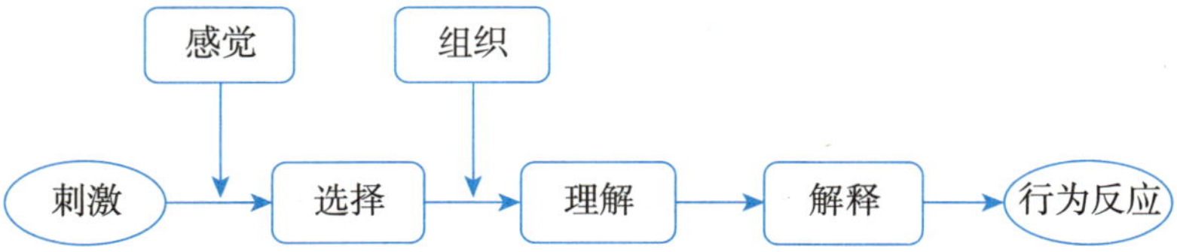

图 2－2　知觉过程

知觉有以下四个基本特征：

（一）选择性

你的电视在发出噪声，电话铃在响，电脑正在发出一种奇怪的响声，一只狗在外面狂吠，你还闻到了调制咖啡的味道，对于这些刺激，你会忽略哪些，注意哪些？

人在社会性的认知活动中所面对的客观事物是多种多样的，在同一时刻，有许多信息作用于人的器官。面对复杂和大量的信息，人不可能同时对它们作出反应，而是有选择地将一些信息作为知觉的对象，对它们进行清晰的知觉，而其他信息则被人有意识地回避和“过滤”掉。这就是人的知觉的选择性。

例如，我们在听课的时候，往往只注意教师所讲的知识，对运动场上传来的哨声充耳不闻，对前边女生头上漂亮的发带视而不见，也就是说我们忽视了除讲课活动以外的刺激的存在，而选择了听课作为知觉对象。又比如，我们在认识图形时，会将一些线条作为知觉对象，而将其他作为背景忽略。当然，知觉对象与知觉背景是相对的，可以相互转换。因此，面对同样的画面，人们会有不同的解释，如图 2－3 所示，有人将其解释成少女，也有人认为是老妪。

图 2－3 知觉的选择性

（二）整体性

知觉是在感觉的基础上形成的，但是人们对事物的知觉并不是感觉的简单相加，而是对知觉对象各种属性和各个部分的整体反映。在知觉过程中，人们常常根据自己的知识经验，把直接作用于感官的不完整刺激整合成为完整而统一的整体。如图 2－4 所示，该图由若干点组成，但是大多数人会将其看成是一条连续曲线，而不是看成若干不连续的点。也就是说，人们根据经验，将图中的点提供的信息整合起来，对图形进行解释。

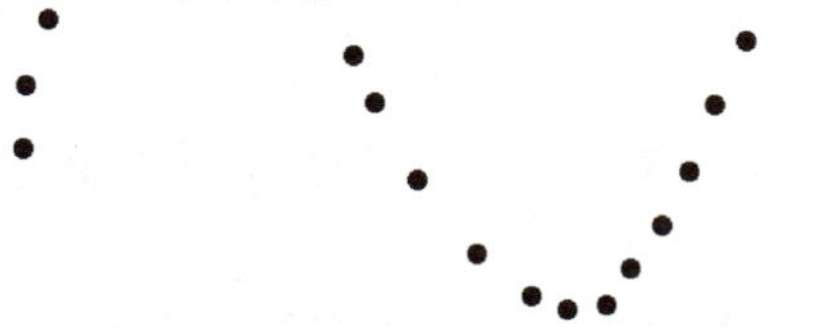

图 2－4 知觉的整体性

知觉的整体性不仅体现了个体的主观能动性，还体现了个体对事物的认识能力。例如，我们在读小说时，虽然不能记住小说的每一句话，但能够准确地描述小说中的人物个性和行为，这是因为我们对小说的内容是从整体上进行把握的。又比如，在昏暗的宿舍走廊里，我们虽然看不清同学的脸，但仍然能够认出他们是谁，这也是因为我们对人的特征是从整体上把握的。

（三）理解性

在对事物的知觉中，反映的不仅仅是人们对事物的印象，往往还伴随着对认知对象的理解或解释。人的知觉的这一特征，称为知觉的理解性。由于知觉者的知识经验、实践经历、个人兴趣爱好、价值观等因素的影响，人们对同一事物可以形成不同的解释，作出不同的判断。

一张图片，理解不同，得到的结果不同，这就是知觉理解性的体现。在对图 2－5 产生知觉的时候，如果把左边看成嘴就像鸟头，如果把右边看成嘴就像兔头，看到图片的结果不同是因为理解在知觉的过程中产生了作用，这就是知觉的理解性。

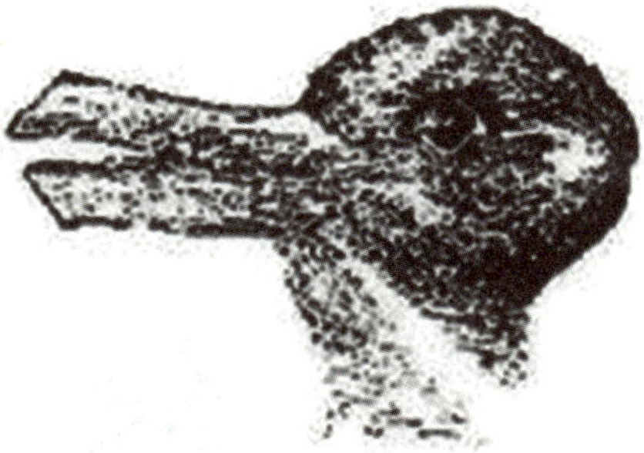

图 2－5　知觉的理解性

（四）恒常性

在人们对事物的认识过程中，当知觉的对象在一定范围内改变了的时候，我们对知觉的认知依然保持相对不变，这一特征称为知觉的恒常性。在人的视觉中，知觉的恒常性表现特别明显，有大小恒常、形状恒常、亮度恒常、颜色恒常等。如图 2－6 所示，组图中有四组图形，尽管它们形态各异，我们依然会将它们描绘成门。

图 2－6　知觉的恒常性

又如在舞厅的灯光下，我们看到白衬衫的颜色近似蓝色或紫色，但是我们依然知道那是一件白色衬衫。

知觉的恒常性是理解性的一种延伸，它使人们的思维保持客观。也正是由于知觉的这些特点，一个人所知觉的东西可能与客观实际相差很大，也可能与其他人的知觉相差很大。

三、影响知觉的因素

完整的知觉行为是由知觉者、知觉对象和情境构成的。在知觉行为中，人作为知觉的主体即知觉者，对知觉什么、怎样知觉都发挥着积极主动的作用。人的知觉行为会受到被知觉者即知觉对象，以及情境的制约。也就是说，人的知觉行为并非单纯的主观感知的过程，而是与知觉对象、情境联动并相互作用的过程。

（一）知觉者

知觉者是知觉行为的主体，通常指的是人类。虽然高等动物一般都有知觉行为，但是，除人类之外的动物的知觉行为，都是由生命本能所驱动的，是生命本能的反映，而且其复杂程度与人类有目的、有意识的知觉不可同日而语。因此，我们这里所指的知觉者特指人类自身。

当个体看到一个目标物并试图对他所看到的东西进行解释时，这种解释受到了知觉者个人特点的明显影响。你是否在购买了一件新衣服后，忽然注意到马路上很多人穿的衣服与你的衣服相同？显然不可能是这种衣服的数目忽然间增加了，这是由于你的购买行为影响了你的知觉，因而你现在更有可能注意到它们。这个例子说明了影响知觉方面最相关的个人因素是态度、动机、兴趣、经验和期望。

小张喜欢在小班上课，因为他希望问教师很多问题。小王则喜欢在大班上课，他很少提问题，而且希望自己消失在众人之中处于匿名状态。这学期开学的第一天，小张和小王一起走在去学校大教室的路上，去上“管理心理学”这门课，两个人都了解到这门课有300多名学生一起上课。由于小张和小王所持的态度不同，因此，当你看到他们对于这件事情作出不同的反应时，就不足为怪了。小张很不高兴，小王却很开心，因为在大教室里他很不容易被人注意到。两个人看到的是相同的事情，但他们的反应却不相同，其原因主要在于他们对大班上课所持的态度截然不同。

又如未满足的需要或动机刺激了个体并能对他们的知觉产生强烈影响。一项对饥饿的研究戏剧化地描述了这一事实。研究中的被试者没有吃东西的时间不同，一些被试者一小时前吃了东西，另一些被试者16个小时没吃任何东西。给被试者呈现一组主体模糊的图片，结果个体饥饿的程度影响到他们对模糊图片的解释。相比吃完东西没多久的被试者来说，16个小时没吃东西的被试者把图片内容知觉为食物的频率高出很多。

在组织中也存在着同样的现象。有不安全感的上司会把下属的出色工作视为对自己职位的威胁，个人的不安全感可以转化为“别人想得到我的职位”的知觉，而不管下属出色工作的真正意图是什么。

（二）知觉对象

知觉对象的特点也会影响到知觉内容。当知觉对象具有与众不同的特点时，更容易被察觉。那些体积较大、数量较多、反复出现、运动变化、对比分明的事物，更容易被注意到；相反，那些体积较小、数量不多、较少发生、静止不动、含混不清的事物，则更可能被忽视。

例如，服务部门更多地注意到那些嗓门较大的顾客，并尽最大可能帮助他们解决问题，而安静、礼貌的顾客更可能被忽视；又如，闪动的霓虹灯、画面不断变换的广告牌更容易被人们看到并记住。

我们并不是孤立地看待目标，而是倾向于把关系密切或相似的事物组织在一起进行知觉，因此，目标与背景的关系也影响知觉。如何将图形从背景中分离出来取决于我们所看到的内容。例如，你在阅读这个句子时你所看到的内容是白色纸张上的黑色文字，而不是黑色背景下一些形状怪异的白色补丁块，因为你认出了这些白色背景下的黑色形状，并将它们组织起来。

人们在知觉事物时，往往会受到以下几个因素的影响：

1. 物理性质相似

在知觉过程中，人们会把物理性质相似的事物联系在一起。例如，当我们看到足球场上纵横驰骋的 22 名球员时，很容易根据球衣的颜色把他们分成两队进行知觉。

2. 空间接近

由于知觉的整体性，人们往往会将在空间上接近的事物作为整体进行知觉。例如，在一群年轻人中，我们会推测亲密谈话的男女是一对恋人，而忽略其他人与他们的关系。

3. 时间接近

知觉对象也可能因为时间上的接近，而使人们认为它们是关联的。例如，一名新任经理就职以后，生产力大增，人们则会把生产力的增长归功于这位新经理，即使他并不具备这种能力。

（三）情境

周围的环境因素也影响着我们的知觉，因此，我们在什么情境下认识和了解事物也很重要。

在周末晚上的舞会上，一位身穿晚礼服、浓妆艳抹的 25 岁女性不会引起我们太多的注意。但如果同一位女性以同样的穿着出现在我们周一的“管理心理学”课堂上，则会非常吸引我们的注意力。周六晚上和周一上午的知觉者以及知觉对象都没有发生变化，只是情境不同了。又如，早上十点接到朋友的一个电话，可能会使人心情愉快；但是如果同样的铃声在半夜三更响起，就可能引起你的反感与不快了。

四、错觉

错觉是指一种不正确、被歪曲了的知觉。产生错觉的原因主要有知觉者的生理和心理的状况以及知觉对象和背景的特点。知觉者在过度疲劳、饮酒过度、幻觉或催眠等状态下容易产生错觉。由于知觉对象和背景的特殊性，知觉者因感知能力有限也可能产生错觉。错觉的种类很多，常见的有大小错觉、形状错觉、方向错觉、承重错觉、倾斜错觉、运动错觉、时间错觉等。图 2－7 呈现了一些常见的错觉。

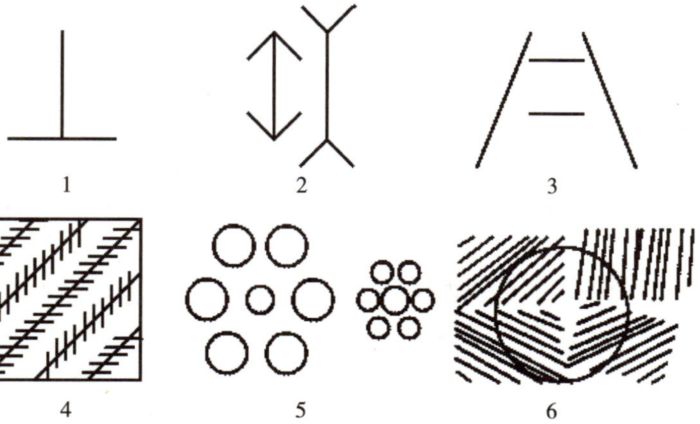

图 2－7　常见的错觉

我们可以巧妙地利用错觉来达到预期的目的。在市场营销活动中，若能合理、巧妙地利用消费者的错觉，有时能获得良好的效益。比如在营业厅的墙壁上镶上镜面，能让消费者产生“面积错觉”，觉得营业厅宽敞，可以美化购物环境；在水果、糕点柜台上斜置镜子，可以使商品显得丰富；在设计化妆品瓶子时，可设计成圆形、扇形、葫芦形、梯形等，尽管瓶内容量相当，但消费者却会认为有的瓶子装得多，有的瓶子装得少。又如，在制定商品价格时，日用品可采用小数定价法，宁可定价 9.98 元，而不定价 10 元，这样可使消费者觉得便宜、实惠。为高档商品定价则可采用整数定价法，如定价 5 000 元，而不定价 4 998.99 元，可使消费者觉得商品高档、贵重。

2.2 社会知觉

一、社会知觉概述

社会知觉由美国心理学家布鲁纳于 1947 年首次提出，他认为，对人、对群体的知觉不仅取决于被感知的人、群体本身，也取决于感知者的目的、态度、价值观和过去的经验。

社会知觉是人的社会行为的基础，它服从知觉的一般规律，具有整体性、选择性、理解性和恒常性的特征，但它更强调各种社会条件和社会因素，包括态度、需要、愿望等。根据知觉的对象，社会知觉可分为对他人知觉、人际知觉、角色知觉和自我知觉等。

（一）对他人知觉

对他人知觉，是指通过对他人外部特征的认知从而达到认识他人内在心理状态的过程。一般而言，对他人的知觉主要包括以下两个方面的内容：一是对他人外在表情和行为特征的认知；二是对他人性格的认知。

对他人外在表情和行为特征的认知，主要是指对他人的面部表情、体态、语言、风度、仪表等的观察与注意；对他人性格的认知则主要是指对他人行为处事的态度、方式及特征的认知。对他人外在表情、行为特征的认知是和对他人性格的认知密切联系的。因为人的性格并不是一种抽象的存在，而是一种具体的存在，它总是表现为一定的态度和行为倾向性。由于人的态度、行为倾向性总是通过一定的外在表情和行为特征得以表现的，因此我们对人的性格的认识，必须通过对人的外在表情和行为特征的认知才能实现。

（二）人际知觉

人际关系指的是人与人之间在一定的交往过程中所结成的社会关系。人际知觉指的是对人与人相互关系的知觉，包括对自己与他人以及对他人与他人之间关系的知觉。

人际关系的状况既是一种客观的存在，同时对知觉者而言，又是一种主观判断。这种推测与判断主要表现为在人际交往过程中个人对他人的心理状态、活动或行为动机、行为意向等的认知。人们不仅相互感知，而且会彼此产生各种感情。不同的情感关系对人的发展和工作会产生不同的影响。良好的情感关系有利于促进人的身心健康发展，也有利于工作的顺利进行；而不良的情感关系，则不仅不利于人的身心的健康发展，而且不利于工作的开展。因此，形成正确的人际知觉，无论对人的发展还是对工作的开展都是至关重要的。

（三）角色知觉

角色这一概念的原意是指演员在戏剧舞台上所扮演的人物。20 世纪初美国心理学家米德将这一概念引入社会心理学，后来发展出诸多解释。但是大多数学者认为，角色是指与某一特殊职位相关联的行为模式。也就是说，每一个角色都代表着一套有关行为的社会标准，这些标准规定了人们在承担这一特定角色时所应有的行为。因此，所谓角色知觉，指的是人们通过他人所表现出来的各种行为而对其所承担的社会角色的认知。

据社会心理学家的研究，一个完整的角色知觉过程包括角色期待、角色认知、角色行为和角色评价四个环节。角色期待是指对一个人所承担的角色的期望，即对角色承担者应表现出什么样的行为的期待。角色认知是指个人所认识到的实现角色期待所必需的活动和行为的组合，包括个人对自身角色扮演的认知和个人对他人角色扮演的认知两个方面。角色行为指的是一个人在角色认知基础上所表现出的实际行为，这一行为可能与角色期待相一致，也可能不一致。角色行为是否与角色期待相符或一致，不仅取决于个体对角色期待的认知状态，也取决于个体的个性特征。角色评价是指对人们角色扮演情况的评价，包括个人对他人角色扮演的评价，以及个人对自身角色扮演的评价两个方面。角色评价是人们在角色扮演过程中修正角色行为使其符合角色期待的主要根据和基本要求。

角色期待、角色认知、角色行为和角色评价四个环节构成了一个完整的角色知觉。角色知觉是角色实现的重要因素。个人只有在正确的角色知觉的基础上，才能正确地扮演角色和实现角色。对角色的错误知觉，必然会导致个人角色扮演的偏差和角色行为的失败。

（四）自我知觉

自我知觉是以自己作为知觉对象，通过对自己行为的观察与体验而产生的对自己的认知，即自己既是观察者也是被观察者，既是知觉主体又是知觉对象。自我知觉的结果是自我概念、自我意识的形成。自我概念就是自己对自己的看法，包括对自己的观察与评价、对自己的身份和角色的意识、对自己应该怎样行为以及他人对自己如何评价的观念等。自我概念与自我意识的形成，对个人的角色认知与扮演有着重要的意义。正确的自我概念与自我意识，是个体自我角色认识和角色扮演的基本条件。

自我知觉是自我认识过程，从自我观察、自我体验和他人对自己的态度评价中获取信息，进而进行分析判断，从而形成自我意识与自我判断。由于自己对自己的认知与情感总是在一定的文化环境中通过自己与他人之间的相互作用而形成的，因而自我知觉并非完全是自己内心世界活动的结果，而是社会化的产物。

自我知觉的内容包括三个方面，即对物质自我的知觉、对精神自我的知觉和对社会自我的知觉。对物质自我的知觉，即对自己的身体存在的自觉意识，表现为对自己的容貌、体态、健康状况、外表等外部特征的关注与追求；对精神自我的知觉，即对自己的智力、思想、道德与个性等内在品质的意识，表现为对自己的才能、思想道德水平和高尚精神境界的追求；对社会自我的知觉，即对自己在社会生活中的地位、作用，自我的社会价值，以及与此相应的名誉的认知，是一种自我尊重的意识。这三个方面所构成的自我意识，应该是一致和统一的，而不应是矛盾、分裂的。

在大多数情况下，一个人的自我认知是随着个体的成熟而不断发展的。正确的自我意识的形成，不仅对自我知觉的建立有着十分重要的意义，而且对个人的其他社会知觉的形成与发展也有着非常重要的意义。

二、社会知觉效应

社会知觉是人对社会客观现实的反映过程，是主观的、主动的复杂过程。在这一过程中，人对客观对象的知觉由于受到主、客观条件的限制而常常造成与客观现实的不一致，从而产生知觉偏差。社会心理学常常将这些知觉偏差称为社会知觉效应。常见的社会知觉效应有首因效应、晕轮效应、近因效应、刻板效应、投射效应、对比效应等。了解这些知觉效应，对于我们防止知觉效应的消极影响，正确认识知觉对象具有重要的意义。

（一）首因效应

在人的知觉过程中，第一印象是至关重要的因素。如果一个人在初次见面时给人留下了很好的印象，就会使得人们对他以后一系列行为的解释都向好的方向发展。反之，如果第一次见面给人留下不良印象，则会使得人们对他以后的行为从消极方面去理解。

心理学研究中曾经做过一个实验：给两组大学生看同一个人的照片，在看这张照片之前，对一组大学生说，照片上的人是一个屡教不改的罪犯；对另一组大学生说，照片上的人是一位著名的学者。然后，让这两组大学生分别从这个人的外貌来说明他的性格特征，结果两组大学生对同一张照片作出了截然不同的解释。第一组大学生说，深沉的目光里隐藏着险恶，高耸的额头表明死不悔改的决心。第二组大学生说，深沉的目光表明他思想的深刻性，高耸的额头表明他在科学探索道路上无坚不摧的坚强意志。这一实验充分说明了第一印象对于社会知觉的重要影响。

在招聘时，主试者很可能因为被试者举止斯文、谈吐谨慎，对其形成有教养、做事认真的印象，而忽略其懦弱、沟通能力差的缺点。研究表明，在面试开始四五分钟以后，绝大多数主试者的决策几乎不再发生变化。

因此，了解首因效应具有重要的实际意义：一方面，管理人员在看待别人时要尽量避免受第一印象的影响，避免对人产生错误的看法；另一方面，企业的领导人和管理人员应注意在群众中留下良好的第一印象，这样对以后的工作是有利的。

（二）晕轮效应

晕轮效应也称为“以点概面”效应，是指我们在观察某个人时，对于他的某种特征或品质有清晰明显的知觉，由于这一特征或品质从观察者的角度来看非常突出，因而掩盖了对于这个人其他特征和品质的知觉。这就是说，这一突出的特征或品质起着一种类似“晕轮”的作用，使观察者看不到他的其他品质，从而由这一点作出对这个人整个面貌的判断。例如，俗话中的“一白遮百丑”就是典型的晕轮效应。晕轮效应往往在判断一个人的道德品质或性格特征时表现得最明显。

例如，当你觉得一个女同事的性格十分可爱时，会对她的能力、态度、人品甚至外貌均有较高评价。也就是说，你对“性格可爱”这个特质的评价影响了对她的总体评价。再如，如果某人全年无一次旷工、迟到行为，那么领导可能由此就会认为他的生产率高、工作质量好、工作勤勉。

晕轮效应的产生往往是在掌握有关知觉对象很少信息的情况下作出总体判断的结果，这也是日常生活和工作中常见的社会心理现象。了解和研究晕轮效应，有助于我们克服自己看待别人时的偏见，也有助于了解其他人产生这种偏见的根源。

（三）近因效应

近因效应指的是在人们的知觉过程中，最近和最后获得的信息会对人们的总体知觉产生最大影响的现象。新得到的信息比以往所得到的信息更加强烈，会留下更深刻的印象，会使我们忽略以往的信息，依据新获得的信息对他人作出判断。

近因效应对认知和评价有着较大的影响。例如，一个人多年来总是全勤，只是最近两个月生病没来上班；另一个人是多年的老病号，最近半年才正式上班。在年终评审的时候，人们更可能会把前者视为病号，而把后者视为出勤较好的员工。

近因效应往往会在熟人之间出现。但是无论如何，有一点是清楚明确的，即在认知加工过程中，处于中间位置的信息常常容易被忽略或遗忘，而最初和最近出现的信息产生的影响更大。当两类不同的社会知觉信息连续地被他人感知时，人们总是倾向于去相信第一印象；当两类信息不连续，隔一段时间传送第二类信息时，由于最新信息给人的印象深刻，因而人们倾向于相信最新信息。

（四）刻板效应

刻板效应指的是我们对某人进行知觉时，可能会依据一些明显的特征（这些特征包括性别、年龄、民族、国籍、职业、所属组织等），先对某人进行归类，再将这群人已有的固定形象作为判断某人的标准。

人们头脑中存在的刻板印象是多种多样的。例如，年轻人总是认为老年人是墨守成规、缺乏进取心的，并在见到某个老年人时就把他划归到这个固有的形象中去。同样，老年人会认为年轻人举止轻浮、办事不可靠，并在见到某个年轻人时把他划归到这个固有的形象之中。又如，人们总是认为教授是文质彬彬、温文尔雅的，而工人总是身强力壮、性情豪爽的，会计总是精打细算、斤斤计较的，等等。这些都是按年龄、职业等特征而在人们头脑中形成的刻板印象。

在组织管理工作中，要注意利用刻板效应的积极方面，克服刻板效应的消极方面。例如，对于工作程序、教学程序、日常事务性工作等，可以培养人们的固定模式，使工作有序进行；而对于认识上的偏见、交往中的误解、体制上的弊端造成的固定模式，要认真面对，实事求是地纠正。

（五）投射效应

投射效应是人们在交往认知过程中的一种知觉迁移现象，指的是人们在对他人认知时将自己的想法与爱好迁移到认知对象身上的“推己及人”的现象，是一种主观性的投射。例如，如果你希望自己的工作富有挑战性，则会假定别人也同样希望如此；如果你是个诚实守信之人，则会想当然地认为别人同样是诚实可信的；胆小之人也常常会把别人的行为解释为恐惧或紧张。

投射效应的发生通常有两种情形：一种情形是人们在对与自己年龄、职业、社会背景、经历、社会地位等相同或相似的对象的认知过程中，容易产生投射效应；另一种情形是，当人们自身具有某些为人厌恶的品质或特征时，他在认知他人的过程中就会转移到他人身上，认为他人也具有这些品质或特征。

投射效应使人们倾向于根据自己的状况来知觉他人，而不是按照对方的真实情况进行知觉，因而对他人的知觉产生失真。

（六）对比效应

对比效应是指人们对当前事物的知觉会受到此前出现的其他事物的知觉影响而产生歪曲现象，这也是知觉偏见的一种表现。一位演员曾说过，在一台综艺晚会上，最好不要在儿童或动物表演之后出场演出，因为人们都普遍喜欢儿童和动物，在这种情况下表演，即使再精彩，也会由于对比效应的影响而相形见绌。同样，在企业中管理者按顺序对员工进行主观评定时，如果前面一名员工被评为优秀，后面的员工即使表现不错，按实际情况可评为良好，但由于对比效应的影响而往往被评为及格。在就业面试时，如果前面的一名应试者表现稍微不足，则后面的应试者只要表现稍好，就会显得很突出。这些事例表明，管理者或面试主持者在进行人员评定时，要尽可能避免由于对前一个人的评定而影响对随后的人的评定。

三、社会知觉在管理中的应用

对人的知觉实际上就是对人的看法和评价。在组织中，人们常常进行相互判断，并作出彼此评价。上级要观察和评定下级的工作表现，下级也会对上级的工作作出判断；同事之间也经常作出有关工作努力程度的判断；部门中刚来的新人也会受到该部门其他人员的评价。在很多情况下，对人的知觉，即对人的看法、评价和判断，对于管理工作、组织工作的绩效都会产生明显的影响。从管理工作的角度来看，这种影响主要有下述几个方面：

（一）聘用面试

对于任何组织来说，在决定聘用谁以及拒绝谁方面，一种主要的方式是聘用面试。可以这样说，几乎没有人未经面试而被录用。但研究表明，面试主持者对应试者的知觉判断往往并不完全准确。此外，不同的面试主持者对同一应试者做出的判断、得出的结论也各不相同。应试者给面试主持者的第一印象是至关重要的。研究表明，面试经过4～5分钟，面试主持者的心中就已有了自己的判断。由此提示我们，面试过程中早期的信息比晚期的信息更为重要。同时，面试主持者选拔人才时更多关注的不是这些人具备什么样的优良品质，而是他们没有显露出“不良”品质。虽然我们并不主张以第一印象取人，并在前面已经指出这是知觉过程中的一种偏见，但它的作用是不可忽视的。这里只是提醒人们，知觉因素会影响面试效果，影响选人的决策，进而影响组织人力资源的质量。

（二）绩效评估

主管人员的知觉对下级的绩效评估有很大的影响。虽然企业对员工的绩效评估以制定的客观评估指标为依据，但许多方面的评估依然要依靠主管人员的主观知觉，而评估的结果则关系到员工的加薪、提升等。这表明，主管人员的主观知觉往往会影响其对下级的测评结果，与下级有着直接的利害关系。

研究人员建议，可以把工作绩效划分为任务绩效和周边绩效。任务绩效是指人们是否完成任务及达到组织规定的绩效目标；周边绩效是指人们在工作中是否能与别人合作共事、是否具有团队精神、是否具有组织承诺等。任务绩效的多少可通过客观指标体系加以评估，而周边绩效则往往要依靠主管人员的主观判断，这同样也表明了主管人员的知觉在绩效评估中的重要作用。

（三）员工努力

在很多组织中，员工的努力水平也是员工评价的一项重要因素。教师常常会考虑到学生在一门课程学习中的勤奋程度以及他在测验中的得分，管理者也是一样。许多企业管理人员不仅重视员工的工作绩效，而且重视员工在工作中的努力程度。一般来说，评估员工努力程度的依据往往是管理人员的主观判断，而且这种判断可能受到管理人员知觉偏见的影响。调查表明，企业中由于态度不好或违反纪律而受到惩处或被解雇的员工人数，大大超过由于能力不够而受到惩处或被解雇的员工人数。因此，管理人员在对员工的努力程度作评估时，应持谨慎态度。

（四）员工忠诚

管理者对员工所作的另一个重要判断是他们对组织是否忠诚。任何组织都希望员工忠于自己的组织，没有组织会欣赏那些公开蔑视组织的员工。虽然对本组织的忠诚度并未列入绝大多数组织的考核范围，但是管理者如果怀疑组织中某个员工对组织的忠诚度，将会影响到该员工以后的晋升。评估员工的忠诚度也是一种主观判断。例如，企业中的一个员工经常向主管人员提意见。对于这种现象，不同的主管人员可能会作出完全不同的判断。有些主管人员可能认为这是出于对组织的关心，有些主管人员则可能认为该人对组织离心离德，还有些主管人员则可能认为这是该员工的个性使然。这表明，评估员工忠诚度时，人们会受到个人知觉的影响。

2.3 归因理论

对管理工作中的事件进行分析、解释员工行为的原因、推断员工的动机是管理者必备的技能与素质。一个好的管理者不仅应当能够察觉到员工的迟到现象、找到员工迟到的原因，还应能够预测，如果管理者与员工就迟到的问题进行谈话，员工会有什么样的反应。他是改过自新还是屡教不改？这涉及心理学的一个重要问题，即归因。

一、归因的概念与分类

人们对社会现象的知觉不同于对自然现象的知觉。对自然现象的知觉，主要是通过对自然现象的各种物理属性及特征的感知而认识它，对人的知觉则不同。我们对人的认识，总要涉及他内在的心理状态如动机、情绪、品德、个性等。由于人的内在因素无法很直接地被人们所观察到，人们只能依据他的言语和行为进行判断，这样就产生了归因问题。

归因即归结行为的原因，指个体根据有关信息、线索对行为原因进行推测与判断的过程。归因是人类的一种普遍需要，每个人都有一套从其自身经验归纳出来的关于行为原因与行为之间联系的看法和观念。

归因有很多类别，根据归因涉及的范围，可以把归因区分为心理归因、行为归因和综合归因三大类。心理归因，即对人的心理活动如人格、品质、动机、态度、情绪、心境等个人特征产生和形成的归因。行为归因，即对致使人产生某种行为及行为成败的原因，如行为或事件发生的外部条件，包括背景、机遇、他人影响、工作任务难度等的归因。综合归因，即对知觉对象某种心理行为产生原因的综合性归因。在许多情境中，人的行为或某些事件的发生并非由内因或外因等单一因素引起，而是兼有两者的影响，这种归因称为综合归因。根据归因对象，也可以把归因区分为客观归因和主观归因。客观归因指的是对他人的归因；主观归因则指的是对自己的归因。

霍尔茨沃思-芒罗（Holtzworth-Munroe）和雅各布森（Jacobson）的研究表明，已婚人士经常分析伴侣的行为，特别是他们的消极行为。冷淡敌对的态度比温暖的怀抱更容易让伴侣思考“为什么会这样”，伴侣的回答与他们的婚姻满意度相关。婚姻关系不愉快的人常常对伴侣的消极行为作出“维持痛苦”的解释（“她迟到是因为她不在乎我”）；而婚姻关系愉快的夫妻通常作出客观的解释（“她迟到是因为交通堵塞”）。对伴侣积极行为作出维持痛苦的解释（“他送花给我是因为他有性的需要”）或促进关系的解释（“他送花给我是因为他爱我”）也会起到类似的作用。

二、归因理论的产生与发展

归因理论是说明和分析人们行为活动的因果关系的理论。海德（F. Heider）于 20 世纪 50 年代创立了归因理论，此后还有不少学者对归因进行了研究。

（一）海德的朴素心理学理论

美国心理学家海德是最早研究归因理论的学者。海德认为人们为更好地在复杂多变的社会环境中生活，需要控制周围的环境，预见他人的行为，因而每个人都会致力于寻找人们行为的因果性解释。海德把这种普遍性现象称为“朴素心理学”。朴素心理学认为，为了预见他人行为并有效地控制环境，关键问题在于对他人的行为或事件作出正确而合理的原因分析。

海德指出，人们在对他人的行为予以归因解释时，一般遵循两大原则：其一，认为他人行为发生的原因来自情境因素，如个体的周围环境、与个体相互作用的其他人对个体行为的强制作用、外加奖赏或惩罚、运气、任务的难易等，这称为情境归因（Situational Attribution）；其二，将他人行为发生的原因归于个体本身的特点或其所具有的条件，如人格、品质、动机、情绪、心境、态度、能力、努力以及其他一些个体所具备的特点等，这称为个人倾向归因（Dispositional Attribution）。

海德的归因模式重在分析行为事件的逻辑结构，寻求作为行为倾向归因的合理指标。他的归因模式虽然未能经试验验证，但对后来人们对归因问题的研究产生了重大影响。

（二）凯利的协变分析模型

社会心理学家凯利（Kelley）对海德的归因理论的基本观点及其后诸多学者的研究成果进行了补充，提出了归因过程的协变分析模型。协变分析模型研究的是人们如何对相同或相似事件的多种例子进行归因的问题。

按凯利的解释，在面对他人的行为表现时，只要按三个标准去考虑，即可确定宜于采用何种归因方式。凯利提出的三个标准如下：

（1）特殊性，指的是该行为是只在特殊情境下发生，还是在一般情境下经常发生。如某学生在一次英语考试中没有达到及格线，那么应考虑该生是只在英语考试中不及格，还是在每项考试中都不及格。

（2）共同性，指的是在该情境下是否引起大家同样的行为。上述事例中，即是只有该学生或极少数人不及格，还是全班学生不及格。

（3）一致性，指的是某人的该种行为在类似情境之下是否重复出现。上述事例中，即是该学生是否每次英语考试都不及格。

相对于海德模式而言，凯利模式的主要特点在于将协变的思想和观点引入归因之中，这就使得人们对问题的归因不再局限于线性的对应关系之中，而是拓展到影响人的心理与行为发生的协同关系的互动之中。显然，凯利模式对人的心理与行为归因的解释，更加符合事物发展的客观逻辑性。

三、常见的归因偏差

归因活动实际上是我们对人的行为的有关信息进行加工的过程。归因理论假设人们是以理性的方式处理所得的信息并作出客观评价和相应的行为反应。但实际上，由于人自身具有的复杂性，人们并不能时时处处做到理性与客观，有时候，人们对行为原因的推测既不理性也不合理，从而导致人们的归因出现偏差与错误。

每时每刻，我们内在的心理活动和由此引发的语言和行为，都取决于所处的情境（以及我们给情境所带来的改变）。研究表明，两种情境下的微小差异有时会对人们的反应产生很大的影响。

归因理论的研究者发现人们在归因时存在一个普遍性的问题：当我们解释他人的行为时，会低估环境造成的影响，而高估个人的特质和态度所造成的影响。

（一）基本归因错误

基本归因错误，是指知觉者在解释他人行为时因低估情境因素的影响而过高估计行为者个人特征的因素所导致的知觉错误。根据理查德·L. 达夫特（Richard L. Daft）和雷蒙德·A. 诺伊（Raymond A. Noe）等人的研究，人们在对他人的行为进行评估时，通常会过高地估计内在因素而过低地估计外在因素对他人行为的影响。因此，如果他人成功了，知觉者就会对其进行过多的赞扬；而如果他人失败了，知觉者就会对其进行过多的指责。

事实上，人们在对他人行为的解释中因低估情境因素或夸大主观因素影响的情形是经常出现的。这些错误主要包括：

（1）给没有必然性的事件或现象之间强加因果关系，根据自己的喜好或想当然地对他人的行为或者事件进行解释。例如，小王喜欢吃苹果，就倾向于认为别人也喜欢吃苹果。

（2）过分强调某种个人因素的影响而忽视情境因素的作用，以偏概全。

（3）过高估计偶发事件的代表性，对偶发事件进行普遍性的解释。

（4）过分相信直接获得的信息，总以为“眼见为实”是一种必然。

上述错误，大都是人们在对他人行为进行解释时常犯的错误。这些错误，无疑会造成人们对他人行为和事实真相解释的偏差，并有可能对他人或组织的发展产生一定的消极影响。

（二）利己偏见

利己偏见指的是知觉者在对自己的行为进行解释时趋于自利的倾向。基本表现是知觉者常常把成功归功于内因，如自己的能力、个性、知识经验、努力等，与此相反，却把失败往往归结于坏运气、领导不支持等外部因素的影响。一般认为，利己偏见是人们因维持自尊心的需要而产生的，尽管我们并不会时时意识到。

基本归因错误和利己偏见并不是同一个归因错误的两面解释，而是两种不同的归因倾向。这说明，人们对自己的行为进行解释时倾向于作外部归因，而对他人的行为进行解释时则倾向于作内部归因。这一现象可以用“图像—背景规则”进行解释，即我们观察他人行为时，他人的行为成了图像，而背景却被我们忽略了；但是对被观察者而言，情境则变成了图像，即情境变成了知觉的主要对象。

本单元内容提要

1. 知觉（Perception）是指个体为了给观察到的对象赋予一定的意义而进行的组织和解释感觉印象的过程。知觉是一种积极的、能动的认识过程。

2. 知觉主要有选择性、整体性、理解性和恒常性四个特征，而一般来说，影响知觉的因素主要有三个方面：知觉者、知觉对象和情境。

3. 错觉是指一种不正确、被歪曲了的知觉。产生错觉的原因主要有知觉者的生理和心理的状况以及知觉对象和背景的特点。

4. 美国心理学家布鲁纳 1947 年首次提出社会知觉，他认为，对人、对群体的知觉不仅取决于被感知的人、群体本身，也取决于被感知者的目的、态度、价值观和过去的经验。社会知觉可分为对他人知觉、人际知觉、角色知觉和自我知觉等。

5. 由于受到主、客观条件的限制，人们对客观对象的知觉常常与客观现实不一致，从而产生知觉偏差。社会心理学常常将这些知觉偏见称为社会知觉效应。常见的社会知觉效应有首因效应、晕轮效应、近因效应、刻板效应、投射效应、对比效应等。

6. 归因主要是归结行为的原因，指个体根据有关信息、线索对行为原因进行推测与判断的过程。

7. 归因理论是说明和分析人们行为活动的因果关系的理论，著名的归因理论有海德的朴素心理学理论、凯利的协变分析模型等。

8. 由于人自身所具有的复杂性，人们并不能时时处处做到理性与客观，有时候，人们对行为原因的推测既不理性也不合理，从而导致人们的归因出现偏差与错误。

技能培养与练习

1. 当我们初次遇到一个人的时候，通常会注意什么类型的信息呢？当我们对某人有了初步了解之后，什么类型的信息可能改变我们的印象？

2. 有时候在观察他人的行为后，我们几乎是自动地作出因果归因，但是另一些时候，我们在作出因果判断时会更加有意识，并且考虑得更多，为什么会出现这样的情况？在什么情况下我们会考虑得比较深入？在什么情况下我们的归因几乎是自动的？

3. 个体知觉不仅仅受到我们所看到的人的影响，也会受到我们自己的需要和目标的影响。为什么我们本身的需要和动机在个体知觉过程中如此重要？请列举一些需要和动机。

4. 影响个体知觉准确性的因素有哪些？在什么情况下我们能更准确地知觉他人？

技能练习

技能开发

案例分析

自我知觉中有一个重要的概念：敏感阈限，指的是当一个人遇到与自我概念不一致的关于自己的信息，或面对改变自己行为的压力时，自我防御机制就会起作用。例如，一个朋友对你说："你今天看起来很累，你觉得还好吗？"如果你感觉很好，信息是与你的自我知觉不一致的，但因为这个矛盾相对很小，它不可能要求你重新检验和改变你的自我概念。信息越矛盾，对你的自我概念来说意义越重大，就越接近你的敏感阈限，并且你感到需要为此保护自己。例如，你认为自己作为一名经理工作得还不错，而有一个同事断定你作为一个经理并不称职，这会超过你的敏感阈限，如果这个同事是一个有影响力的人，就更会如此。你的反应可能就是防御这些信息来保护你对自己持有的印象。

根据你对上面这段话的理解，分析下面的案例。

试卷被盗

一位颇受学生欢迎的大学教授出好期末考试卷子后将之放入抽屉，随手关上了办公室的灯。就在这时，一个高大魁梧的身影出现并拿走了试卷。教授打开抽屉，发现里面的试卷都被拿走了，走廊里有个人跑了。教授将此事立即报告给了校长。

1. 小偷高大魁梧。
2. 灯是教授关的。
3. 一个高大魁梧的身影拿走了试卷。
4. 试卷被人从抽屉里拿走了。
5. 试卷被教授从抽屉里拿走了。
6. 教授关灯后，出现了一个高大魁梧的身影。
7. 打开抽屉的那个人是教授。
8. 走廊里跑的是教授。
9. 抽屉实际上从未被打开过。
10. 这篇报告中提到了三个人。

请你按顺序对这10个结论逐个进行判断，一旦确定答案后就不要再去读原来的观察结论，也不要再改答案。做出判断的时候请不要和周围人商量，待你完成判断后再和其他人进行交流，并说明自己做出判断的原因。

单元 3
个体差异与管理

学习目标

知识目标：

1. 了解个性的概念和构成，掌握个性的基本特征
2. 理解气质的概念和类型，了解自己的气质类型
3. 掌握性格的类型，分析自己的性格类型
4. 了解能力、智商与情商的概念

技能目标：

1. 掌握与不同个性和气质的人相处的策略与技巧
2. 可以分析个性差异并采取对应的管理对策
3. 能够在组织中对不同能力的员工进行管理

素养目标：

1. 理解个体差异，发展具有中国特色的社会主义管理思想
2. 不断提高自身能力，成长为专业、敬业的人才

俗话说："一样米养百样人。"这说明人与人之间确实存在个体差异，而个体差异会导致不同的个体行为。在管理活动中，要想招聘、选拔或提升合适的员工，以确保每个员工能够人尽其才、才尽其用、在相互的合作中实现组织利益最大化，必须了解员工的个性。可见，个体差异的研究在管理心理学中占据着重要的地位。

小案例

任正非：让"洋对手"睡不安枕的战略游弋者

当被称为"互联网时代的企业"思科正在接受全球传媒和资本市场的广泛赞誉之时，它却不得不为一家来自中国的企业而暗自焦虑，头疼不已。这家企业就是深圳华为，而

它的领头人是带有军人作风的任正非。

任正非的经历的确让人赞叹。20 世纪 80 年代，他自军队转业之后，就来到了当时改革开放最前沿的深圳，最初也打了几年工。有点积蓄和资源后，他于 1987 年创立华为公司，最初的业务靠代理香港一家公司的 HAX 交换机获利。当时在深圳，这种类型的公司一抓一大把，可大家活得都不错，很舒服。任正非的与众不同在此时显露了出来，做了两年之后，他放着舒舒服服赚钱的生意不做，非要自己搞研发，做自己的产品。1990 年，几十个年轻人跟随任正非来到南山一个破旧的厂房中，开始了他们的创业之路。

任正非非常朴素，这看起来与华为所要打造的新锐的网络技术、透明而现代化的高科技企业目标，是如此的格格不入，却又能和谐地融合在一起。

在营销方式上，任正非领导的华为也令人感到奇特。它很少做广告，对现代企业最重视的公关传播也没有丝毫兴趣。领导华为十几年，任正非几乎没接受过媒体的采访。但即便如此，并没有影响到华为进入中国顶尖企业行列。

“华为的冬天来临了吗?”任正非喜欢用这样一句话提醒华为人。可以说，正因为他始终抱有强烈的危机意识，所以他的照片看起来都很老相，即使穿上挺括的西装。

著名财经作家、《华为真相》作者程东升这样评价任正非和华为：“大凡真正的大企业家，首先应该是个思想家，对企业的宏观战略有清晰的认识，以自己独特的思想认识，影响、指导企业的发展。华为之所以成为中国民营企业的标杆，不仅仅因为它用 10 年时间将资产扩张了 1 000 倍，不仅仅因为它在技术上从模仿到跟进又到领先，而是因为华为独特的企业文化，这种文化的背后则是总裁任正非穿透企业纷繁复杂表象的深邃的思想力。从产品营销到技术营销再到文化营销，华为做得有条不紊。任正非对企业目标的界定，对企业管理的创新，对智力价值的承认，都开创了中国民营企业之先河。”

华为因为任正非而成功，任正非因为思想而杰出。中国从来就不缺企业家，但从来都缺真正的商业思想家——在当代中国，任正非应该算是一个。

资料来源：苏东．任正非：让洋对手睡不安枕的战略游弋者．(2004-08-31) [2024-10-15]. http://info.ceo.hc360.com/2004/08/3108536289.shtml.

3.1 个性心理特征

一、个性概述

“个性”一词来自拉丁文 persona，指演员在舞台上扮演角色时所戴的面具。面具用来表示舞台上人物某种典型的个性特征（类似中国京剧中的个性化脸谱），如“狡猾阴险的人”“忠诚的人”等，这也是个性的最初含义。

什么是个性呢？较权威的说法是：个性是指一个人在先天素质的基础上，在其生活、实践活动中，经常表现出来的、比较稳定的、带有一定倾向性的个体心理特征的总和。如有的人机敏活泼，有的人含蓄深沉；有的人长于记忆，有的人理解力较强；有的人爱交际，有的人喜欢独处。这都表现出人的个性的差异。美国著名个性心理学家伯格认为，个性是“决定人的独特行为和思想的个人内部的身心系统的动力组织”①。个性不仅指一个人的外在表现，还指一个人的真实的自我。

个性包含个性心理倾向和个性心理特征两个部分。

（一）个性心理倾向

个性心理倾向是人进行活动的基本动力，是个性结构中最活跃的因素。它决定人对现实的态度、对认识对象的趋向和选择。个性心理倾向主要包括需要、动机、兴趣、理想、信念和世界观。它们较少受生理因素的影响，主要是在后天的社会化过程中形成的。个性心理倾向的各个成分并不是彼此孤立的，而是相互影响、相互联系和相互制约的。

（二）个性心理特征

个性心理特征，是指人的多种心理特点的一种独特组合。其中包括完成某种活动的潜在可能性的特征，即兴趣和能力；心理活动的动力特征，即气质；对现实环境和完成活动的态度上的特征，即性格。

总之，心理学把个体心理特征的与众不同的所有差异总和称为“个性”。

二、个性的基本特征

个性是多层次、多维度的，从抽象意义上来说，个性具有独特性、综合性和稳定性的特征。

（一）独特性

世界上没有两个完全相同的人，正如一棵树上没有两片完全相同的叶子一样。每个人都有独特的性格和爱好，每个人都有与别人不同的能力和气质。人和人之间存在个体差异，如有的人对颜色辨别能力强，喜欢绘画；有的人对声音敏感，有较强的音乐感受力；同样是喜欢音乐的人，有人偏重声乐，有人偏重器乐。

（二）综合性

综合性，即所有特点的综合，它既包括一个人在能力与兴趣方面的特点，也包括一个人在气质与爱好以及性格等方面的特点。比如一个优秀的军事指挥家，在他身上就综合了一个军人所特有的个性，如优秀的指挥才能，果断刚毅而又外露、热血的性格特点等。

（三）稳定性

稳定性，即一个人身上经常表现出来的比较稳定的性格特征。如一个性急的人，自己急，也要求别人急，快人快语、性情急躁。“禀性难移”，这些心理特征是不易改变的。因此，一个人在各方面都表现出一种类似的行为特征，即性格的稳定性。

个性的稳定性只是相对的，不是一成不变的。一个人的个性形成以后，随着社会环境的变化和个人的发展以及人际关系的变化，也会发生相应的改变。年轻人的个性更容易发生变动，有较强的可塑性。管理者要善于了解和掌握人的个性特征和心理变化的规律，根据个体的心理差异采取适当的方法，因人而异，实施管理和培养。

---

① Jerry M. Burger. 人格心理学．陈会昌，等译．6版．北京：中国轻工业出版社，2004.

三、个性的形成

个性是由遗传先天决定的，还是由环境后天决定的，这在学术界一直是个争论不休的话题。遗传决定论者认为，儿童心理发展是由先天不变的遗传素质所决定的，儿童的智力和个性品质在生殖细胞的基因中就已经被决定，后天环境和教育的影响只能延迟或加速这些先天遗传能力的实现而不能改变它。美国心理学家 G. S. 霍尔曾说："一两的遗传胜过一吨的教育"，这是遗传决定论者的典型观点。此外，古希腊哲学家柏拉图的先天理念说、美国心理学家格塞尔的成熟势力说等都属于遗传决定论。而美国著名心理学家华生则是环境后天决定论的代表，他说："给我一打儿童，我能培养出推销员、乞丐、国会议员、将军、医生、总统……"

个性的形成，既有先天的因素，也有后天的因素，是遗传和环境共同作用的产物。遗传为个性的形成和发展提供了某种可能性，但并不起决定作用，而一个人的个性向什么方向发展、发展到什么水平，是由后天环境，特别是社会生活条件决定的。社会物质生活、文化教育的环境、家庭条件等对个性的形成有很大的影响。

一个人个性的形成和发展，大体都经历三个时期：(1) 儿童时期，受父母、兄长及亲友的熏陶和影响。大人是孩子的榜样，大人对孩子个性的发展起着重要作用，往往会影响他们一生。(2) 学生时期，个体与师长和同学相处的时间较长，受他们影响较深。(3) 走向社会时期，这是个性发展最复杂的阶段，有很多因素影响着个性的发展，如历史文化、社会制度、政治形势等。

四、环境对个性的影响

环境对个性的影响是多方面的，既有社会大环境的影响，也有家庭、学校、单位等小环境的影响，还有个人早年的经历、受教育程度及周围人际关系的影响。可以说，人的个性就是在社会关系的交往中逐步形成的。

我们在考察一个人的时候，只有发现这个人的个性特征，并找出形成这种个性的相关因素，才能因势利导，抑制不良的方面，诱发出对其个性发展有利的一面。比如，兴趣和爱好是个性心理特征之一，是构成人与人之间个性差异的一个重要方面。我们可以通过改变一个人的工作环境来适应他的个人兴趣，以调动他的工作热情，发挥出蕴藏在他身上的潜能。

总之，每个人都在他的生活实践中形成了不同的个性特征。心理学的个性理论应用于企业管理，不仅是可行的，也是必要的。管理心理学所包含的个性心理特征，指的也是人与人之间在气质、性格、能力上的差异。

3.2 气质

在日常生活中，我们常常听到人们对一个人的气质进行评价，如"这个人气质不错""那个人气质太差"等，甚至将气质看成一个人有没有魅力的标志。

美国心理学家托马斯说过这样一句话：在许多儿童中，这些气质的原始特征往往在随后二十多年的发展阶段中保持。他是针对儿童天生的气质差异说这番话的。也就是说，婴儿一出生就已经具有与别人不一样的气质了，而且这种气质将长期保持，即这种气质特征和气质类型是相当稳定的。比如说，一个婴儿与另一个婴儿，他们哭闹的方式为什么是不同的？为什么有的婴儿非常吵闹而有的则比较安静？这个时候，婴儿还没有受到外界的种种影响，所以他们所具有的这些气质差异可以说是与生俱来的，是由人的神经系统的差异先天造成的。

一、气质概述

“气质”一词来源于英语“temperament”，是一个相当古老的概念。现代心理学意义上的气质是指从人的心理活动发生的强度、速度和灵活性中表现出来的个性特征，类似“脾气”“秉性”“性情”等概念。气质主要包括心理过程的强度（注意力集中的时间长短等），以及心理活动的指向性（倾向于外部事物还是内部体验）等方面的特点。

小案例

气质成就美丽

著名的时尚杂志ELLE评选历史上最美的女人。影片《罗马假日》中的公主的扮演者奥黛丽·赫本艳压群芳，获得76%的选票而位居第一。按照现代人的标准，赫本的身材和容貌并不一定算得上最好，但就是因为她内在那种超出常人的气质，让她在美女如云的娱乐界脱颖而出。

在《罗马假日》中，赫本一头黑色短发，外貌美丽脱俗，体态轻盈苗条，举止高贵，具有一种古典美。在金发性感女郎风行的年代，她一下子吸引了观众的目光。在人们的心中，赫本永远都是高贵美神的化身。ELLE杂志称：“她是落入凡间的天使，她的身上有一种独一无二的魅力。”

气质无好坏、优劣之分，只有心理特征和表现方式的区别。气质不标志着一个人的智力发展水平和道德水平，不决定一个人的社会价值和成就的高低。一个人的气质具有较大的稳定性，往往很早就固定在一个人的身上，显出一贯性的特征。气质在各种各样的活动中都有同样的表现，不以活动的内容、目的、动机为转移，从而使一个人的全部心理特点都染上个人独特的色彩，表现出一个人与生俱来的自然特征。

虽然气质主要是由人的先天心理素质决定的，是自己无法选择的一种神经活动类型，但气质不是一成不变的，在环境和教育的影响下，气质也会发生某些缓慢的变化。一般来说，气质在童年时期表现较为明显，到了成年后，由于生活环境对个人的影响，需要处理的人际关系越来越复杂，所以某些气质特点就会被后天所获得的特性所“掩盖”。表3-1展示了不同年龄阶段气质特征的表现。

表3-1　不同年龄阶段气质特征的表现

阶段	气质特征的主要表现
少年期	高级神经活动的兴奋性较强，抑制性较弱，日常行为活动上通常表现为好动、敏捷、急躁、热情、轻浮等特征
壮年期	兴奋性和抑制性较平衡，通常表现为坚毅、机智、活泼、热情等特征
老年期	抑制性较强，兴奋性较弱，通常表现为沉着、迟钝、冷静、淡漠、固执、多疑等特征

二、气质的类型

区分气质类型的标准有很多，可根据神经类型的感受性、耐受性、反应的敏捷性、可塑性、情绪的兴奋性和心理活动的倾向性等标准来区分气质类型。英国心理学者艾森克主张以心理活动的倾向性和情绪的稳定性两个维度来区分气质。但无论按照哪种标准，专家们都倾向于把气质分为四个大的类别，在名称上则沿用了古希腊医生希波克拉底的说法，即胆汁质、多血质、黏液质和抑郁质，如表 3-2 所示。

表 3-2　不同气质类型的特点

气质类型	情绪方面	智力活动方面	行动方面
胆汁质	精力充沛；无论高兴或忧愁、无论愉快或忧伤，对情绪的体验都非常强烈；情绪发生迅速，一旦处于高度情绪状态之中，就会暴跳如雷，而在情绪爆发之后，平息的速度非常快；内心外露，率直，热情，急躁，果敢。	思维活动具有一定的灵活性，但是对问题的理解具有粗枝大叶、不求甚解的倾向。	言语、动作急速而难以自制，刚强，生机勃勃，表里如一，工作中表现得顽强有力，行为具有突发性。
多血质	活泼爱动，富于生气；情绪易表露，也容易变化，很敏感，遇到不如意的事会大声痛哭，但只要稍加安慰，或者有什么使其高兴的事，就会马上破涕为笑；乐观、亲切、浮躁、轻率。	思维灵活，反应迅速，但常表现出对事物不求甚解。	动作迅速，对工作表现热情，如果不是条件限制，喜欢参加一切活动，但工作劲头不长，对环境适应能力较强，好交际，但交往不深。
黏液质	沉着冷静，情绪兴奋性较弱，心情比较平稳，变化缓慢，心平气和，不易发生强烈的不安，激情比较少，坚毅、执拗、淡漠。	思维的灵活性差，喜欢沉思，头脑冷静；思维比较细致。	善于从事已经习惯了的工作，且工作热情较高，对新工作较难适应，行动缓慢，但能够坚决执行已经做出的决定，比较踏实。
抑郁质	柔弱易倦，情感生活不丰富；很少表露自己的情感，但对情绪的体验比较深刻和强烈，如果在工作中有失误，会在长时间内感到很大的内心痛苦；胆小，忸怩，孤僻。	观察力敏锐，对事物的反应有较高的敏感性，能够观察到一般人所忽略的细节，思维深刻。	动作缓慢，单调，不爱与人交往，有孤独感，不愿在大庭广众之前露面，不喜欢表现自己。

资料来源：张新华．人的气质与管理．新疆社科论坛，2000（4）．

如果我们对上述气质加以评定，就会看到，每种气质既有好的特点，也有不好的特点。在工作中，不同气质类型所表现的特点也不一样。

具有胆汁质气质的人，工作特点是积极性高、意志力强、工作主动、大刀阔斧，有创新精神。心理呈明显的周期性，可以做到以极大的热情投身于工作中，竭力克服通往目标的障碍和困难。但精力一旦耗尽，顿时会变得沮丧，对自己失去信心。在人际交往方面，不好相处，容易冲动，易得罪人。

巴甫洛夫将具有多血质气质的人描述为热诚和有显著工作效能的活动家。多血质的人在一个集体中常能扮演引起愉快的核心人物，可以长期保持精神愉悦和朝气蓬勃的乐观精神，能消解别人的烦恼，给人带来欢声笑语。这种气质的人，一般在事业上野心不大，愿意从事交际一类的工作，不善做踏实稳重的研究工作。当从事自己喜爱的工作时，能投入很大的热情，但如果从事的工作不为其所好，还要他耐心细致、煞费苦心地干，或让他从事不起眼的事，那他的热情就会减弱。他们从事多变或多样化的工作时，往往能随机应变，成绩也显著。有时好大喜功，流于浮躁、浅薄。

具有黏液质气质的人，是平凡、坚定和顽强的实际工作者，从不白白耗费自己的精力，在对自己的力量做好评估后，就把事情一干到底。对工作认真负责、一丝不苟，能够严格遵守规章制度，长时间保持紧张的工作状态。不表功、不卖乖，工作中任劳任怨、埋头苦干，是“老黄牛”式的人物。这种气质的人很容易形成勤勉、实事求是的精神及坚韧的特征，但也可能发展出萎靡、迟钝、消极、怠惰等不良品质。他们通常缺乏灵活性，刻板、守旧，对新生事物接受较慢。

具有抑郁质气质的人，不善于与人打交道，但在习惯或熟悉的工作环境中，或在和谐友爱的集体里，还是比较容易相处的，能认真负责地完成交给的工作，可以委以重任。

小资料

气质类型与记者队伍的差异化建设

小测验

你属于哪种气质呢？

下面60道题可以帮助你大致确定自己的气质类型。在回答这些问题时，如果你认为与自己的情况是完全符合的，计2分；比较符合的，计1分；介于符合与不符合之间的，计0分；比较不符合的，计－1分；完全不符合的，计－2分。请把分数填在题项前的括号内。

例如：（－2）喜欢做富有挑战性的事情。

（　　）1. 做事力求稳妥，不做无把握的事。

（　　）2. 遇到可气的事就怒不可遏，要把心里话说出来才痛快。

（　　）3. 喜欢一个人做事，不愿很多人在一起。

（　　）4. 到一个新环境很快就能适应。

（　　）5. 厌恶那些强烈的刺激，如尖叫、噪声、危险镜头等。

（　　）6. 和人争吵时，总是先发制人，喜欢挑衅。

（　　）7. 喜欢安静的环境。

（　　）8. 善于和人交往。

（　　）9. 羡慕那种善于克制自己感情的人。

（　　）10. 生活有规律，很少违反作息制度。

（　　）11. 在多数情况下，情绪是乐观的。

（　　）12. 碰到陌生人觉得很拘束。

（　　）13. 遇到令人气愤的事，能很好地自我克制。

（　　）14. 做事总是有旺盛的精力。

（　　）15. 遇到问题常常举棋不定、优柔寡断。

（　　）16. 在人群中从不觉得过分拘束。

（　　）17. 情绪高昂时，觉得干什么都有趣；情绪低落时，又觉得做什么都没有意思。

（　　）18. 当注意力集中于某一事物时，别的事物很难使我分心。

（　　）19. 理解问题总比别人快。

（　　）20. 碰到危险情景时，常有一种极度恐惧感。

（　　）21. 对学习、工作、事业怀有很高的热情。

（　　）22. 能够长时间做枯燥单调的工作。

（　　）23. 符合兴趣的事情，干起来劲头十足，否则就不想干。

（　　）24. 一点小事就能引起情绪波动。

（　　）25. 讨厌做那种需要耐心、细致的工作。

（　　）26. 与人交往不卑不亢。

（　　）27. 喜欢参加气氛热烈的活动。

（　　）28. 爱看感情细腻、描写人物内心活动的文学作品。

（　　）29. 工作、学习时间长了，常感到厌倦。

（　　）30. 不喜欢长时间谈论一个问题，愿意实际动手干。

（　　）31. 宁愿侃侃而谈，不愿窃窃私语。

（　　）32. 别人说我总是闷闷不乐。

（　　）33. 理解问题常比别人慢些。

（　　）34. 疲倦时只要经过短暂的休息就能精神抖擞，重新投入工作。

（　　）35. 心里有话，宁愿自己想，也不愿说出来。

（　　）36. 认准一个目标就希望尽快实现，不达目的，誓不罢休。

（　　）37. 和别人一样学习、工作一段时间，常比别人更疲倦。

（　　）38. 做事有些莽撞，常常不考虑后果。

（　　）39. 教师或师父讲授新知识、技术时，总希望他讲慢些，多重复几遍。

（　　）40. 能够很快忘记那些不愉快的事情。

（　　）41. 做作业或完成一件工作，总比别人花的时间长。

（　　）42. 喜欢运动量大的剧烈体育活动，或参加各种文艺活动。

（　　）43. 不能很快地把注意力从一件事转移到另一件事上去。

（　　）44. 接受一项任务后，总希望把它迅速解决。

（　　）45. 认为墨守成规比冒风险强些。

（　　）46. 能够同时注意几件事物。

（　　）47. 当我烦闷的时候，别人很难使我高兴起来。

（　　）48. 爱看情节起伏跌宕、激动人心的小说。

（　　）49. 对工作抱有认真严谨、始终一贯的态度。

（　　）50. 和周围的人总是相处不好。

（　　）51. 喜欢复习学过的知识、重复做已经掌握的工作。

（　　）52. 希望做变化大、花样多的工作。

（　　）53. 对于小时候会背的诗歌，我似乎比别人记得更清楚。

（ ）54. 别人说我“出语伤人”，可我并不觉得是这样。
（ ）55. 在体育活动中，常因反应慢而落后。
（ ）56. 反应敏捷，头脑机智。
（ ）57. 喜欢有条理而不甚麻烦的工作。
（ ）58. 兴奋的事常常使我失眠。
（ ）59. 教师讲新概念，常常听不懂，但是弄懂以后就很难忘记。
（ ）60. 假如工作枯燥无味，马上就会情绪低落。

填写完毕，根据积分结果，就能比较准确地判断你属于什么样的气质类型了。四种气质类型所包含的题目分别是：

胆汁质：2、6、9、14、17、21、27、31、36、38、42、48、50、54、58

多血质：4、8、11、16、19、23、25、29、34、40、44、46、52、56、60

黏液质：1、7、10、13、18、22、26、30、33、39、43、45、49、55、57

抑郁质：3、5、12、15、20、24、28、32、35、37、41、47、51、53、59

如果测试者在某一气质类型上的得分明显高于其他类型（高于4分），说明他（她）具有该种气质；如果测试者在两种气质类型的得分上差异不大（不高于3分），则说明他（她）的气质类型是复合型的，即具有两种气质特征。

三、气质差异与管理

气质是个性心理特征之一，实质上指的是某个人的典型的表现于心理过程的速度和稳定性、心理过程的强度以及心理活动的指向性特点等动力方面的特点。

管理可以说是一门通过别人来完成任务的艺术，其目的就是把具有不同个性的人安排在合适的职位上，形成最优的组织和群体心理，以最大限度地发挥人的心理潜能，调动人的积极性，最终创造出最佳的工作效益。也就是说，现代管理的中心已由以往的对财和物的管理转变为对人的管理。这就更需要管理者了解每个员工的个性类型及气质，因人而异地做好管理工作。此外，管理者要选拔、培养和使用人才，协调组织内部人际关系，提高工作和生产效率，预防心理疾病等都必须准确把握员工的个性特点，只有这样才能达到科学管理的目的。可以说，一个根本不了解人的需要、动机、兴趣、气质、性格等个性差异的管理者，很难做到知人善任，也很难胜任现代管理工作，更不能产生良好的管理效能。

管理者是决策者，首先要正确了解、评价自己的气质，认清自己气质积极的一面和消极的一面，通过自觉培养和锻炼，使自己的气质不断改进。在进行管理和教育过程中，应根据员工的不同气质特征，采取不同方法，尤其是在对员工进行批评教育时，更要考虑不同气质类型的人对挫折的承受能力，比如对胆汁质、多血质的人，由于其承受挫折能力较强，可以进行较严厉的批评，这有利于他们遵守纪律、改正错误；但对抑郁质的员工，由于其承受挫折能力较弱，不善于暴露自己的真实心理，因此对他们进行批评时要采取委婉和迂回的方式，这才有利于他们认识错误、改正缺点。此外，在推行新措施、实施改革方案时，也应注意员工气质类型的特点，多血质员工很容易适应新环境、接受新措施，因而对他们无须多关照，但对黏液质的员工则应采取疏导的方式，充分摆事实、讲道理，使其逐渐接受新措施、新方案，这样才能取得良好的管理和教育效果。

3.3 性格

我们经常会听到这样的言语：东北人性格随意而豪放，欠温柔委婉；北京人性格实在，没有过多虚伪的修饰成分，对人自然而随和；天津人性格豁达，本性幽默，多安于现状；等等。这些都表明了不同地区人们性格的差异。

一、性格概述

性格是人对现实的态度和行为方式中的比较稳定的独特心理特征的总和，具有以下两个特征：

第一，对现实态度的个性特征。这是指个体在生活实践中，通过认知、情感、意志等心理过程，对作用于他的客观现实反映在头脑中，并逐渐固定下来，形成个人独特的、一贯的倾向。比如，我们对使自己愉快的事物就愿意去接近，对不愉快的就嫌弃和回避。也就是说，个体对社会、集体、自己的态度中所表现的如为公或偏私、勤奋或懒惰、谦虚或骄傲、勇敢或胆怯等都属于性格特征。

第二，在行为方式方面的个性特征。人的行为方式是在人生观和价值观指导下的各种生活活动的典型方式和特征的总和。人生观和价值观一旦形成，就会具体化为个体的行为意识，推动和调节行为，使人的各种行为具有稳定性和一致性，从而反映出个人的性格特征。

小案例

几十年前，一些内科医生发现心脏病患者与那些没有心脏病的人相比，表现得更主动、更精力充沛、更具支配性，也就是说，他们看起来有与众不同的人格。这个人格维度被称为心脏病易感行为方式，因为它似乎是与心脏病相关的一些行为的结合，心理学上把这个维度称为A型-B型人格。典型的A型人格者有强烈的动机克服困难，努力达到目标。他们不喜欢竞争、权力和受人瞩目，但易被激怒。他们不喜欢浪费时间，而喜欢以有激情的高效方式做事。更加悠闲自在的人们常常让A型人格的人受挫。典型的B型人格者则比较松弛、不急迫。他们偶尔也会努力工作，通常认为没有必要讨论自己的成就和业绩，除非环境要求如此，他们也从来不曾有时间上的紧迫感以及其他类似的不适感。

二、性格的类型

瑞士心理学家、精神病学专家、曾担任过巴塞罗那大学教授的古斯塔夫·荣格的性格学说在精神心理学界被广泛认可和接受。荣格将性格划分为内倾和外倾两种态度类型，以及思维、情感、感觉和直觉四种功能类型，由此形成了八种不同的性格类型。

（1）外倾思维型——这种类型的人喜欢分析、思考外部事物，生活有规律，客观而冷静，但比较固执己见，情感压抑。

（2）外倾情感型——这种类型的人多为女性。她们的思维常常被情感压抑，没有独特性，非常注重与社会和环境建立情感与和睦的关系。

（3）外倾感觉型——这种类型的人多为男性。他们喜欢追求欢乐，活泼有魅力，对客观事物感觉敏锐，精明而求实，但有些易变成寻欢作乐的酒色之徒。

（4）外倾直觉型——这种类型的人喜欢追求外部世界的新直觉，易变而富有创造性，有多种爱好，但难以坚持到底，做事常凭主观预感。

（5）内倾思维型——这种类型的人喜欢离群索居，独自追求自己的思想，常以主观因素为依据分析事物，待人冷漠，倔强偏执，情感压抑。

（6）内倾情感型——这种类型的人沉默寡言，不易接近，给人一种神秘莫测的吸引力，但内心有非常丰富、强烈的情感体验。

（7）内倾感觉型——这种类型的人对事物有深刻的主观感觉，喜欢通过艺术形象表现自我，缺乏思想和情感，较被动，安静而沉稳，自制力强。

（8）内倾直觉型——这种类型的人富于幻想，性情古怪，思想往往脱离现实，不易被人理解；常产生各种离奇的幻想和想象，体验奇特怪异。

荣格所划分的这八种类型只代表极端的情况。实际上，每个人都会表现出某种占优势的性格类型，在他身上还有不占优势的第二种或第三种性格类型。其中既有有意识的因素，也有无意识的成分，两者的相互作用构成了千变万化的性格类型。

小测验

你属于哪种 MBTI 性格类型？

请仔细阅读每一个问题，将答案直接写在横线上面。不必对问题想得太多，根据第一感觉回答即可。

第一部分：哪一个答案最接近地描述了你通常的思考和行为方式？

1. 当你某日想去某个地方，你会______。

A. 计划好将做的事情以及何时做　　B. 什么都不想就去做

2. 如果你是一位老师，你愿意教______。

A. 涉及事实的课程　　B. 涉及理论的课程

3. 你通常是______。

A. 一个善于交际的人　　B. 安静缄默的人

4. 你______。

A. 喜欢事先安排好约会、聚会等

B. 只要时机恰当就无拘无束地做任何有趣的事

5. 你通常和______相处得更好。

A. 想象力丰富的人　　B. 现实的人

6. 通常，你是______。

A. 情感驾驭理智　　B. 理智驾驭情感

7. 当你和一群人在一起时，你会______。

A. 参加大家的谈话　　B. 只同你熟知的人单独谈话

8. 你更喜欢______做多数事情。

A. 即兴地　　B. 有计划地

9. 你愿意自己被认为是一个______。

A. 善于动手的人　　B. 善于创新的人

10. 在大群体中，你常更多地______。

A. 介绍别人　　B. 由别人来介绍你

11. 你更喜欢______。

A. 头脑灵活的人　　B. 务实且有丰富常识的人

12. 按日程表办事______。

A. 正合你意　　B. 束缚了你

13. 你觉得通常别人要花费______。

A. 很长时间来了解你　　B. 一小段时间来了解你

14. 对于制订周末计划，你觉得______。

A. 很有必要　　B. 没必要

15. 被称为______是更高的赞赏。

A. 感性的人　　B. 一贯理性的人

16. 多数时候，你倾向于______。

A. 独处　　B. 同他人在一起

17. 日常工作中，你喜欢______。

A. 在时间紧迫的情况下争分夺秒地工作

B. 通常先安排好工作并尽快完成，以免压力过大

18. 你愿意和______交朋友。

A. 常有新观点的人　　B. 脚踏实地的人

19. 你______。

A. 只要愿意就能轻松地同几乎任何人说个没完

B. 只能在特定场合下或同特定的人才愿意讲许多话

20. 当有一项特殊工作时，你会______。

A. 在开始前精心组织策划　　B. 在工作进行中找出必要环节

21. 你更倾向于______。

A. 感性地做事　　B. 依逻辑行事

22. 当你为了消遣而阅读时，你______。

A. 欣赏奇特新颖的表达方式　　B. 喜欢作者确切地表达其意思

23. 你新认识的人______说出你的兴趣所在。

A. 马上就能　　B. 只有真正了解你之后才能

24. 在计划一次旅行时，你更喜欢______。

A. 在多数情况下随心所欲地行事　　B. 事先就知道在大部分日子将要做的事情

25. 做很多人都会做的事情时，你更喜欢______。

A. 按惯例做　　B. 按自己独创的方式做

26. 多数人认为你______。

A. 不太喜欢把自己的事情告诉别人　　B. 非常坦率

第二部分：在以下各组词中，你更倾向于哪一个？考虑以下这些词的意思，而不是它们好不好听或好不好看。

27. A. 抽象　B. 实在　28. A. 有计划　B. 随意
29. A. 温柔　B. 坚硬　30. A. 事实　B. 观点
31. A. 思考　B. 感觉　32. A. 热情　B. 安静
33. A. 晓之以理　B. 动之以情　34. A. 陈述　B. 观念
35. A. 分析　B. 认同　36. A. 系统的　B. 自发的
37. A. 敏感　B. 合理　38. A. 缄默　B. 健谈
39. A. 事实　B. 理论　40. A. 同情怜悯　B. 深谋远虑
41. A. 系统　B. 随机　42. A. 文静　B. 开朗
43. A. 利益　B. 祝福　44. A. 推测　B. 确定
45. A. 坚决　B. 热忱　46. A. 理想　B. 现实
47. A. 意志坚强　B. 慈悲心肠　48. A. 想象的　B. 事实的
49. A. 客观的　B. 易动情的　50. A. 制作　B. 创造
51. A. 热情　B. 客观　52. A. 实用的　B. 迷人的
53. A. 有同情心　B. 有逻辑头脑　54. A. 制造　B. 设计
55. A. 冲动　B. 决定　56. A. 公正的　B. 体谅的
57. A. 文静的　B. 爱交际的　58. A. 理性　B. 感性
59. A. 不受限制的　B. 安排好的　60. A. 翔实　B. 概括
61. A. 注重实际的　B. 感情丰富的　62. A. 公开的　B. 私人的
63. A. 建造　B. 发明　64. A. 有序的　B. 随意的
65. A. 想象的　B. 现实的　66. A. 称职的　B. 好心的
67. A. 理论　B. 事实　68. A. 少许朋友　B. 很多朋友
69. A. 可能性　B. 必然性　70. A. 宽容　B. 坚定
71. A. 新颖的　B. 已知的　72. A. 温和　B. 力量
73. A. 切实　B. 创新

性格测试计分方法见表 3-3。

表 3-3　性格测试计分方法

题号	维度一		题号	维度二		题号	维度三		题号	维度四	
	E 外向	I 内向		S 感觉	N 直觉		T 思考	F 情感		J 判断	P 知觉
3.	A	B	2.	A	B	6.	B	A	1.	A	B
7.	A	B	5.	B	A	15.	B	A	4.	A	B

续表

题号	维度一		题号	维度二		题号	维度三		题号	维度四	
	E 外向	I 内向		S 感觉	N 直觉		T 思考	F 情感		J 判断	P 知觉
10.	A	B	9.	A	B	21.	B	A	8.	B	A
13.	B	A	11.	B	A	29.	B	A	12.	A	B
16.	B	A	18.	B	A	31.	A	B	14.	A	B
19.	A	B	22.	B	A	33.	A	B	17.	B	A
23.	A	B	25.	A	B	37.	B	A	20.	A	B
26.	B	A	27.	B	A	40.	B	A	24.	B	A
32.	A	B	30.	A	B	43.	A	B	28.	A	B
38.	B	A	34.	A	B	45.	A	B	36.	A	B
42.	B	A	39.	A	B	47.	A	B	41.	A	B
57.	B	A	44.	B	A	49.	A	B	55.	B	A
62.	A	B	46.	B	A	51.	B	A	59.	B	A
68.	B	A	48.	B	A	53.	B	A	64.	A	B
			50.	A	B	56.	A	B			
			52.	A	B	58.	A	B			
			54.	A	B	61.	A	B			
			60.	A	B	72.	B	A			
			63.	A	B	35.	A	B			
			65.	B	A	66.	A	B			
			67.	B	A						
			69.	B	A						
			70.	B	A						
			71.	B	A						
			73.	A	B						
积分			积分			积分			积分		
维度编号			维度编号			维度编号			维度编号		

本问卷共有四个维度，每个维度上有两个极点，分别为E—I，S—N，T—F，J—P。

1）分别计算每一个极点上的得分，依据以上表格，选中一项计一分，将每一个极点的累积得分填入积分一栏。

2）如I≥E，将I填入维度一的维度编号；反之填E。

3）如N≥S，将N填入维度二的维度编号；反之填S。

4）如F≥T，将F填入维度三的维度编号；反之填F。

5）如P≥J，将P填入维度四的维度编号；反之填J。

6）将各维度的编号依次排列得出最终的性格类型编号，共有16种。

三、性格的差异与管理

性格是通过个人对现实的稳定态度和习惯化的行为方式表现出来的。性格特征是千姿百态的，它是决定人命运的重要因素和构成个体差异的重要内容。

不同职务或岗位的工作性质、工作情境、使用的工具以及工作中派生的人际交往都具有不同的特性，因而会对任职者的性格特征提出不同的要求。如果职务分析的结果能确定不同职务任职者的性格标准，心理测验技术能判断个体间的性格差异，使人的性格与管理情境中的职务相匹配，就可以达到“人适其事，事得其人”的目标。但从目前的情况看，对大多数职业而言，还很难做到这一点。因此，从管理的角度看，只能要求管理者在工作安排中尽量考虑部属的性格特点，并尽可能做到“人适其事”。

另外，对管理者来说，性格也是一种成本，是比生产成本、销售成本、管理成本等更隐性、更难掌控的成本。一般来说，管理者所必须具备的性格特征主要有以下几种：

（1）沉稳：冷静、坦然、镇定。

（2）细心：完美、谨慎、缜密、专业。

（3）胆识：强势、果决、冒险。

（4）积极：坚持、投入、认真。

（5）大度：包容、忍耐、谦和、慷慨、分享。

（6）诚信：正直、道德、务实。

（7）担当：负责、明快、直率。

3.4　能力

在个性结构中，能力最重要。因为能力是一个人顺利完成某种活动所必备的心理特征。这里所指的能力不是单一的，而是指人的综合能力。

一、什么是能力

能力，就是指顺利完成某一活动所必需的心理条件。能力是直接影响活动效率，并使活动顺利完成的个性心理特征。

能力总是和人完成一定的活动相联系的。离开了具体活动，既不能表现人的能力，也不能发展人的能力。但是，我们不能认为凡是与活动有关并在活动中表现出来的心理特征都是能力。只有那些完成活动所必需的、直接影响活动效率的，并能使活动顺利进行的心理特征，才是能力。例如人的体力、知识、性格等，虽然对活动有一定影响，但不是顺利完成某种活动最直接、最基本的心理特征，因此不能称之为能力。

能力有一般能力和特殊能力之分。一般能力是指观察、记忆、思维、想象等能力，通常也叫智力。一般能力是人们完成任何活动所不可缺少的，是能力中最主要的部分，也是最一般的部分。特殊能力是指人们从事特殊职业或专业需要的能力，例如音乐工作者所需要的听觉表象能力等。人们从事任何一项专业性活动既需要一般能力，也需要特殊能力，二者的发展也是相互促进的。

二、能力的形成和发展

能力是在人的生活过程中形成和发展的，它受许多因素共同的影响，这些因素在不同时期起着不同的作用，并且是交织在一起的，主要包括内外两方面因素。

内部因素是指能力的形成依赖于有机体天生具有的某些解剖和生理的特性，主要是神经系统、脑的特性以及感官和运动器官的特性。这些生理基础是能力发展的自然前提，离开这个物质基础就没有能力的发展，但它不是能力本身，不能直接决定能力。只有在以后的生活中，这些生理特性在活动中显露并发展起来，才能逐渐形成能力这样的心理特征。此外，能力形成还需要一些外部条件，如营养状况、早期经验、教育状况、社会实践等。

三、智力与智商

智力是最一般的能力，它包括理解、计划、解决问题、抽象思维、表达意念以及语言和学习的能力。由于智力包括这么多方面的能力，很多争论都是围绕着智力如何测量这一问题展开的。

智商也叫智力商数（Intelligence Quotient），常用 IQ 表示。智商是根据一种智力测验的作业成绩所计算出的分数，它表示个体的智力年龄与实际年龄的关系。计算智商的公式为智商（IQ）＝智力年龄/实际年龄×100。

四、情商

情商，即情绪商数（Emotional Quotient），英文缩写为 EQ，也称为情绪智力（Emotional Intelligence），是与“智商”相对的一个心理学概念。情商是相对于智商提出的，是与一个人成才和事业成功有关的一种全新的概念。1990 年，美国耶鲁大学心理学家彼得·萨勒维（Peter Salovey）和新罕布什尔大学心理学家约翰·梅尔（John Mayer）首先提出对成功至关重要的情绪特征。当时，他们用“情绪智力”这一术语来描述对情绪的认知、评估和表达能力，思维过程的情绪促进能力，理解与分析情绪、获得情绪知识的能力以及对情绪进行调节的能力。1995 年，美国哈佛大学心理学系教授、《纽约时报》专栏作家丹尼尔·戈尔曼在总结了大量有关理论和实验结果的基础上，写了《情绪智力》一书。书中使用了与“智商”相对的术语——“情商”。它描述了一种了解自身感受、控制冲动和恼怒、理智行事、面对各种考验时保持平静和乐观心态的能力，通过综合评价人的乐观程度、理解力、控制力、适应能力等因素来测定人的智力水平。

心理学家们通过大量的研究证明，在人成功的要素中，智力因素（或称为“智商”）只占 20%，而其他非智力因素主要是情绪智力（或称为“情商”）因素占了 80%。情商是如何占有这一重要地位的呢？根据科学家们的研究结果，“情商”是一种驾驭自己的能力，包括驾驭自己的情绪，驾驭自己的思想，驾驭自己的意志，控制和协调构成自己心理过程的不同要素的相互作用关系，让自己努力去实现自己的愿望。情商同时也是一种协调人际关系的能力，包括对人情与人性的深刻了解和理解，对人的需要的内容、形式的了解，对人的感情的深刻、敏锐的洞察力，对人的感情表达方式的理解力，对人际交往的内容、原则、方式及规律的了解和运用能力，爱的能力等。“情商作为一种智慧，包括对人生价值和意义的深刻理解，对自我的人生目标的知晓；对人生战略的总体把握，对内心矛盾和冲突的克服技巧；对于驾驭者与被驾驭对象之间关系的智慧，对转变环境的智慧，对在顺境中和在逆境中取胜的智慧。”①

小资料

什么是情商？

五、能力与管理

在现代企业管理中，员工管理是重要环节。不同的员工不仅个性不同，而且能力水平也存在着极大的差异。人的能力是个体潜在的一种特性，它为人们从事生产活动、达到有效的工作绩效提供了一个基本条件。企业不同的部门、不同的工作岗位都有不同的工作性质，它们对人的经历、智力、体力都提出了不同的要求。具体来说，管理者应根据职工的能力水平分配工作，以做到人尽其才。要达到这个目的，要注意以下几个问题：

第一，要明确同一个人不可能适应所有部门的每项工作。

第二，要明确受教育的程度相等，能力水平不一定相等，知识的掌握并不等于能力的发展，它仅仅是能力发展的前提条件。

第三，要明确同样智力水平的人并不一定适合同一种工作。因为任何一种工作，除了需要一定的智力水平外，还要求具有某种特殊能力。

本单元内容提要

1. 个性是指一个人在先天素质的基础上，在其生活、实践活动中，经常表现出来的、比较稳定的、带有一定倾向性的个体心理特征的总和。

2. 个性是多层次、多维度的，从抽象意义上来说，个性具有独特性、综合性和稳定性的特征。

3. 个性的形成，既有先天的因素，也有后天的因素，是遗传和环境共同作用的产物。一个人个性的形成和发展，大体都经历三个时期：儿童时期、学生时期和走向社会时期。

4. “气质”一词来源于英语“temperament”，是一个相当古老的概念，主要包括心理过程的强度（注意力集中的时间长短等），以及心理活动的指向性（倾向于外部事物还是内部体验）等方面的特点。

5. 气质无好坏、优劣之分，只有心理特征和表现方式的区别。气质不标志着一个人的智力发展水平和道德水平，不决定一个人的社会价值和成就的高低。一个人的气质具有较大的稳定性，往往很早就固定在一个人的身上，显出一贯性的特征。

6. 专家们倾向于将气质分为四大类，沿用古希腊医生希波克拉底的说法，即胆汁质、多血质、黏液质、抑郁质。

7. 性格是人对现实的态度和行为方式中的比较稳定的独特心理特征的总和，具有现实态度和行为方式两方面的个性特征。

8. 瑞士心理学家荣格将性格划分为内倾和外倾两种态度类型，以及思维、情感、感觉和直觉四种功能类型，由此形成了八种不同的性格类型：内倾思维型、内倾情感型、内

① 张亚利．关于大学生情商水平与就业质量的研究．武汉：华中科技大学，2004.

倾感觉型、内倾直觉型、外倾思维型、外倾情感型、外倾感觉型、外倾直觉型。

9. 能力有一般能力和特殊能力之分。一般能力是指观察、记忆、思维、想象等能力，通常也叫智力。一般能力是人们完成任何活动所不可缺少的，是能力中最主要的部分，也是最一般的部分。特殊能力是指人们从事特殊职业或专业需要的能力。

10. 情商和智商是相对的心理学概念，在人成功的主要因素中，智商只占了20%，而占了80%的非智力因素中，最重要的因素就是情商。

技能培养与练习

根据所学的气质理论，判断你的气质类型，并分析这种气质类型的特点以及适合从事的职业类型。

技能练习

技能开发

一、案例分析

小崔的职业生涯：性格决定命运?

小崔，女，“90后”，毕业于某大学工商管理专业，目前在一个北方沿海城市的国有企业担任出纳。在周围人的眼里，小崔是一个生活幸福的乖乖女，工作稳定，老公关心体贴，父母身体健康。而且小崔婚后还能工作和生活在父母身边，这让很多同龄人心生羡慕。然而，在谈起自己的职业生涯时，小崔一声叹息，说来话长……

成长记忆：听话的童年

“我的父母都受过很好的高等教育，父亲是恢复高考后第一批大学生，后来又去美国进修过，从小父母对我的要求就比较严格，绝对是望女成凤的类型，尤其是父亲，坚持让我从一年级起就每天写日记，每天练习拉手风琴。即便是放寒暑假，我的大部分时间也是围绕着学习和手风琴度过的，感觉童年的生活缺少了很多的乐趣，有点枯燥。”

小崔在回忆这一段时光时，表情很无奈，感叹自己的童年生活过得很枯燥，失去了很多快乐的时光。对她来说，父亲对她的影响最深刻，其中影响的关键词是“严格”“望女成凤”。

“说实话我并不是一个爱学习的人，也并不喜欢写日记，我觉得写作是要靠灵感的；我也不喜欢拉琴，我根本没什么兴趣，但是父母让我学了，我觉得他们也是为我好，所以我就去学了。但很遗憾的是直到现在我的写作能力也不是很好，我的手风琴也没考过级，因为之前的学习也存在应付的心理吧。包括后来读大学选专业都是按照父母的意愿，我觉得父母走过的路比我走过的路要多，所以都是父母为我做主。”

言语之间能看出小崔是比较听家长话的人，从小到大都是按照父母为她设计的路线走，比较缺乏主见。父母要她练习手风琴，她并不喜欢，但也没有提出反对意见，认为父母是为她好，所以欣然接受。交谈中，她始终强调父母是为她好，相信父母的选择。对于子女成长道路上的重要抉择，一些家长的行事作风是“大包大揽”，不敢提早放手让子女去自己决定，不征求子女意愿，增强了子女的依赖感，使子女没有真正参与自己的人生规划与设计。

大学生活：室友潜移默化

“大学期间，我主修了工商管理，同时辅修了财务会计，主修专业是父母帮我选的，辅修专业是我自己选的。同宿舍有个农村的女孩，很能吃苦，目标也很明确，她的口头禅就是‘什么都得靠我自己’，因为父母帮不了她。我们成为好朋友，她的一言一行影响了我。大三的时候，因为就业压力大，我决定考研，并积极努力备考，无奈以失败告终。”

“大四的时候，父母鼓励我考公务员，可我成绩不好啊，而且又想考研，时间和精力分配不过来。考研结果出来后，我那个时候心里有点慌了，如果没有工作也不是个事啊，于是就想着先随便找一个工作干着，但发现很多单位都很看重本科毕业的学校，投出去很多简历都没回音。”

“在经过了一段失落和迷茫的时期后，与其说是我们两个商量好，倒不如说在她的鼓动下，我们决定毕业后一起去外面闯闯，所以在大四快毕业的时候，我就跟父母说出了自己的想法，起初父母不同意，他们就我一个孩子，希望我留在身边，但最终还是禁不住我的软磨硬泡，勉强同意了我和同学一起去广州，这可以说是我长这么大最有主见的一次决定了。我知道他们也希望从未独自走出小城的我，出去锻炼锻炼。”

小崔在讲这段经历的时候，关键词是“影响”和“主见”，尤其说到“最有主见的一次”的时候，她腼腆地笑了笑，不得不说她大学的同学潜移默化地影响了她，让她有勇气说服父母到离家几千公里之外的城市闯荡。

初涉职场：漫无目的四处碰壁

“一到广州，发现工作也不是想象中那么好找，例如一些公司的招聘广告上赫然写着：只招 985、211 重点院校毕业生等。”

“后来我找了一份在汽车 4S 店做销售顾问的工作。但是问题来了，我不喜欢那些销售员疯狂地抢客户赚回扣，就跟其中一个销售员吵架，结果我们都被主管指责和批评，我接受不了就辞职了。我觉得自己性格太直了，有时候也应该学会换位思考，当然这些是我之后才悟出来的。第二份工作是去一家化妆品公司做销售，每天要上班 10 个小时，站在那里，我真的是受不了，我害怕吃苦，而且钱的多少对我来说影响不大，因此，我不愿意拼业绩；况且我一直认为目前仅是过渡期，不会永远这样，父母会托关系给我找个工作的。”

“后来又经历了几次面试的失败，最后应聘到一家地产公司担任行政助理。该公司在华南地区还是挺有名气的，办公场所在广州的 CBD，公司提供员工宿舍，有免费的员工工作餐。刚刚从校门走进社会的我，对这一切都很满足，我幻想着自己能在这个城市立足。”

人生大事：婚姻和事业的抉择

“但是好景不长，家里对我的个人问题着急了，因为不像在家乡小城，到了结婚年龄，周围有很多亲戚朋友热心张罗着给介绍对象，在广州就不一样了，在这里 30 岁未婚的比比皆是，所以25岁的年龄，我也没放在心上，而且找对象这个事情是可遇不可求的。但是我爸妈很着急，隔三岔五就给我打电话问问情况，并给我张罗了几次家里的相亲。每次我都要请假，然后坐飞机回去相亲。当然，父母的担心也影响到了我，所以父母让我回去相亲我也没啥怨言。”

“相亲成功后，家里人让我赶紧把广州工作辞了回家乡发展。说实话，我有段时间真的很矛盾，我是真的不舍得辞去广州的工作，最后权衡再三，我还是回去了，父亲帮我找了一份国企的出纳工作。现在我过得也挺好的，结婚了，也有宝宝了，虽然起初并不太喜欢出纳工作，但慢慢地我发现这一岗位与自己的性格还比较匹配，我在努力考会计证，争取转做会计，希望几年之后能当一名职业经理人。”当笔者追问小崔是否对自己的梦想制订了短期或中长期的详细计划时，小崔不好意思地摇了摇头。

资料来源：邓靖松．组织行为学案例教程．北京：中国人民大学出版社，2021.

思考题：

1. 小崔的性格中有哪些弱点？

2. 根据小崔的性格特点，怎样帮助小崔做好职业生涯规划？

二、小测试

测试时，需要大声朗读下面的陈述。每个人都应该完成所有的陈述，轮流开始。大声读完句子的目的是帮助你清晰地表达个体的不同方面，并且接受别人对你发言的反馈。

1. 在填写个性问卷时，我吃惊于……
2. 这些工作所反映的我的主导特征是……
3. 我最大的长处是……
4. 我最大的短处是……
5. 我感到成功的时刻是……
6. 我感到最不满意的时刻是……
7. 在我的生命中，我最看重的三种事物是……
8. 我与其他人最大的不同是……
9. 我与……样的人相处得最好。
10. 根据在群体中已分享的内容，我对每个人形成了如下印象……

在组织环境中，开展这样的讨论和分享能够帮助你更好地理解自己作为一个个体的独特性。这能够为你更好地管理自己做准备，同时也可以帮助你判断、评估和利用其他人的差异。

单元 4
态度、价值观与管理

学习目标

知识目标：

1. 了解态度的概念，掌握态度形成与改变的理论
2. 掌握工作满意度的概念，了解影响工作满意度的因素
3. 了解价值观的分类，掌握核心价值观的含义及作用
4. 掌握马克思主义价值观与社会主义核心价值观

技能目标：

1. 能够运用态度的改变理论改变员工的工作态度
2. 知道如何管理员工的工作满意度
3. 理解价值观的作用，能够用价值观去管理行为

素养目标：

1. 端正职业态度，发扬职业精神，以积极的态度投入工作
2. 树立马克思主义道德观和社会主义道德观，争做时代新人
3. 将马克思主义价值观与社会主义核心价值观贯彻到行为的各个方面

设想：两个人先后去拜访同一个公司，如果其中一个人表情呆滞、对自己缺乏自信，而另一个人面带微笑、友好亲切，那么哪一个能够通过门卫见到潜在的客户呢？如果要与两个态度截然相反的人中的一个做生意，人们通常会选择态度积极的那个还是消极的那个？答案是毋庸置疑的。

事实上，员工的价值观和态度在很大程度上决定了顾客对其工作的满意度。员工具有积极的价值观和态度可以提高工作效率，使企业获得好的绩效。

小案例

态度引领成功

企业界流传着这么一个故事：

某公司在成立的最初几年，因业务代表的消极心态，曾让公司面临全盘溃败的窘境。于是总裁亲自来到业务代表中间探访。业务代表们抱怨在工作中遇到很多困难，有一半人都坦言自己在另谋出路。

总裁叫来了公司门口那个每天替员工擦鞋的小伙子来给他擦鞋。总裁问他："你几岁了？在我们公司门口擦鞋有多久了？"

小伙子回答："我 19 岁，来 6 个月了。"

"很好。你擦鞋一次能赚多少钱？"

"擦一次 5 块钱。"小伙子回答。

"在你来之前是谁在这里擦鞋？他为什么离开？"

"是一个大叔，我听说，他觉得擦鞋无法维持生活而离开了。"

"那你擦鞋一次赚 5 块钱，有办法维持生活吗？"

"可以的，先生。我每天能有两三百块钱的收入呢。"小伙子一边卖力地擦着鞋子，一边微笑着回答问题。

总裁对业务代表们说："这个小伙子现在做的工作，过去是由一个 40 多岁的中年男人负责的，他们的工作相同，索取的费用相同，服务的对象也相同。"

"但是，"他激动地说，"两个人的结局不一样！这个小鞋匠内心充满着生活的希望，当他工作时，他脸上总是面带微笑。他服务热情，在周边工作的人都愿意来他这儿擦鞋，所以生意兴隆。而原来那个中年男人性情非常冷漠，悲观失望，情绪不稳定。而且，当顾客给他付费时，他也不会说声'谢谢'，因此，顾客越来越少，他的生意越来越惨淡，当然无法以此为生。"

业务代表们明白了，他们之所以销售得不好，就是因为他们被困难吓退了，没有在销售商品的时候用他们的乐观和热情感染对方，是他们的工作态度出了问题。经过调整，第二年，该公司就依靠全体员工的团结努力，走出了困境，取得了骄人的业绩。

4.1 态度与管理

一个企业成长的过程，实质上也是员工成长及员工与企业建立更紧密关系的过程。选择正确的员工是企业的头等大事，而员工的态度决定企业的一切。

一、什么是态度

态度是个体基于过去的经验，对其周围的人、事、物等对象持有的比较持久而一致的心理状态或人格倾向。大多数心理学家认为态度是由认知、情感、意向三种成分构成的，是比较稳定且相对持久的个人内在结构。其中，认知成分是态度所指向的对象，该对象既可以是具体事物或事件（如人、物、群体、社会事件等），也可以是抽象概念；情感成分是个体对态度对象好恶的心理倾向，同时也是对该对象积极或消极的评价；意向成分则是个体对态度对象的反应倾向，即行为的准备状态，是个体准备对态度对象作出某种反应。例如，“足球是一项非常耗费体力的运动”是“我”对足球态度的认知成分，“我不喜欢足球”是“我”对足球态度的情感成分，“我看到很多人在踢足球，很开心，但是我没有去跟他们一起玩”是“我”对足球态度的意向成分。

与工作相联系的态度主要有三种，即工作满意度、工作参与及组织承诺。工作满意度是指个体对他所从事工作的一般态度。工作参与是指个体心理上对他的工作的认同程度，即认为他的绩效水平对自我价值的重要程度。组织承诺是指个体对于特定组织及其目标的认同，并且希望维持组织成员身份的一种状态。

二、态度的内在结构

对于态度的内在结构，卢森堡认为态度是刺激与反应之间的中介因素，他用图形表示了刺激、态度和反应之间的关系，如图 4－1 所示。

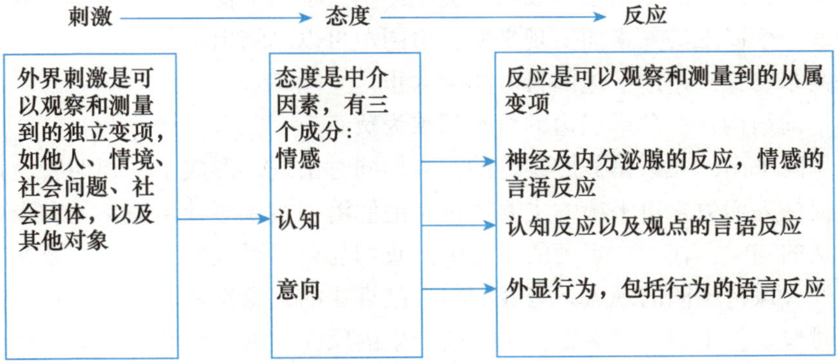

图 4－1　态度的内在结构示意图

资料来源：方元务．态度理论及其在党的方针政策宣传中的应用．合肥：合肥工业大学，2004.

三、态度的形成与改变

态度的形成与改变遵循的是这样一个轨迹：旧态度的改变必然带来新态度的形成，新态度的形成总是以旧态度的改变为先导。因此，态度的形成与改变并不是相互隔离的，而是态度运动的两个不可分割的组成部分。

态度并不是与生俱来的，而是在后天的生活环境中学习形成的。态度形成以后相对比较稳定，但随着时间的推移和外界环境的变化，态度还是可以发生变化的。态度的形成和改变是有规律可循的，很多研究者的理论为我们更好地理解态度提供了很好的启示。下面就几个主要的态度理论加以介绍。

（一）海德的平衡理论

海德于 1958 年提出了“平衡理论”（Balance Theory），这个理论考虑的是在个人所持有的简单认知系统中情感之间的一致性。它通常用一个人、另一个人和一个态度对象来说明自己的观点。其中有三个相关的评价：第一个人对另一个人的评价；第一个人对态度对象的评价；另一个人对态度对象的评价。以米歇尔对她的男友以及男友当清洁工的态度为例，如果我们只考虑简单的正面—负面感受，那么这些要素之间的组合数量就很有限。图 4 - 2 显示的就是这些组合，其中符号 P 代表米歇尔（第一个人），O 代表她的男朋友（另一个人），X 代表米歇尔的男友自愿当清洁工（态度对象）；箭头代表感受所针对的对象；正号表示有正面的感受，负号表示有负面的感受。

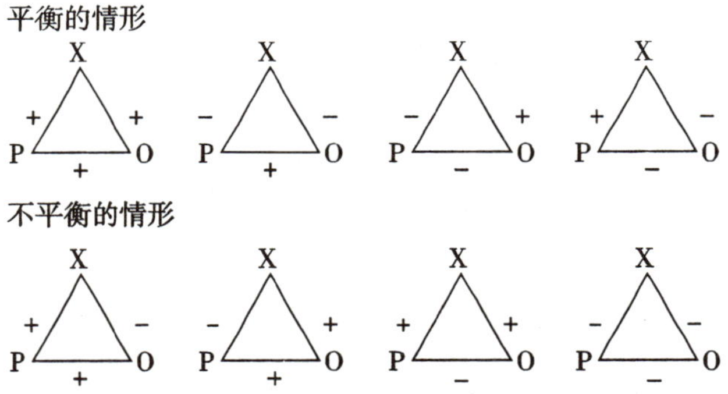

图 4 - 2　平衡模型

两个人和一个态度对象可以构成八种关系结构。根据平衡理论，不平衡的结构可以通过改变一个或一个以上的要素而实现平衡。由图示可以总结出两条规律：

（1）平衡结构：三角形三边的符号相乘为正。

（2）不平衡结构：三角形三边的符号相乘为负。

人与人之间平衡的关系是彼此相符的，它们同时出现，形成了一幅明智、连贯、有意义的图画。促使人们去求得平衡的主要动机是他们渴望实现对社会关系的和谐、简单、连贯而富有意义的知觉。在一个平衡的系统中，我们与自己喜欢的人保持一致的观点，或与自己不喜欢的人保持不同的观点。当我们与自己喜欢的人意见相左，或同意我们不喜欢的人的观点的时候，就出现了不平衡。不平衡产生的原因在于我们期望我们喜欢的人和自己有相似的态度，而期望我们不喜欢的人和自己有不同的态度。不平衡状态会引起个体心理紧张，产生不满意的情绪。

平衡理论认为，不平衡的情形会往平衡的方向变化。从不平衡向平衡的系统转化的过程，就是态度改变的过程。平衡理论采用“最小努力原则”来预测改变的方向。人们倾向于以改变最少情感关系的方式来达到平衡。任何关系都可以被改变以实现平衡。比如，米歇尔很喜欢自己的男友，但她并不支持自己的男友去做清洁工，而男友又非常坚持要这样做。米歇尔可以通过几种方式来实现平衡：她可以不那么喜欢自己的男友了，或者决定支持男友的选择，或者她可以扭曲事实，认为自己的男友实际上心里是不愿去做清洁工的。

（二）费斯廷格的认知失调理论

认知失调理论是由社会心理学家费斯廷格（Leon Festinger）提出的。该理论着重探讨的是个体的态度和行为不一致的问题。“失调”是当个体的行为和态度不一致时，在个体内部出现的一种不愉快的动机状态。当相互失调的态度和行为对自我而言有重要意义时，似乎最能激起失调状态。失调导致心理紧张，使人们感觉到必须减少或消除它的压力。

费斯廷格认为，认知失调的基本单位是认知，它是个体对环境、他人及自身行为的看法、信念、知识和态度。认知可以分为两类：第一类是有关行为的，如“我今天去爬山”；

第二类是有关环境的，如“今天要下雨”。认知结构由诸多基本的认知元素构成，认知结构的状态也取决于这些基本的认知元素相互间的关系。费斯廷格将认知元素间的关系划分为以下三种：

（1）不相干。此时两种认知元素间没有联系，例如“我每天早上七点吃早饭”与“我对足球不感兴趣”。

（2）协调。此时两种认知元素的含义一致，彼此不矛盾，例如“我是一个品德高尚的人”与“我做了一件帮助他人的事情”。

（3）不协调。此时一种认知元素是另一种认知元素的反面，例如“我是一个品德高尚的人”与“我做了一件损人利己的事”。

在费斯廷格看来，认知失调理论只是研究认知元素间后两类的关系，并且注意力重点在于不协调关系上。

在解决认知失调的问题上，费斯廷格提出了以下三种途径：

（1）改变行为，使对行为的认知符合态度的认知。如“知道吸烟有危害”而“每天还在吸烟”的人，把烟戒掉。这样，两个认知元素便协调起来。

（2）改变态度，使其符合行为。如认为“自己比别人都聪明”，而期末考试时“两门功课不及格”的人，改变对自己原先的评价，认知到自己不过是个中等或者中等偏下的学生，这样认知达到协调。

（3）引进新的认知元素，改变不协调的状况。如为了缓解吸烟问题上出现的认知不协调和心理紧张，可以寻找有关吸烟不会致癌，甚至反而对身体有益处的事例与知识。

这三种解决途径是从“知”“行”角度入手，来达到消除认知不协调的目的。但也应看到，由于不协调在主观上表现为心理的不舒适，对这种心理的不舒适，不同个体的体验各不相同，因而认知失调理论不能明确地判断个体选择减少失调的具体途径。

（三）期望-效价理论

期望-效价理论假定人是否采取某种态度，取决于他对这种态度的利弊进行的仔细衡量。也就是说，究竟持有何种态度，由这种态度可能产生的结果对个人的价值大小来决定。这个理论提出了一个新的观点，即人不仅要考虑可能产生的结果，还要考虑某种结果发生的可能性。人们倾向于采取最有可能会带来好结果的立场，而拒绝最有可能会造成负面影响的立场。

举个例子，期中考试即将来临而朋友又邀请你去参加聚会，表 4－1 显示了期望-效价分析的具体内容。

表 4－1　对参加聚会和学习的主观效用比较

	价值	×	期望	=	主观效用
选择 1——参加聚会					
跳舞	+2	×	3	=	+6
结识新朋友	+3	×	1	=	+3
喝啤酒	+1	×	3	=	+3
酒醉后遗症	−3	×	2	=	−6
期中考试考得很差	−3	×	3	=	−9
总态度					−3

续表

	价值	×	期望	=	主观效用
选择 2——学习					
提高期中考试成绩	+3	×	3	=	+9
感到厌烦	−3	×	2	=	−6
没有酒醉后遗症	+3	×	3	=	+9
总态度					+12

注：价值按+3（非常好）到−3（非常不好）打分；期望按 3（肯定会发生）到 0（一定不会发生）打分；主观效用等于价值和期望的乘积。

表 4-1 显示了参加聚会可能带来的各种结果以及这些结果的价值和期望，同时考虑期望和价值，然后你会决定开始学习，因为如果去参加聚会的话，你肯定会得到一个非常糟糕的期中考试成绩，而这一点是参加聚会得到一点乐趣、跳舞、喝酒所不能弥补的。

总而言之，期望-效价理论关注的是各种诱因之间的平衡，它预测当目标之间有冲突时，人会选择某种能让自己的收益最大化的立场。这种理论将人看作是精打细算的、主动积极的理性决策者。

（四）凯尔曼的态度改变三阶段理论

心理学家凯尔曼（H. C. Kelman）提出了态度改变的三阶段理论，将态度改变的过程分成三个阶段，即服从阶段、同化阶段和内化阶段。

1. 服从阶段

个体表面上改变了自己的态度，但这只是为了获得物质与精神的报酬或避免惩罚而采取的表面顺从行为，是屈从于外界压力下的被动行为，而不是个体真心真意的行为。在这一阶段，他人的奖赏、权力起着至关重要的作用。

2. 同化阶段

人们不是被迫而是自愿接受他人的观点、信念，使自己的态度与他人要求相一致。在这一阶段，个体是否能被顺利同化取决于他人或群体的吸引力。

3. 内化阶段

个体真正从内心深处相信并接受他人观点，彻底转变自己的态度，并形成新的态度。内化意味着个体把新观点、新思想纳入自己的价值体系。一个人的态度只有到了内化阶段，才是稳固的。

四、如何改变员工的工作态度

工作态度与一般态度是有区别的。工作态度是人们在工作中如何采取行动的思想、信念和感情。人们对工作的态度和体验会随着时间的推移和情境的变化而发生变化。例如，一个人在组织中的位置得到提升，便会更积极地工作，更喜欢新的工作岗位；反之，如果他没有得到早已期盼的提升，则可能情绪低落，厌恶现在的本职工作。当某一员工的态度严重地影响了他的工作行为和工作绩效时，改变员工的工作态度就成了管理者迫切需要解决的问题。

员工工作态度的转变需要一个过程。在管理中，要使员工的工作态度发生转变，需要有耐心，不能有一蹴而就的思想。与员工建立和保持沟通是成功改变员工工作态度的关键。改变员工的工作态度可以采用以下几种方法：

（一）说服法

说服是一种利用沟通来传播信息、影响人们，使其态度发生改变的方法。

（二）员工参与法

员工通过参与活动与他人进行交往并在交往中得到启发和教育，从而转变自己的态度。现实管理工作中，许多组织采用“角色扮演法”，如一些工厂让员工轮流担任质量督导员或开展“一日厂长”等活动，让员工关心企业，积极参与企业的管理活动，增强员工的认同感。

（三）组织规范法

企业的准则、价值、规范化的规则都可以有效影响员工的工作态度。组织规范法就是利用组织的强制力、约束力，或者采用一定的行政手段、经济手段和规章制度，迫使员工了解组织发出的信息，促使其逐步改变工作态度。

4.2　工作满意度

管理学中，工作满意度是与组织工作相联系的态度，它是研究人员和管理者最为感兴趣的关键性态度。一个人对工作的满意度水平高，对工作就可能持积极态度；对工作的满意度水平低，就可能对工作持消极态度。工作满意度是衡量和预测工作行为与组织绩效的有效指标之一。

一、什么是工作满意度

工作满意度（Job Satisfaction）是指员工对自己的工作所持有的一般性的满足态度。工作满意度具有以下特征：

（1）主观性：工作满意度是一种根据自身主观状态而确定的程度。

（2）受客观环境的影响：外在工作环境的改变会使工作满意度的主观判断发生改变。

（3）可衡量性：工作满意的程度是可以衡量的，可从一般性或整体性的满意度来衡量，也可从不同类型的影响因素来衡量。

小测验

你对自己的工作满意吗？

以目前的工作来看，你对以下各项因素的满意程度如何？依照你实际的想法，在每题适当选项的□中画“√”。

	很不满意	不满意	还可以	满意	很满意
1. 目前每天的工作时间	□	□	□	□	□
2. 企业的工作环境	□	□	□	□	□
3. 企业所提供的行政支持	□	□	□	□	□
4. 目前的薪酬水平	□	□	□	□	□
5. 工作的稳定性	□	□	□	□	□

6. 现有的福利措施	☐	☐	☐	☐	☐
7. 员工考核的公平性	☐	☐	☐	☐	☐
8. 主管的领导能力	☐	☐	☐	☐	☐
9. 主管处理员工纠纷的情况	☐	☐	☐	☐	☐
10. 主管分配工作的公平性	☐	☐	☐	☐	☐
11. 目前同事相处的情况	☐	☐	☐	☐	☐
12. 同事在工作上的互相支持情况	☐	☐	☐	☐	☐
13. 升迁的公平性	☐	☐	☐	☐	☐
14. 现有的培训机会	☐	☐	☐	☐	☐
15. 目前工作能实现自己的理想与抱负	☐	☐	☐	☐	☐
16. 目前工作能发挥专长与才能	☐	☐	☐	☐	☐
17. 自己的工作前途	☐	☐	☐	☐	☐
18. 目前工作所获得的成就感	☐	☐	☐	☐	☐

资料来源：陈怡梦．组织文化对工作满意度、员工士气的激励研究．贵阳：贵州师范大学，2007.

二、影响员工工作满意度的因素

综合国内外关于工作满意度影响因素的研究成果，影响员工工作满意度的因素主要有以下几个方面：

（一）工作本身

工作本身主要包括员工对工作本身的兴趣、工作的挑战性、学习机会、成功机会等。员工的工作满意度在很大程度上取决于他对工作的兴趣，从事具有一定心理挑战性的工作可避免员工产生厌烦感。同时，工作本身的学习机会和成功机会也是提高员工工作满意度的源泉之一。

（二）报酬

报酬主要指报酬的数量、公平性及合理性。研究认为，报酬是决定员工工作满意度的重要因素，它不仅能满足员工生活和工作的基本需求，而且还表明了组织对员工所做贡献的尊重，是衡量员工业绩大小的重要指标。

（三）晋升机会

晋升是有别于报酬的另一种对员工工作认可的方式，晋升可为员工提供个人成长的机会、更多的责任和更高的社会地位。晋升的公平性与合理性对员工工作满意度的影响较大，只有当员工认为晋升机会是公平、合理的时候，才会提高他们的工作满意度。

（四）工作条件

工作条件包括工作时间的长短，机器设备及工作环境如温度、湿度、通风、光线、噪声、清洁状况等。良好的工作条件能够给员工带来生理上的舒适，从而提高员工工作的效率和工作满意度。

（五）领导风格

管理者的领导风格一般可以从两方面考虑：一是关心人还是关心生产；二是独裁式领导还是民主式领导。一般来说，以员工为中心的、关心人的领导风格和民主式的领导风格能够给员工更高的工作满意感。在这种领导风格下，员工感到自己是被重视的，是组织中真正的一分子，这会大大提高他们的工作积极性和工作满意度。

（六）人际关系

人际关系主要包括与同事的关系、与领导的关系以及与家人的关系。人们都有与工作中或者工作之外的其他人接触和交往的需要，有与伙伴、同事之间保持融洽关系的需要，这种需要的满足能在很大程度上影响员工的工作满意度。

三、工作满意度与工作绩效的关系

管理者对工作满意度的兴趣，集中在工作满意度对员工绩效的影响上，因此，工作满意度和工作绩效之间的相关性问题一直是管理学界十分重视的研究课题。

早在20世纪初，霍桑实验发现了“士气”“人际关系”等影响工作绩效的心理因素后，就有学者提出“快乐即为生产力”的理论模型。该模型可以视为对工作满意度与工作绩效关系的最初描述，模型认为为员工提供良好的工作条件，可提高员工的工作满意度，员工的工作绩效也会得到相应的提高。该理论的提出随即引发了众多学者和企业对工作满意度与工作绩效关系的兴趣，学者们展开了大量的研究，取得了众多成果，但是迄今仍未得到公认的答案。目前已有的研究认为工作满意度与工作绩效之间的关系主要有以下几种：

（一）工作满意度影响工作绩效

工作满意度的高低将直接影响工作绩效的高低，这是关于两者之间关系的最早论点。20世纪30年代，人际关系学派主张高工作满意度带来高工作绩效，低工作满意度导致低工作绩效，工作满意度和工作绩效之间呈简单的正相关。该学派的代表人物是梅奥，他在1927—1932年进行了著名的霍桑实验。

（二）工作绩效影响工作满意度

20世纪60年代，随着认知心理学的兴起，人们开始以相反的角度看待工作满意度和工作绩效的关系。人们发现工作满意度的高低导致工作绩效的高低这一关系似乎并不确定。近年来，大部分学者开始相信高工作绩效带来高工作满意度，即工作绩效高的员工将得到更多报酬，如果员工觉得报酬是公平的就会满意；反之，就会产生不满。

（三）工作满意度和工作绩效之间相互影响

该观点认为，一方面，工作满意的程度将影响工作绩效的高低；另一方面，工作绩效的高低又会反过来影响工作满意的程度。确切地说，这一观点是对工作满意度导致工作绩效以及工作绩效导致工作满意度这两种观点的综合。

（四）工作满意度和工作绩效之间的联系不确定

近期的研究指出，工作满意度与工作绩效的相关性在很多情况下是不确定的。态度在预测行为时具有相当大的局限性。

（五）工作满意度与工作绩效之间无任何联系

经过多年的研究，工作满意度与工作绩效之间的关系始终没有得到公认的结果，因此许多研究者对于工作满意度和工作绩效之间的关系产生了怀疑。有研究者认为，工作绩效和工作满意度之间没有任何联系。

通过对这几种观点的总结可以发现，目前对于工作满意度和工作绩效之间的关系研究已经陷入困境，要想从理论和实践上充分证明它们之间有必然联系是困难的，但要断然否定它们的关系也证据不足。事实上，工作满意度是一个复杂的心理系统，工作绩效是一个复杂的行为结果系统，在工作过程中它们是不断变化的，它们自身包含的因素很多，影响它们的因素也很多。所以，在管理工作中，应该具有权变的思想，对不同类型的员工采用不同的管理和激励方式。

4.3 价值观

随着企业文化理论的兴起，价值观成为管理学领域的重要研究内容。企业组织中的员工，作为一个人，具有人的基本价值观信念；同时作为在企业中工作的人，又具有特殊的价值观信念，即工作价值观。实现两种价值观的完美结合是企业管理工作的核心和关键，是企业成功的制胜之道。

一、什么是价值观

价值观是一个使用非常广泛的概念，它一直是哲学、社会学、教育学、政治学、文学等众多学科的研究对象。价值观（Values）代表了人们最基本的信念：从个人或社会的角度来看，某种具体的行为模式或存在的最终状态比与之相反的行为模式或存在状态更为可取。

价值观包括内容和强度两种属性。内容属性告诉人们某种行为模式或存在状态是重要的；强度属性表明这种行为模式或存在状态的重要程度。

价值观浸透于人的整个个性之中，是指导着人的行为、态度、信念、理想的内心尺度。价值观是社会成员用来评价行为、事物以及从各种可能的目标中选择自己合意目标的准则。价值观通过人们的行为取向及对事物的评价、态度反映出来，是世界观的核心，是驱使人们行为的内部动力。它支配和调节人们的一切社会行为，涉及社会生活的各个领域。

小资料

保尔·柯察金的价值观

价值观是后天形成的，是通过社会化培养起来的。家庭、学校等对个人价值观念的形成起着关键的作用，其他社会环境对价值观也有重要的影响。个人价值观是随着知识的增长和生活经验的积累而逐步确立起来的。个人的价值观一旦确立，便具有相对的稳定性，形成一定的价值取向和行为定式，是不易改变的。但就社会和群体而言，由于人员的更替和环境的变化，社会或群体的价值观是不断变化着的。传统价值观会不断地受到新价值观的挑战，这种价值冲突的结果，总的趋势是前者逐步让位于后者。价值观的变化是社会改革的前提，又是社会改革的必然结果。

二、马克思主义政治价值观

马克思主义政治价值观是指以马克思主义为指导，对社会政治生活领域存在的各种基本问题、发生的政治事件以及社会政治体制等内容中与价值相关问题的根本看法和认识。马克思主义政治价值观的核心内容是坚持共产主义奋斗目标，坚持社会主义的政治民主道路，最终实现人的自由发展。正如马克思所言：代替那存在着阶级和阶级对立的资产阶级旧社会的，将是这样一个联合体，在那里，每个人的自由发展是一切人的自由发展的条件。①

三、价值观的分类

（一）罗克齐的价值观分类

罗克齐将价值观划分为两类，每一种类型有18项具体内容。一种类型称为终极价值观（Terminal Values），指的是一种期望存在的终极状态，是一个人希望通过一生而实现的目标；另一种类型称为工具价值观（Instrumental Values），指的是偏爱的行为方式或实现终极价值观的手段。表4-2列出了两类价值观及范例。

表4-2　罗克齐的价值观分类及范例

终极价值观	工具价值观
舒适的生活（富足的生活）	雄心勃勃（辛勤工作、奋发向上）
振奋的生活（刺激的、积极的生活）	心胸开阔（开放）
和平的世界（没有冲突和战争）	能干（有能力、有效率）
成就感（持续的贡献）	欢乐（轻松、愉快）
美丽的世界（艺术与自然的美）	清洁（卫生、整洁）
平等（兄弟情谊、机会均等）	勇敢（坚持自己的信仰）
家庭安全（照顾自己所爱的人）	宽容（谅解他人）
自由（独立、自主选择）	助人为乐（为他人的福利工作）
幸福（满足）	正直（真挚、诚实）
内在和谐（没有内心冲突）	富于想象（大胆、有创造性）
成熟的爱（性和精神上的亲密）	独立（自力更生、自给自足）
国家的安全（免遭攻击）	智慧（有知识的、善思考的）
快乐（快乐的、闲暇的生活）	符合逻辑（理性的）
救世（救世的、永恒的生活）	博爱（温情的、温柔的）
自尊（自重）	顺从（有责任感、尊重的）
社会承认（尊重、赞赏）	礼貌（有礼貌的、性格好）
真挚的友谊（亲密关系）	负责（可靠的）
睿智（对生活有成熟的理解）	自我控制（自律的、约束的）

资料来源：斯蒂芬·P. 罗宾斯，等. 组织行为学. 孙健敏，等译. 14版. 北京：中国人民大学出版社，2012.

（二）格雷夫斯的价值观分类

格雷夫斯在对企业组织各类人员进行大量调查的基础上，按表现形态将价值观由低到高划分为七个等级类型，如表4-3所示。

① 马克思，恩格斯. 马克思恩格斯文集：第2卷. 北京：人民出版社，2009：53.

表 4-3　格雷夫斯价值观的七个等级类型

级别	类型	价值观的特点
第一级	反应型	这种类型的人并没有意识到自己和周围的人是相关联而存在的，他们按照自己基本的生理需求作出反应，丧失了人的主观能动性，几乎等同于婴儿。这类人比较少见。
第二级	部落型	这种类型的人依赖成性，服从于传统习惯和权势。
第三级	自我中心型	这种类型的人信仰冷酷的个人主义，自私并爱挑衅。
第四级	坚持己见型	这种类型的人对模棱两可的意见不能容忍，必须表露出自己的决策，不能接受别人的意见，一定要按自己的想法行动。
第五级	玩弄权术型	这种类型的人非常现实，通过摆弄别人、篡改事实，达到个人目的。
第六级	社交中心型	这种类型的人把被人喜爱和与人善处看作自己的发展核心，受现实主义、权力主义和坚持己见者的排斥。
第七级	存在主义型	这种类型的人能高度容忍模糊不清的意见和不同的观点。他们在一个整体目标不清晰、环境不确定、信息不完整的环境下，能够生存得很好，适应能力强。

这套等级理论提出之后，管理学界于 1974 年对美国企业的管理人员进行了调查，结果发现，过去的管理人员大多数属于第四级和第五级，即坚持己见型和玩弄权术型，现在情况发生了变化，管理层逐渐转变为社交中心型和存在主义型。

（三）奥尔波特的六种价值观

德国心理学家斯普兰格将人的社会生活分为六个方面，与之相应的价值观则分为经济型、宗教型、艺术型、政治型、社会型和伦理型六类，并把人们对社会生活中上述六个领域的某方面兴趣，看作拥有某方面价值观的表现。心理学家奥尔波特认为上述六种价值观可能同时存在于一个人身上，但它们是作为可变的价值取向，以不同的程度在一个人的观念体系中结构起来，贯穿在生活的所有方面。奥尔波特的六种价值观分类如表 4-4 所示。

表 4-4　奥尔波特的六种价值观分类

类型	价值观的特点
社会型	以爱护他人、关心他人为高尚职责，热心社会活动，喜欢与人交往，能容忍他人，肯牺牲自己。
经济型	强调有效和实用。
政治型	喜欢支配和控制他人，具有反抗精神，爱表现自己，依从权威。
艺术型	也称为审美型，注重外在形象美和心灵的感受，用美来衡量客观事物，自己也注重给人以美感。
伦理型	求知欲强，富于幻想，喜空谈，爱作理论分析，不愿交往。
宗教型	相信命运，注重超自然的力量和凭感觉的东西。

四、核心价值观

价值观能左右人的知觉、决定人的态度、影响人的行为，是决定人的行为的心理因素。一个人有自己的价值观，一个企业也同样有自己的价值观。企业价值观在很大程度上决定了员工的看法及对周围世界的反应。企业的核心价值观就是企业员工所共同拥有的价值信念，就是企业在经营过程中努力使全体员工都必须信奉的信条。核心价值观是管理哲学的重要组成部分，它是解决企业在发展中如何处理内外矛盾的一系列准则，如企业对市场、对客户、对员工等的看法或态度，是表明企业如何生存的主张。企业的核心价值观是“一个企业本质的和持久的一整套原则”，它既不能与特定企业文化或经营实务相混淆，也不可以向企业的财务收益和短期目标妥协。

价值观深深根植于企业内部，是没有时限地引领企业进行一切经营活动的指导性原则，在某种程度上，它的重要性甚至会超越企业的战略目标。

管理学家德鲁克指出：企业是人的群体，企业的活动是人的活动。群体必须建立在愿景之上，必须把人凝聚在共同原则周围。不然的话，企业就会瘫痪，不能够活动，不能要求它的成员努力工作。企业确定了核心价值观以后，要使核心价值观成为所有员工的行为准则。企业要想实现员工自我激励的目的，就必须采取各种有力措施使企业核心价值观内化为员工自己的价值观，即企业员工共享价值观。因此，就必须将企业核心价值观转换为企业的共同愿景，即所有成员经过努力可以实现的目标。

小资料

知名企业的价值观

五、价值观管理

价值观管理由美国企业家首先采用并很快得到管理学界的推崇。杰克·韦尔奇（Jack Welch）在通用电气（GE）公司担任董事长兼首席执行官的 20 年的管理实践，可谓是价值观管理这一全新的企业管理与领导艺术的典范。韦尔奇 1981 年上任时，GE 公司的股票在此前的十年间贬值了 50%。但在韦尔奇的杰出领导下，GE 公司多年来一直保持平均两位数的增长率。由于出色的业绩，GE 公司连续 4 年被美国《财富》杂志、英国《金融时报》分别评为“全美最受推崇的公司”和“全球最受尊敬的公司”；韦尔奇本人也被誉为 20 世纪最杰出的企业家和最成功的首席执行官。综观韦尔奇的管理方式和他本人的领导艺术，可以看到一个最显著的特点——把塑造全体价值观作为带动公司事业发展的关键。对韦尔奇而言，没有任何事物比通用电气的价值观更重要。

1985 年，韦尔奇首次明确提出五条 GE 价值观，并印刷成可以随身携带的价值观卡片发给每一名员工。韦尔奇认为：“价值观是塑造组织的一个驱动力量”，“在员工录用、辞退以及晋升中以价值观为指引”，“确保每一个员工都知道公司的价值观”，“每隔几年就要对价值观进行修订以反映变化以及知识上的进步”，“绝不要低估价值观的价值”。为使价值观深入人心，韦尔奇花了大量精力和时间来培训员工，特别是各级管理人员。韦尔奇的管理方式是重视对企业价值观及企业文化等“软”因素的管理，也被一些美国学者称为“基于价值观的领导”（Leading by Values）。

那么，如何进行价值观的管理呢？

管理学家肯·布兰查德（Ken Blanchard）指出，实行价值观管理，关键在于塑造核心价值观。具体可以从以下三个方面着手：

首先，确立核心价值观，并以之为主导形成企业的价值观体系。由于核心价值观是企业最重要的价值观念，在企业价值观念体系中居于支配地位，因此确立核心价值观就成为实行价值观管理的第一步。

其次，把企业价值观变为全体员工的共同价值观。一个人的价值观在他 10 岁左右时就已大体形成。当他加入一家企业后，如果其价值观与该企业原有成员之间的价值观差别不大，则他会较快地接受该企业的文化，否则就容易产生文化冲突，造成管理上的困难。企业可以通过教育和培训将企业价值观变为员工群体的共同价值观。

最后，建立相应的企业文化，形成共同价值观的支持系统。企业制度对共同价值观的影响很大，对员工来说，这是外加的行为规范，可以使员工的言行符合企业的价值观，将企业价值观落到实处。

六、马克思主义价值观与社会主义核心价值观

党的十九大报告指出，文化自信是一个国家、一个民族发展中更基本、更深沉、更持久的力量。党的二十大报告提出“推进文化自信自强，铸就社会主义文化新辉煌”。中华文化源远流长，积淀着中华民族最深层的精神追求，代表着中华民族独特的精神标识，为中华民族生生不息、发展壮大提供了丰厚滋养。我们提倡和弘扬社会主义核心价值观，必须从中汲取丰富营养，否则就不会有生命力和影响力。比如，中华文化强调“民惟邦本”“天人合一”“和而不同”；强调“天行健，君子以自强不息”“大道之行也，天下为公”；强调“天下兴亡，匹夫有责”，主张以德治国、以文化人；强调“君子喻于义”“君子坦荡荡”“君子义以为质”；强调“言必信，行必果”“人而无信，不知其可也”；强调“德不孤，必有邻”“仁者爱人”“与人为善”“己所不欲，勿施于人”“出入相友，守望相助”“老吾老以及人之老，幼吾幼以及人之幼”“扶贫济困”等。像这样的思想和理念，不论过去还是现在，都有其鲜明的民族特色，都有其永不褪色的时代价值。这些思想和理念，既随着时间推移和时代变迁而不断与时俱进，又有其自身的连续性和稳定性。

管理心理学关于价值观的研究侧重于个体层面，强调组织中的个人在工作中所看重或追求的东西。毫无疑问，个人价值观离不开社会大环境，也脱离不了历史和传统。个人价值观往往是社会、历史、文化在个人身上的具体体现。西方学者关于价值观的研究过多地强调了个人属性，忽视了其社会属性。坚持马克思主义价值观，继承和发扬中国优秀传统价值观，提倡和弘扬社会主义核心价值观，是我们应该遵循的原则。

（一）马克思主义价值观

马克思主义价值观是由马克思和恩格斯基于历史唯物主义而创立的一个开放的理论体系，经由马克思主义者的不断完善和发展，已经变得日益丰富和完整。马克思主义价值观有着自身鲜明的特征。其中，全心全意为人民服务的根本宗旨和集体主义的基本原则，是马克思主义价值观中最核心的内容。集体主义是社会主义道德的基本原则，是一种全新的道德原则，它建立在个人自我实现的基础上，是对利己主义和自我牺牲这两种倾向的扬弃，超越于二者，而非二者之一的对立物。真正的集体主义是以对个人利益的充分肯定为前提的，在这个前提下，集体主义强调的是个人利益与共同利益的统一；也正是在这个前提下，集体主义才强调集体利益或共同利益的优先性。没有这个前提，集体主义就会沦为虚无主义。

以人类群体为价值主体来讲，马克思主义价值观包括以下四个内容：马克思主义政治价值观、马克思主义经济价值观、马克思主义文化价值观、马克思主义生态价值观。①

---

① 罗国杰．马克思主义价值观研究．北京：人民出版社，2013：161.

马克思主义政治价值观，是指以马克思主义为指导，对社会政治生活领域存在的各种基本问题、发生的政治事件以及社会政治体制等内容中与价值相关问题的根本看法和认识。马克思主义政治价值观的核心内容是坚持共产主义奋斗目标，坚持社会主义的政治民主道路，最终实现人的自由发展。正如马克思所言：“代替那存在着阶级和阶级对立的资产阶级旧社会的，将是这样一个联合体，在那里，每个人的自由发展是一切人的自由发展的条件。”①

马克思主义经济价值观，是指以马克思主义为指导，对社会经济现象、经济行为中与价值相关问题的观点、看法和意见。其中一项重要内容就是要在坚持社会主义经济制度的基础上建设市场经济，树立正确的公平价值观、效率价值观和诚信价值观。② 建立社会主义市场经济体制是邓小平对科学社会主义的发展与创新，他明确指出：“计划经济不等于社会主义，资本主义也有计划；市场经济不等于资本主义，社会主义也有市场。”③

马克思主义文化价值观，主要内容就是坚持为无产阶级服务、为人民大众服务的文化方向，发展民族的、科学的、大众的社会主义先进文化。其中，坚持为无产阶级服务、为人民大众服务的文化方向是马克思主义文化价值观的核心。

马克思主义生态价值观，是指以马克思主义为指导，对自然环境、人与自然的关系等方面与价值相关问题的认识和看法。党的十九大报告提出，人类只有遵循自然规律才能有效防止在开发利用自然上走弯路，人类对大自然的伤害最终会伤及人类自身，这是无法抗拒的规律。马克思主义生态价值观的主要内容是：从人类社会和人类的整体利益出发，树立尊重自然、顺应自然、保护自然的生态文明理念，实现可持续发展。

（二）社会主义核心价值观的基本内容

党的十九大报告和二十大报告对培育和践行社会主义核心价值观作出许多新的重大部署。社会主义核心价值观是当代中国精神的集中体现，凝结着全体人民共同的价值追求。要以培养担当民族复兴大任的时代新人为着眼点，强化教育引导、实践养成、制度保障，发挥社会主义核心价值观对国民教育、精神文明创建、精神文化产品创作生产传播的引领作用，把社会主义核心价值观融入社会发展各方面，转化为人们的情感认同和行为习惯。坚持全民行动、干部带头，从家庭做起，从娃娃抓起。深入挖掘中华优秀传统文化蕴含的思想观念、人文精神、道德规范，结合时代要求继承创新，让中华文化展现出永久魅力和时代风采。

党的十八大报告提出，倡导富强、民主、文明、和谐，倡导自由、平等、公正、法治，倡导爱国、敬业、诚信、友善，积极培育和践行社会主义核心价值观。它体现了社会主义核心价值体系的根本性质和基本特征，反映了社会主义核心价值体系的丰富内涵和实践要求，是社会主义核心价值体系的高度凝练和集中表达。

其中，“富强、民主、文明、和谐”是国家层面的价值目标，在社会主义核心价值观中居于最高层次，对其他层次的价值理念具有统领作用。“自由、平等、公正、法治”是社会层面的价值取向，它是对美好社会的生动表述，反映了中国特色社会主义的基本属性，是我们党矢志不渝、长期实践的核心价值理念。“爱国、敬业、诚信、友善”是公民

---

① 马克思，恩格斯. 马克思恩格斯文集：第10卷. 北京：人民出版社，2009：666.

② 罗国杰. 马克思主义价值观研究. 北京：人民出版社，2013：161.

③ 邓小平. 邓小平文选：第3卷. 北京：人民出版社，1993：373.

个人层面的价值准则，它覆盖了公民在社会各个领域所必须恪守的基本道德准则，也是评价公民道德行为选择的基本价值标准。这 24 个字是社会主义核心价值观的基本内容。

社会主义核心价值观对组织行为学与中国管理实践的结合具有重要的指导意义。无论是经济管理部门在确立经济发展目标、出台经济社会政策和重大改革措施时，还是企业在开展各项生产经营活动时，都要以社会主义核心价值观的要求为依据，重视社会责任，重视社会效益，守法经营、诚信守约、公平竞争。

本单元内容提要

1. 大多数心理学家认为态度是由认知、情感、意向三种成分构成的，是比较稳定且相对持久的个人内在结构。

2. 态度的形成与改变遵循的是这样一个轨迹：旧态度的改变必然带来新态度的形成，新态度的形成总是以旧态度的改变为先导。因此，态度的形成与改变并不是相互隔离的，而是态度运动的两个不可分割的组成部分。

3. 态度改变的理论主要有海德的平衡理论、费斯廷格的认知失调理论、期望-效价理论和凯尔曼的三阶段理论等。

4. 影响员工工作满意度的因素主要有工作本身、报酬、晋升机会、工作条件、领导风格和人际关系这几个方面。

5. 价值观（Values）代表了人们最基本的信念：从个人或社会的角度来看，某种具体的行为模式或存在的最终状态比与之相反的行为模式或存在状态更为可取。

6. 企业的核心价值观就是企业员工所共同拥有的价值信念，就是企业在经营过程中努力使全体员工都必须信奉的信条。

技能培养与练习

1. 平衡理论、认知失调理论、期望-效价理论、凯尔曼的三阶段理论，你认为以上四种理论中的哪一种有最广泛的解释力？也就是说，哪一种理论能够更多地涵盖我们对态度的认识？

2. 在组织中，员工对工作本身的态度会影响其工作绩效，试着总结一下如何改变员工对工作的态度。

3. 不管态度的对象是广告、政治生活、财经状况还是社会生活中的其他事物，有很多因素都会影响我们的态度。有哪些因素会增加态度改变的可能性？回想一下以前自己的态度发生改变的情景。

技能练习

技能开发

案例分析

好马为何不恋槽?

一、康华公司背景

康华公司是一家全球性制药公司，在全球拥有超过 100 000 名员工，业务遍及世界 140 多个国家和地区。康华公司主要为患者和社会提供医药保健解决方案，以满足其日益变化的需求。康华公司专注于医药保健的增长领域，拥有创新药品、成本节约型非专利药品、预防性疫苗和诊断试剂，以及消费者保健产品等多元化的业务组合，公司大力投入研发，已成为全球新药研发创新典范。

进入 2000 年后，人才的短缺已经成了康华公司高速发展的最大挑战。2005 年康华公司收购德国的赫素公司，成为全球最大的非专利药生产商，同年通过并购进入疫苗及诊断试剂市场，成为全球第五大疫苗供应商，整体业务处于高速发展时期。为了在市场中应变自如，康华公司必须具备明确的战略来发展自己的人才队伍，充分培养内部人才，只有这样，企业的长期战略及商业目标才能得以实现。

“识别与发展人才是我们最重要的优先任务之一，好的员工产生好的结果，这种理念和相应的行动必须根植于我们的组织。”康华公司董事会主席及 CEO 在不同的场合不断强调人才对康华公司的重要性。

二、基于员工发展的 OTR 系统

组织及人才评估体系（Organization & Talent Review，OTR）是康华公司发展内部人才的重要途径。OTR 通过鼓励创造一个持续绩效提升和个人发展的环境，致力于给所有员工一个机会成长和认识他们的潜力，在绩效管理过程中重点强调持续的辅导和反馈是支持每个员工发展的关键机制。OTR 为康华公司提供了一个在全球发现人才的途径和方法，2002 年这套体系在康华公司全球范围内的管理层中得到推广。

在全球人才管理框架下的 OTR 战略提供了发展内部人才的重要途径。OTR 作为康华公司内部在全球范围内通用的人才识别与发展工具，能帮助康华公司达成人才发展的目标，在公司内部发挥员工的个人潜力。它整合了绩效评估的结果及员工潜力的评估，发展可评估的行动计划来增加关键岗位继任者的准备，加速现有和未来领导者的发展来支持康华公司的经营战略。

在实践中，OTR 是一个每年进行的、持续的过程，每年 2 月开始直线经理同高一级的管理层讨论评估其下属，通过系统的绩效考核和能力评估，将具有发展潜力的员工纳入公司的人才开发体系。

OTR 的实施从人才招聘过程就已开始，在招聘与选拔过程中，康华公司会依据不同职位所设定的能力模型来考查候选人。能力模型主要包括核心价值观和具体岗位的专业能力要求两部分。随着在中国的快速发展，康华公司在人才的招聘上开始关注员工队伍的多样性建设。同时，康华公司有自己所坚持的原则，并注重员工能在价值观与原则方面与公司达成共识。比如，公司强调员工需要有非常强烈的团队精神，康华不是一个一味强调员工队伍中只有“雄鹰”式人物的企业。

OTR的实施主要包括以下五个步骤：（1）人才开发计划。直线经理与代表员工就员工的职业发展期望及能力发展目标进行充分沟通和讨论，达成一致后给予反馈，在此基础上员工完成发展计划书，并明晰自己相关的能力发展目标。（2）人才讨论会议。更高一级经理邀请直线经理讨论空缺的岗位、OTR后备人才、继任方案及组织行动计划等。（3）潜力评估与发展计划。这包括讨论并决定OTR的潜力评估过程（基于胜任力模型的评估程序）、发展行动计划及继任计划。（4）反馈。根据OTR成员潜力评估报告，直线经理公平准确地对员工在期望及发展行动上给予反馈。（5）执行。人才开发方案和继任计划将在整个年度内得到执行，在出现职位空缺时对OTR后备人才进行晋升和培养。

三、事件回放：OTR成员的离职

马良，男，2004年初加入公司深圳办事处，曾在公司珠三角区域任职医药代表，后升至高级医药代表，业绩表现好，且对市场分析及客户管理显示出超出一般代表的水准，2004年第三季度代表深圳团队在季度会上作经验分享，发言广获好评。因有上佳的业绩表现，2005年初马良被平调至广州负责公司最有发展前途产品线的最重要的区域。这个调动在其他同事眼里是一个强烈的晋升发展信号，如果他继续表现出众，基本上只要以后有合适岗位，第一人选非他莫属。马良本人也十分认可并接受这次调整，在调整后坦承压力很大，但机会也很大，并在工作中表现出极大的工作热忱和上进心，对市场分析和客户管理亦保持上乘表现，特别是刚接手新市场后，面对错综复杂的工作局面善于快速把握关键因素，从而能够主动应对市场变化。

由于马良所负责的区域在广东乃至全国的重要性，特别是大部分跨国制药企业在评估中国业务的发展均采用IMS数字（全国抽样全面反映市场份额，体现与竞争对手的竞争对比情况），该区域对市场份额的权重影响特别大，因此成为各大跨国制药企业的必争之地。为获取竞争优势，各家公司无论是在人力配备上还是在资源投入上均铆足了劲。当然，资源任何时候都是相对有限的，可能因为外部市场竞争压力较大，内部资源又相对有限，马良在团队内部资源分配上有时不肯让步，这让其他同事有时会觉得他比较自私，只顾自己发展。

2005年初，其主管经理在给他做全年绩效目标设定及职业和能力规划时找他谈话，他表示自己对销售管理的职位很有兴趣，如果有机会他愿意接受挑战。鉴于他上一年的绩效评估为3.2分（所有上年度绩效评估在3.2分以上的员工均会被重点讨论），因此被列入2005年3月OTR人才讨论会上的重点讨论对象。在人才讨论会上，根据康华公司的价值观及行为标准，结合地区经理的胜任力模型，讨论结果是：绩效执行方面，在强化客户及高效执行上有较强的优势，在对辖区内客户的管理和内部项目、市场活动的执行上灵活高效；不足的地方是驱动和帮助他人共同达成目标的指标没有在行为上的具体体现（这一点在康华公司的销售管理中很重要，通常重点考查），而作为一个资深高级代表这一指标很关键。因此在管理潜力定级上定为：1～1.5年可提升。

马良的主管经理就潜力评估及提升方案向他作了详细的反馈，他自己也认可这种反馈，表示是因为竞争压力太大，无暇顾及这方面发展所致，在今后会注意这方面的发展。其主管经理考虑到他目前承担着业务发展的重担，就鼓励他说没有问题，只要业绩能达成目标，一切都好说，同时也承诺会给他提供一些资源和创造一些平台，帮助他在这两方面提升。听到这句话，马良似乎心里有了底，在业绩/结果导向文化的康华公司，也许业绩能决定很多东西。很快，他又投入了紧张而繁忙的工作。

2005 年底的人才发展回顾的评估会上，由于马良在能力提升方面仍然没有见到明显进步，对他的定级仍然是 1～1.5 年可提升。结果反馈给他时，他有点无奈，但是向领导表态 2006 年将继续努力，争取赶超对手。但 2006 年初的一次人事任免让马良的心理天平产生了倾斜。事件起始于广州区域一个管理职位的空缺，原来马良被视为最有竞争力的候选人，但是结果出现了变化，提升的是他原来在深圳的同组同事，两人 2004 年的绩效评估均为高绩效员工，但 2005 年他的同事在深圳原来的团队取得满意的成绩，不仅自己出色地超额完成了业绩目标，在工作中对其他同事也尽可能施以援手，导致竞争对手在深圳的业绩急剧下滑，因此在人才评估会时，被认为体现了更多的领导力潜力。

得知这一消息，马良的心情很复杂。当初被调往广州时被寄予厚望并在同事中引起了较大的反响，但现在的局面却让他略显尴尬，他回办公室的次数似乎比以前少了一些。主管领导也注意到了这一点，与他分析后续机会，鼓励他继续努力提升，并承诺会争取机会向公司推荐。尽管之后也出现了几次晋升的机会，但每次均因这两个方面的表现不如其他候选人，马良没能实现晋升。看到许多后入选 OTR 的同事都获得了相应的提升，对自身发展有一定期许的马良，内心并不觉得彼此之间有多大的差距，相反，倒觉得这不过是公司的一种策略或偏见，或者是自己运气不太好，负责了一个难啃又充满挑战的市场，他仿佛突然不知自己在康华的方向在哪里，希望在何处。这种状态持续到了 2006 年底，当时某猎头公司向马良发出了邀请，尽管其主管领导一再挽留，他还是选择了离开，去迎接另一个挑战。

资料来源：李新春．中山大学管理案例研究 2008. 北京：经济科学出版社，2009.

思考题：

1. 为什么一个被纳入重点培养对象的业务骨干竟然也黯然辞职了？
2. 实施 OTR 错了吗？或者是实施的方法不对吗？问题出在什么地方？

单元 5
激励理论及其应用

学习目标

知识目标：

1. 掌握马克思主义的需要理论
2. 理解各种激励理论的内容
3. 了解激励理论的实际应用

技能目标：

1. 能运用不同激励理论分析并解决实际问题
2. 能够在组织管理中对员工进行正确的激励
3. 能灵活运用激励理论以适应新变化

素养目标：

践行社会主义核心价值观和法治精神，以正确的目标激励自己

现代企业管理中，组织如何激发、引导员工完成组织所希望的行为，以及如何约束员工做出组织所不希望的行为，努力实现组织目标和个人目标的一致，是现代组织管理的一项重要任务。因此，选择合适、有效的激励措施是企业成功的关键。

小案例

只有你能欣赏我

员工激励这个问题，并没有像许多人想象得那么简单，尽管它的原则的确不算复杂。金钱并不一定是激励员工的唯一措施，下面的故事能够给我们一些启示：

妈妈第一次参加儿子的家长会，幼儿园的老师对她说："您的儿子有多动症，在椅子上连三分钟都坐不了，您最好带他去医院看一看。"

回家的路上，儿子问妈妈老师都说了些什么，她鼻子一酸，差点流下泪来。因为全班 30 位小朋友，唯有他表现最差；唯有对他，老师表现出不屑。然而她还是告诉儿子："老师表扬你了，说宝宝原来在椅子上坐不了一分钟，现在能坐三分钟了。其他妈妈都非常羡慕妈妈，因为全班只有宝宝进步了。"

那天晚上，儿子破天荒地吃了两碗米饭，并且没让她喂。

儿子上小学了。家长会上，老师说："这次数学考试，全班 50 名同学，您儿子排第 50 名。"

回去的路上，她流下了泪。然而，她回到家里，却对坐在桌前的儿子说："老师对你充满信心。老师说你并不是个笨孩子，只要你能细心些，会超过你的同桌，这次你的同桌排在第 21 名。"

说这话时，他发现儿子黯淡的眼神一下子充满了光，沮丧的脸也一下子舒展开来。她甚至发现，儿子温顺得让她吃惊，好像长大了许多。第二天上学，他去得比平时都要早。

孩子上了初中。又一次家长会，她坐在儿子的位置上，等着老师点她儿子的名字，因为每次家长会，儿子的名字总是出现在差生的行列中。然而，这次却出乎她的意料，直到结束，老师都没有点到她儿子的名字。

她有些不习惯，临别时去问老师，老师告诉她："按您儿子现在的成绩，考重点高中有点危险。"

她怀着惊喜的心情走出校门，此时她发现儿子在等她。路上她搂着儿子的肩膀，心里有种说不出的甜蜜，她告诉儿子："班主任对你非常满意，他说了，只要你努力，很有希望考上重点高中。"

高中毕业了。第一批大学录取通知书下达时，学校打电话让她儿子到学校去一趟。她有一种预感，她儿子被某著名大学录取了，因为在报考时，她对儿子说过，她相信他能考取这所大学。

她儿子从学校回来，把一封印有某著名大学招生办公室字样的特快专递交到她的手里，然后突然转身跑到自己的房间里大哭起来，边哭边说："妈妈，我知道我不是个聪明的孩子，可是，这个世界上只有您能欣赏我……"

这时，她悲喜交加，再也按捺不住十几年来凝聚在心中的泪水，任它掉落在手中的信封上……

激励一直是管理工作者与研究者所关注的一个重要问题，并且已取得比较丰富的理论成果。对于已有的激励理论，人们一般是根据坎贝尔（Campbell）和邓内特（Dunnette）的观点，将主要的激励理论划分为两大类：内容型激励理论和过程型激励理论。

5.1　内容型激励理论

管理学关于激励的行为科学研究视角和方法，首先关注的焦点是“人性”“需要”“动机”“目标”“结果”等这样的个人行为要素及其关联机制，认为这些是决定激励效率的基本要素，是组织激励过程中的基础和关键环节。

激励的核心问题之一就是要弄清楚哪些激励因素能够持续激发人的动机，而内容型激励理论主要集中于分析、探讨影响个体积极性的多种因素，其基本思路是找到这些因素以便有的放矢地采取相应措施去调动员工的工作积极性。内容型激励就是找到影响激励效果的因素及使这些因素对人的行为发生作用的过程。内容型激励理论主要有需求层次理论、双因素理论、ERG 理论等。

一、马斯洛的需求层次理论

美国行为科学家马斯洛于 1943 年首次提出需求层次理论，他认为人的需求有不同层次，满足低层次需求与高层次需求的途径不同。该理论认为，人的需求包括如下五个层次：

（1）生理需求，如衣、食、住、行、性等方面的需求；

（2）安全需求，如失业保障、医疗保障、养老保障、生产安全、社会治安、生活环境等方面的需求；

（3）社交需求，如情感、交往、群体归属感和社会承认等方面的需求；

（4）尊重需求，包括自尊（有实力、有成就、能胜任、有信心、独立和自由）和受人尊重（有威望、被赏识、受到重视、晋升和高度评价）；

（5）自我实现需求，是指人希望最大可能地实现自我、充分发挥自己所能的欲望，每个人都企图实现其全部潜能，包括自我成就、自我发展和创造力的充分发挥。

这五种需求像阶梯一样从低到高，按层次逐级递升，如图 5－1 所示。在马斯洛看来，上述五种需求可以归为两类：一类是沿生物谱系上升方向逐渐减弱的低级需求，主要是一些本能或冲动；另一类是随着生物进化逐渐显现的潜能与需求，称为高级需求。前者包括生理需求、安全需求和社交需求；后者包括尊重需求和自我实现需求。他认为，需求一般按照由低层次到高层次的顺序发展。生理需求是人最基本、优先的需求，自我实现需求是最高层次的需求。一般来说，人们首先追求满足较低层次的需求，只有在低层次的需求得到满足以后，才会进一步追求较高层次的需求，而且低层次需求满足的程度越高，对高层次需求的追求就越强烈。人在不同的时期、发展阶段，其需求结构不同，但总有一种需求发挥主导作用。因此，管理者必须注意当前对员工起主导作用的需求，以便有效地加以激励。

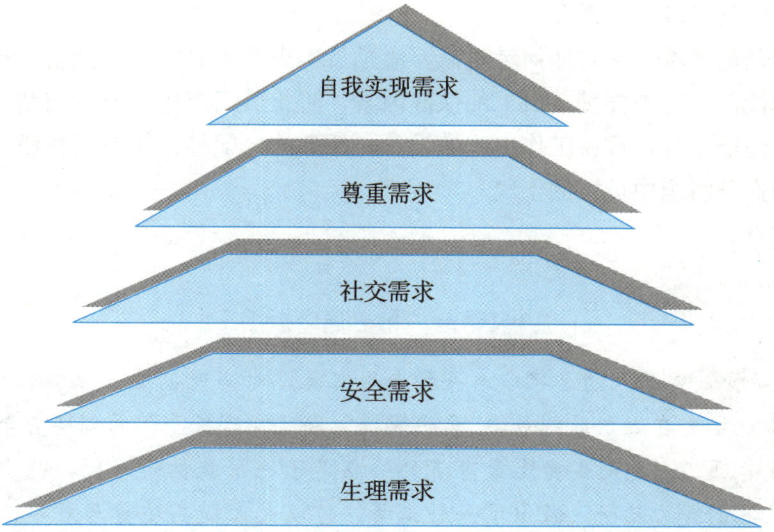

图 5－1　需求层次理论

资料来源：亚伯拉罕·马斯洛．动机与人格．许金声，等译．3 版．北京：中国人民大学出版社，2013.

五种需求的等级顺序并不是固定不变的，实际中还存在着等级倒置现象。一种情况是，有些人的愿望可能永远保持着僵化或低下状态，也就是说，有些人可能只谋求低层次的需求而不再追求高层次的需求；另一种情况是，有些人可能牺牲低层次的需求，谋求实现高层次的需求。那些具有崇高理想和人生价值观的人，即使低层次的需求尚未得到满足，仍会追求高层次需求。一般来说，人的各种需求的出现往往取决于职业、年龄、性格、受教育程度、经历、社会背景等因素。此外，各种需求相对满足的程度不同。实际上，绝大多数人的需求只有部分得到满足，同时也有部分得不到满足，而且随着需求层次的升高，满足的难度相对增大，满足的程度逐渐减小。马斯洛的需求层次理论揭示了人类心理发展的一种普遍性。

小资料

柳传志：确定不同的激励层次

二、赫茨伯格的双因素理论

美国管理心理学家赫茨伯格在马斯洛需求层次理论的基础上提出了“双因素理论”(Two Factor Theory)，其理论前提是满意与不满意是两种尺度而非一个尺度上两个相反的极点。以此假设为出发点，赫茨伯格对美国的部分工程师和会计人员进行调查访问，以确定“人们想从工作中得到什么”，是哪些工作因素使他们感到满意或不满意。赫茨伯格研究后得出结论，认为影响员工行为的因素有两种：激励因素和保健因素，它们起着不同的作用。

与工作本身性质有关的因素是激励因素，包括工作成就感、由于取得工作成绩获得的奖励、对未来发展的期望、职务上的责任感等。激励因素对人来说是内在的，对激励因素的改善可以激发人们的积极性。保健因素包括政治制度、工作水平、工作环境、人际关系、劳动保护、安全措施、福利待遇等，这些因素对人来说是外在的，只起维持“健康”的作用，对人的激发作用不如激励因素大。赫茨伯格的双因素理论与马斯洛的需求层次理论有密切的联系，其保健因素相当于生理、安全、社会交往等低层次需要，激励因素相当于尊重、自我实现等高层次需要。

从双因素理论来看，它对如何针对需要激励员工进行了更深入的分析，提出要调动和保持员工的积极性，首先要满足员工的保健因素，防止员工产生不满的情绪；同时要针对激励因素努力创造条件，重视工作内容的设计、任务的分配等，使员工在激励因素方面得到满足，就会提升组织中员工的士气。

小案例

“启明焊枪”和“晓玲扳手”

在1992年初，以工人的名字命名一种专用工具，对当时的企业来说，还是新鲜事，而这个新鲜事就发生在海尔。例如，“启明焊枪”和“晓玲扳手”的创造者李启明、杨晓玲，都是一线普通工人，他们身上最可贵的一点是干一行就钻研一行，就干好一行。在普通的岗位上他们努力钻研，做出了一种工具，可以大大提高质量与效率，在平凡的岗位做出了不平凡的贡献。

张瑞敏看到了普通工人创新改革的深远意义，并想出了一个激励员工创新的好措施，即用工人的名字来命名他所改革的创新工具。这一措施大大激发了普通员工在本岗位创新的激情，后来不断有新的命名工具出现，员工以此为自豪！当时中央电视台等各大媒体都报道了这一新闻。“命名工具”的做法在海尔一直使用。

最初海尔开始宣传“人人是人才”时，员工反应平淡。他们想：“我又没受过高等教育，当个小工人算什么人才?”但是当海尔把一个普通工人发明的一项技术革新成果以这位工人的名字命名，并且由企业文化中心把这件事作为一个故事登在《海尔人》报上，在所有员工中传开之后，工人中很快就兴起了技术革新之风。“命名工具”是对充满活力和追求卓越的人的内在激励。

三、奥尔德佛的ERG理论

奥尔德佛通过大量的研究后对马斯洛的需求层次理论进行了修改和完善，指出人最核心的需求有三种：

（1）生存（Existence）需求，涉及满足我们基本的物质生存需求；

（2）关系（Relationship）需求，即维持重要的人际关系的需求；

（3）成长（Growth）需求，即一个人发展的内部需求。

ERG理论认为：多种需求可以同时存在，共同发挥激励作用；对每一层次的需求，满足越少，则越希望得到满足；如果较高层次的需求不能得到满足，那么满足较低层次需求的愿望会更强烈；关系需求和成长需求得到满足之后，其强烈程度不仅不会减弱，反而会更加强烈。

ERG理论与马斯洛的需求层次理论相比，更加有助于说明在需求的层次当中，文化、个性以及环境等因素的作用与影响。ERG理论的框架如图5－2所示。

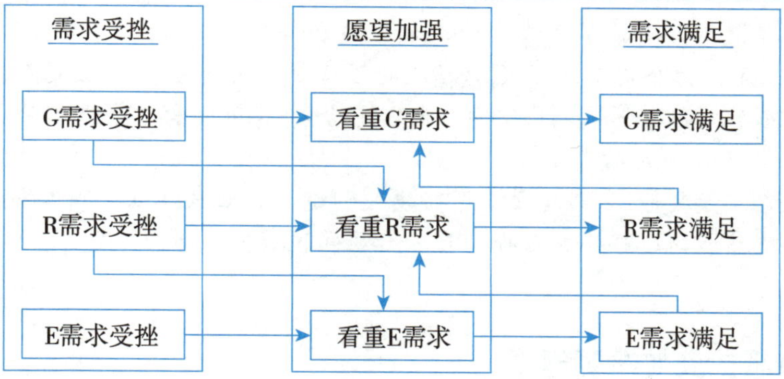

图 5-2 ERG 理论的框架

资料来源：克雷顿·奥尔德佛．人类需求新理论的经验测试．心理学评论，1969.

四、麦克利兰的需要理论

美国心理学家麦克利兰提出："成就需求强烈的人是一个企业的宝贵财富。"他提出人有三种需要，分别是成就需要、归属需要和权力需要。

（一）成就需要

成就需要是指人希望通过自己的努力和能力而达到一定目标、获得成就感的需要。成就需要占主导地位的人一般喜欢接受有挑战性和有难度的工作，他们遇到困难不会轻易退缩，追求成功的愿望迫切，希望通过成功来展示自己的能力，希望能够干出一番事业。

（二）归属需要

归属需要是一种渴望被群体接受、能够与人亲密相处的需要。一般归属需要占主导地位的人都期望能够被团体和社会所接受，能够和他人有亲密的交流，获得他人的信任，希望得到他人的关心，也同时能够关心他人。

（三）权力需要

权力需要是一种控制和影响他人的需要。这种需要占统治地位的人很期望通过自己的行为来控制其他人的行为，他们追求更高的职位，具有好斗的性格，能够对问题进行全面的分析，喜欢在其他人面前获得地位。

成就需要理论对于我们把握企业中知识型员工的需要具有积极的参考意义。但是，在不同国家、不同文化背景下，成就需要的特征和表现也不尽相同，应按照实际情况区别对待。

小案例

激励，不是只有薪酬

山东某集团公司有一面"专利墙"，员工不论职位高低、资历深浅，只要获得专利，他的名字和专利名称就会被刻在上面，员工都把这个荣誉当作最高荣誉。其中，赵永东的名字和专利名称就被刻在上面。

在电子行业，静电是个无形杀手，生产线的工装板和尼龙轮一旦摩擦，产生的静电常常达到几千伏，敏感器件很容易受损。三年前，赵永东偶然发现静电的强弱与潮湿度有关，就往尼龙轮上喷了点水，用测试仪一测，静电只有10～20伏。看到尼龙轮湿润能防静电，他兴奋极了，研制了用吸水海绵和尼龙轮接触的“静电消除器”，装上 24 个，成本才 1 600 多元，为公司节约了几十万元的设备费。公司给每个装置都挂了牌子，上面写着“赵永东静电消除器”。16 年间，赵永东坚持不断摸索，改进工作，大小发明有 56 项，得到公司十几万元的奖励。

该集团设置“专利墙”，激励员工进行发明创造，企业有效益、职工得奖励，两全其美。员工搞发明创造的过程，也是提升自身素质的过程。

五、马克思主义的需要理论

（一）需要是人的本性

马克思主义的需要理论对于我们理解管理心理学具有战略统领的作用。西方关于个体激励的需要理论过于强调人的个体属性，相对忽视人的生产劳动和社会因素与人的需要的互动关系。

马克思主义的需要理论一方面区分了主体与客体、个人与社会的辩证关系，另一方面阐述了需要内容与生产劳动的关系和不同层次需要之间的转换和递进关系。根据马克思主义的观点，人的需要是人的本性，是人的自然属性、社会属性和思维属性共同作用的结果。人的自然属性决定了人的需要离不开自然界，人的社会属性决定了人的需要与社会密切关联，人的思维属性决定了人的需要不断优化发展。人的需要伴随人类历史发展的全过程。

（二）人的需要可以分为三个层次

马克思主义的需要理论认为，人的需要可以分为生存、享受和发展三个层次，它们各自具有不同的内容和性质。衣、食、住等生存资料的需要是人类最基本的需要。马克思明确指出：“我们首先应当确定一切人类生存的第一前提，也就是一切历史的第一个前提，这个前提是：人们为了能够‘创造历史’，必须能够生活。但是为了生活，首先就需要吃喝住穿以及其他一些东西。因此第一个历史活动就是生产满足这些需要的资料，即生产物质生活本身。”① 在这里，马克思不仅指出吃喝住穿等物质生活资料是人类最基本的生存需要，而且还将物质生活需要的生产和再生产列为人类历史发展的前提条件。

享受需要是指人的生存需要得到满足后，产生的一种提升生活品质、升华精神层次的需要。当人的基本的吃住等生存需要得到满足后，一方面，人对更高层次的需要提出要求；另一方面，人的生产能力继续发展，获得满足更高层次需要的能力，即人们的物质生存需要的生产和再生产能力获得了提升，满足生存需要的方式也发生了变化。马克思所指的享受需要并不是指一味地通过物质消费来刺激感官享乐，而是一种文明考究的生活方式，是不断提升的生存需要的生产和再生产能力。

发展需要在人类需要层次中居最高层次，只有发展需要才是人类生存的目的。因为发展需要是人对自身获得进一步发展条件的需要，它不仅表现为人与动物的本质区别，而且体现了人的能动作用。马克思指出：“已经得到满足的第一个需要本身、满足需要的活动和已经获得的为满足需要而用的工具又引起新的需要，而这种新的需要的产生是第一个历史活动。”② 马克思还认为，人的需要的各个层次是同时并存的，即人并不是在低级需要完

---

① 马克思，恩格斯．马克思恩格斯文集：第 1 卷．北京：人民出版社，2009：531.

② 同①531－532.

全得到满足之后才会产生较高一级的需要，那种只有某一层次需要而无其他层次需要的情况是没有的。引起新的需要即需要的递进或更替，不是需要层次本身的更替或死亡，而是指需要优势的更替。在不同时期，同时并存的各种需要对人的行为的支配或主导的力量是不同的，其中支配力量最大的是居于优势的需要。因此，需要的优势由一层次向另一层次转变时，原来居于优势的需要层次和其他层次并未消失，只不过不居支配地位而已。但这种更迭绝不是简单的重复，而是人类发展过程中具有新的、更高层次内容的表现。人就是在不断更新的需要中发展与完善的。

人类的发展史，就是一部人的需要即人的本性的不断改变和发展的历史。离开了人的需要，人的一切实践活动和一切社会关系都将不复存在。所以，需要的发展是人本质力量的新证明和人本质的新充实。

（三）人的需要具有社会历史性

马克思主义理论表明，人的需要是在社会中产生、发展和实现的，离开现实的社会生活，任何需要都将不复存在。需要随着社会的发展而逐步发展，并且受一定历史条件的制约，在不同的历史时期，人的需要对象、内容和水平是不同的，因而它具有社会历史属性。另外，人们为了满足需要必须进行生产劳动，而生产劳动又促使人们结成一定的生产关系。因此，真正的社会关系是由于有了个人的需要以及为了实现和满足这些需要而建立起来的。需要产生社会关系，而社会关系一经形成，又反过来决定需要的性质，使人的需要具有社会性。

（四）人的终极目标是全面发展

马克思主义理论表明，促进人的全面发展是人类社会发展的终极目标，这是每个人的权利。人的全面发展具有丰富的内涵，包括以下几个层次：

（1）人的全面发展意味着充分开发每个人的潜能，不仅是肉体的潜能，更重要的是精神潜能，摆脱人的潜能普遍被压抑的状态。

（2）人的全面发展意味着人的各方面潜能的充分发展，消除不合理的社会分工，就是马克思说的要摆脱“旧的分工”对人的潜能的强制切割和全面发展的羁绊。

（3）人的全面发展还意味着人的社会关系全面而充分地展开，包括其现实关系和观念关系的全面性。

（4）人的全面发展必须通过自主的劳动实现。马克思强调：“生产劳动给每一个人提供全面发展和表现自己的全部能力即体能和智能的机会”①。自主的劳动不仅实现人对物欲的摆脱，也使人摆脱社会压迫，即实现人的解放。

（5）个人发展与社会发展的辩证统一。马克思主义关于人的学说的核心是人的全面发展，实质是科学地认识人在社会经济发展中的根本作用。人的全面发展，就是符合人的本质和需要的发展，是让每个人的创造能力和价值得到充分体现；任何束缚和限制人的自由发展的制度与社会形态都必将被淘汰。这正是马克思揭示的社会发展进步的基本动力。马克思强调个体的发展与社会的发展是一致的，人类社会发展的历史就是个体成长的历史，二者发展的一致性又是以劳动为基础的。这种辩证统一体现在：“已经生成的社会创造着具有人的本质的这种全部丰富性的人，创造着具有丰富的、全面而深刻的感觉的人作为这个社会的恒久的现实。”② 这些思想能够有效指导我们的管理实践。

---

① 马克思，恩格斯．马克思恩格斯文集：第9卷．北京：人民出版社，2009：311.

② 马克思，恩格斯．马克思恩格斯文集：第1卷．北京：人民出版社，2009：192.

5.2 过程型激励理论

20 世纪 60 年代以后，有关激励的理论研究的重点开始从激励因素的分类，逐渐转向激励过程，特别注重解释需要、奖励和行为之间的关系与相互作用的问题。

过程型激励理论着重研究人从动机产生到采取行动的心理过程。这类理论表明，要使员工出现企业期望的行为，必须在员工的行为与员工需要的满足之间建立起必要的联系。过程型激励理论主要有以下几种：

一、目标设置理论

激励的目标设置理论（Goal Setting Theory）是由心理学家洛克提出的。该理论认为，人们的行为是由目标驱动的，工作目标的不同会对工作绩效产生不同的影响。该理论强调了目标的重要性，认为目标本身就具有激励作用，能把人的需要转变为动机，使人们的行为朝着一定的方向努力以实现目标。

目标设置理论表明，目标的难度应具有挑战性，必须经过努力才能实现，人们接受困难的目标会比容易的目标带来更高的绩效；目标的导向应明确，这种明确性能提高绩效，尤其是当目标相对较困难但又可以实现时，明确的目标能指引方向和提高信心。目标设置理论提出后，经过后来学者的不断研究和发展，成为目标管理的理论基础。

二、强化理论

美国心理学家斯金纳所倡导的强化理论（Reinforcement Theory），是以学习的强化原则为基础的、关于理解和修正人的行为的一种学说。他提出人的不同行为过程中应该有不同程度的强化，即根据强化的性质和目的采用不同的强化方式。正强化就是运用奖赏肯定并加强某一种行为；负强化就是惩罚那些不相容的行为并削弱这种行为；自然消退则是对某种行为不理不睬以表示对该种行为的否定。

当行为的结果有利于个体时，这种行为就可能重复出现，行为的频率就会增加，这就起到强化、激励的作用；当行为的结果对个体不利时，该行为就会弱化或消失。在运用强化理论进行激励时应遵循一些行为原则：要有目标，明确定向行为；要依照强化对象的不同采用不同的强化措施；小步前进，分阶段设立目标，这样不仅有利于目标的实现，而且通过不断激励可以增强信心，及时反馈行为的结果。正强化比负强化更有效，所以在运用上应以正强化为主，适当奖罚。

小资料

用年终红包强化激励：薪酬就是沟通

三、公平理论

美国心理学家亚当斯于 1963 年发表了论文《对于公平的理解》，1965 年又发表了论文《在社会交换中的不公平》，提出了公平理论（Equity Theory），以解决工资报酬分配的合理性、公平性以及对工作积极性的影响等问题。

公平理论认为，人们有一种保持分配上的公平感的需要，员工的公平感将直接影响其工作动机。员工不仅关心自己经过努力获得的报酬的绝对数量，也关心自己的报酬和其他人的报酬的相对比较，以及与个人的历史收入的比较。对比较结果公平与否的判断会对员工的工作积极性产生影响。

当个人工作与薪酬的比率与他人相等时，员工会认为合理公平，从而保持积极的工作心态；当员工感觉不合理时，就会采取措施以减少不公平感。如果一个员工感到报酬低于其他员工而觉得不公平，则他会通过自我解释（曲解自己或别人的收支比率），主观上造成一种公平的假象，以便自我安慰；或者选择另一种比较基准（如另一个员工或自己历史上的另一个时期）进行比较，以便获得主观上的公平感；或者采取行动改变别的员工的收支比率，如要求领导把别人的报酬降下来或增加别人的劳动投入等；或者采取行动改变自己的收支比率，如要求领导给自己增加劳动报酬或减少劳动投入等；或者发牢骚，讲怪话，消极怠工，制造矛盾或另谋高就。在少数情况下员工会因报酬高于其他员工而感到不公平，他会想办法减少报酬或增加劳动贡献。但是和低报酬带来的不公平相比，人们更能容忍报酬过高带来的不公平，或者说，更能使之合理化。

小案例

不患寡而患不均

健尔益公司总裁戴海清的心里沉甸甸的，马上就要过春节了，正是销售旺季，在这个节骨眼上，上海分公司销售部的顶梁柱一个接一个地提出了辞职。华北分公司也报告说，新招进来的销售人员大多在试用期未满就想离开。

健尔益公司成立于 2002 年，是菲菲集团为了整合营销渠道而新设立的销售公司，80%的员工属于销售人员，他们来自菲菲集团原有的 4 个分公司，因此基本上还拿着原来公司的工资。由于当初北方两家分公司效益比南方两家分公司好很多，于是北方的销售人员一直拿着比业内平均水平高得多的薪水。而南方的销售人员则相反，到手的薪水比同地区、同行业的销售人员要少 30%左右。干着同样的活儿，别人拿的薪水却超出自己好大一截，谁会乐意？

其实，针对这些问题，健尔益公司也在想办法。2005 年 6 月，健尔益公司发布了新的薪酬体系方案，出台了“老人老办法，新人新办法”，希望通过逐步到位的薪酬调整，慢慢解决这个问题，实现薪酬调整的“软着陆”。

这次薪酬改革，主要是针对销售部和市场部。首先，公司将销售部和市场部的总体薪酬水平调高了 10%左右。与此同时，销售人员的固定工资由原来的 80%下调到了 70%，市场部人员的固定工资也由原来的 90%下调到了 80%。对于这个变化，两个部门的人都很不服气。因为浮动工资的发放取决于销售指标的达成，而销售指标是年初就定下来的，定得相当高。到了年中，他们突然被告知固定工资比例下降、浮动工资比例上涨，当然没人乐意了。况且原来工资水平有落差的问题在这次方案中也没有得到解决，大家的怨气就更重了。

其次，公司在绩效考核体系中设置了一些关键指标，并给各个指标设定了相应的权重。比如，对销售人员销售额中品类结构配比的考核权重由原来的 5%提高到了 10%。但是看起来，这个调整似乎还是提不起销售人员对于销售“新品”的兴趣，经过仔细核算公司的考核指标，他们自己设计了“抓大放小”的对策。这可苦了市场部推广新品的品牌经理，因为依据公司的考核体系，他们也需要对自己负责的新品销售额负责。于是，市场部人员对公司的考核体系更是牢骚满腹。

除了销售部和市场部问题重重以外，这次薪酬调整没有涉及的职能部门也是怨声载道。由于健尔益公司是一个销售主导型的公司，原本这些职能部门的员工就觉得低人一等，现在薪酬调整又没自己的份，财务部和人力资源部的很多员工都打起了“出走”的算盘。

面对如此多的问题，健尔益公司的总裁戴海清有点无所适从。到底是这次薪酬体系的调整有问题，还是执行过程中有什么偏差？要不要继续把新的薪酬体系推行下去呢？

资料来源：徐志红，等．薪酬·心愁·新仇．哈佛商业评论，2006（7）.

公平理论从动机和感觉的关系这一角度出发，揭示了人们的一种普遍的心理现象。事实证明，公平与不公平的现象与人们相应的感觉不仅能决定一个人的行为，而且对企业甚至对社会都有很大的影响。公平理论促使管理者不断重新评价他们对员工支付报酬的基本准则，今天被认为是公平的，到明天或许就变成不公平的了。在公平理论中，员工所选择的与自己比较的参照对象也相当重要。

四、期望理论

心理学家弗罗姆在《工作与激励》（1964 年）一书中提出了期望理论，如图 5－3 所示。

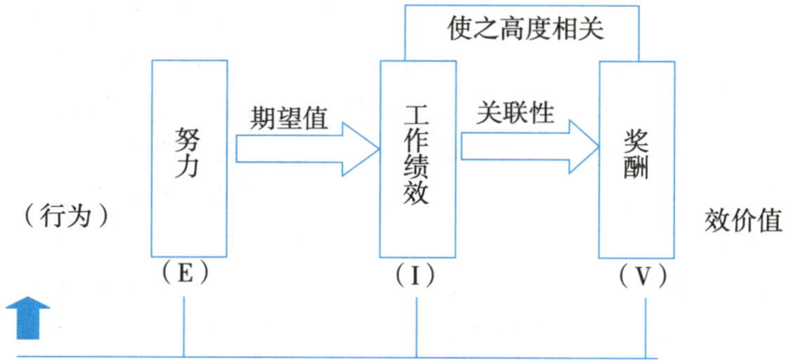

图 5－3　弗罗姆的期望理论模型

资料来源：维克托·弗罗姆．工作与激励．福州：福建教育出版社，2004.

该理论认为，人的工作行为是建立在一定的期望基础上的。一个人认为他所追求的目标价值越大，估计目标能实现的可能性越高，他的动机就越强烈，激励程度就越高。期望理论揭示了个人对目标的理解和重视程度直接影响其实现目标的动机和行为。要调动、保持人的工作积极性，管理者必须正确处理好三类关系：努力与绩效的关系、绩效与奖酬的关系、奖酬与个人需要的关系。根据这一理论，有效的激励能够满足员工最迫切的需要，同时对员工给予帮助和指导以提高他们完成任务的能力和信心。

五、波特-劳勒的激励过程模型

波特-劳勒的激励过程模型是以期望理论和公平理论为基础发展起来的一个激励模型，如图 5－4 所示。

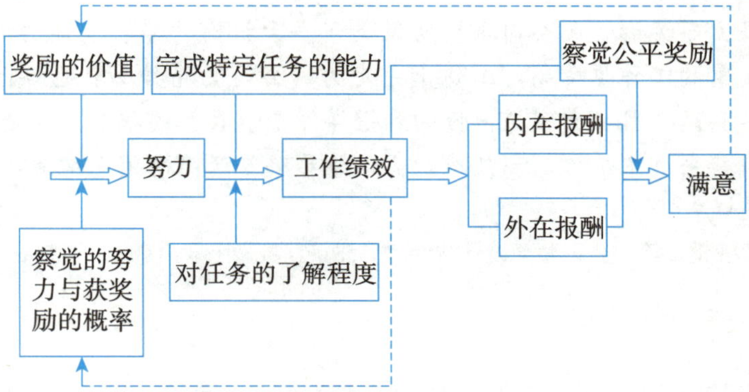

图 5-4　波特-劳勒激励过程模型

资料来源：毛伶俐，陈光潮，邵红梅．波特-劳勒综合激励模型及其改进．学术研究，2004（12）.

该模型显示：第一，一个人的努力程度（工作动力）取决于个人对组织所提供的奖励的价值判断（效价）和对通过努力达到绩效目标的概率的主观判断（期望值）。第二，工作绩效是一个多维变量，主要受个人的努力程度、个人完成特定任务的能力、个人对该任务的感悟和理解程度（指对所要达成的目标、所应承担的责任以及努力方向的明确程度）等因素的影响。第三，达到绩效目标后会得到各种奖励和报酬，包括内在报酬和外在报酬，个人对奖励和报酬的满意程度取决于对报酬分配的公平性感知。第四，个人的满意程度会影响此人以后对组织奖励的价值判断，进而影响其努力工作的程度。

过程型激励理论较之于内容型激励理论从系统性和动态性的角度来说是一种巨大的进步，它从需要、动机和行为之间的关系入手，探讨如何激发员工采取企业所希望的行为，更直接地将激励个人与实现企业目标相联系。然而，有关深入引导行为并且进行强化巩固，过程型激励理论并没有太多涉及。

小案例

为什么高工资没有高效率?

A 公司是一家生产电信产品的公司。在创业初期，一批志同道合的朋友，不怕苦不怕累，从早到晚拼命干。公司发展迅速，几年之后，员工由原来的十几人发展到几百人，业务收入由原来的每月十几万元发展到每月上千万元。企业大了，人也多了，但公司领导明显感觉到，大家的工作积极性越来越低，也越来越计较。

A 公司的总经理张成一贯注重思考和学习，为此特意到书店买了一些有关成功企业经营管理方面的书籍来学习。他在介绍松下幸之助的用人之道一书中看到这样一段话："经营的原则自然是希望能做到'高效率、高薪资'。效率提高了，公司才可能支付高薪资。但松下先生提倡'高薪资、高效率'时，却不把高效率作为第一个努力的目标，而是借着提高薪资来提高员工的工作意愿，然后再达到高效率。"张成想，公司发展了，确实应该考虑提高员工的待遇，一方面是对老员工为公司辛勤工作的回报，另一方面是吸引高素质人才加盟公司。为此，A 公司重新制定了薪酬制度，大幅度提高了员工的工资，并且对办公环境进行了重新装修。

高薪的效果立竿见影，A公司很快就聚集了一大批有才华、有能力的人。所有的员工都很满意，大家的工作热情高，工作十分卖力，公司的精神面貌也焕然一新。但这种好势头持续了不到两个月，大家又慢慢回到懒洋洋、慢吞吞的状态。这是怎么啦？

高工资没有换来员工工作的高效率，公司领导陷入两难的困惑境地，既苦恼又彷徨。那么症结在哪儿呢？

资料来源：熊敏鹏，等．公司薪酬设计与管理．北京：机械工业出版社，2006.

5.3　激励理论的应用

激励理论是管理心理学中的一个重要内容。随着我国改革开放的进一步深化和社会主义市场经济体制的确立，企业对现代管理技术提出了越来越高的要求，因此，当激励措施日益渗透到企业及其他管理领域时，在理论和实践上如何研究、理解与应用激励理论，仍是一个值得探讨的新课题。图5－5就是一种形象的表达。

图5－5　员工的需求

激励是激发人的工作动机的心理过程，即通过某种内部或外部刺激的作用，使人保持一种兴奋状态，从而调动工作积极性。研究激励问题，实际上是探索人的行为动力。将激励理论应用在管理领域，最大限度地发挥管理领域最主要的因素——人的积极性，这就是激励理论应用的实质。

不难看出，不同的激励理论是相互联系和相互补充的，它们分别强调了激励的不同方面，如果只是单独使用某一种激励理论恐怕是解决不了问题的。理论所描述的只是一般性原理和规律，而实践中所遇到的问题是千变万化的，这就需要灵活运用各种激励理论，创造出行之有效的激励方式。很多企业根据这些理论针对不同的员工制定了多种激励措施，但很快发现这些激励措施并没有起到预想的作用，他们给员工的东西并不是员工真正想要的，也就是说员工在付出后没有得到自己想要的东西，结果严重影响了员工的工作积极性。甚至有时候企业投入了很大的成本给予员工很多好处，但是这些企业认为很不错的东西反而恰恰是员工讨厌的东西，这样不仅无法激励员工，甚至还将事情推向了另一面。所以，在目前的实践中，激励理论的应用方式发生了相应的新变化。

一、激励对象和方法的多样化

激励并非是对少数人的激励，传统的激励方法多为奖励极少数有突出贡献者，旨在树立“典型”“楷模”，然而这种激励手段并不是最理想的，因为长期采用此法会使大多数员工失去获得奖励的机会，甚至觉得奖励是极少数人的事情而漠不关心。同时，长期以极少数人为对象的奖励还可能使员工产生逆反心理，可能使“典型”“楷模”在企业内部遭到孤立、嘲讽，甚至打击，所以激励必须考虑到多样化员工不同的需要。

在不同的文化中，激励方法有所区别。表 5－1 反映了中国与西方国家激励方法的差异。

表 5－1　中国与西方国家激励方法的差异

中国激励的方法	西方国家激励的方法
之一：激励下属“士为知己者死”。管理者、统治者关心、爱护下属，满足下属生存和发展的需要，特别是心理情感的需要，与之成为知己和至交，从而使下属不遗余力地为自己出力和服务。	之一：“胡萝卜加大棒。”20 世纪初，西方国家产生了以泰勒的科学管理理论为主要代表理论的古典管理理论，该理论把人假设为“经济人”，认为人的行为是追求本身最大的利益，工作的动机只是为了获得经济报酬。
之二：“赏不可不平，罚不可不均。”管理者、统治者赏罚严明，善于通过奖赏和惩罚这两种正、负强化激励手段，以达到鼓励先进、鞭策后进、提高绩效的目的。	之二：满足“社会人”的需求。“胡萝卜加大棒”的方法后来逐渐暴露出其局限性。到 20 世纪 20 年代前后，美国梅奥等人依据霍桑实验的材料提出了“社会人”的假设，初创了行为科学。
之三：“任贤律己”“身先士卒”。管理者、统治者知人善任，严于律己，身先士卒，以榜样的作用和力量感染、激励下属。	之三：“寻找人的自我实现。”20 世纪 40 年代末，西方国家盛行“自我实现人”的假设。
之四：“上下同欲者胜。”这是目标激励法，即管理者、统治者引导上下心往一处想、劲往一处使。	之四：多种激励方法并用。20 世纪 60 年代末 70 年代初，美国心理学家和行为科学家沙因提出了“复杂人”的假设。

在企业中，有的员工想成为技术专家；有的员工想到公司的其他部门工作；有的员工想发展与现有岗位相关的技能；有的被提升到管理岗位的员工并不想做管理人员；还有员工认为他们的满足感主要来自群体中的合作精神。可见员工的需要呈现多样化状态。激励要从员工的个性心理特征出发，通过研究个体心理的不同需要，做到因人而异。

一般来说，激励员工主要有两种方式：经济激励和精神激励。这种划分是基于哲学将世界划分为物质的和精神的而提出的，并且经济学家对非货币激励的研究表明其激励效果也主要体现在其中的物质激励部分。如公司直接给员工发放物品、给员工购买健身卡，不仅可以使员工获得实惠，而且可以增强员工的体质，增进员工之间的感情，有利于企业文化的构建。从实际情况看，这些效果都或多或少地存在，但是从本质上说这些激励都属于物质激励，从而属于经济激励的范畴。

小资料

知名企业的员工激励法

二、年薪制

年薪制是把企业经理在一年中的总收入与当年企业业绩，如企业资产保值增值率、利润增长率等指标挂钩，激励经理关心企业资产的保值和增值或提高企业利润。

我国年薪制试点具有以下几个特征：经理报酬与一个指标体系相联系；经理报酬与企业职工平均收入挂钩；应用范围仅限于高级管理阶层；收入封顶。

经营者利益和员工利益适当分离，使经营者与员工之间相互制衡，有利于建立企业内部自我约束机制。但是，年薪制改革在推行过程中也遇到了很多亟待解决的问题：

第一，企业经营者的范围难以确定。

第二，年薪制标准的确立不规范，不能真正起到激励和约束经营者的作用。

第三，在年薪制试行办法中，对经营业绩不好的经营者缺乏相应的处理办法，经营者包盈不包亏，失去了对经营者应有的约束力。

第四，经营者的任用未形成竞争机制，经营者仍由上级主管部门任命，并非通过竞争上岗，因而经营者只对上级负责而不对企业负责的状况很难改变。

第五，企业经营指标难以严格考核，也给年薪制的有效实施设置了障碍。

小资料

员工持股计划的诞生与发展

三、员工持股计划

员工持股计划（Employee Stock Ownership Plans）是指企业员工通过现金或贷款等方式获得融资购买企业的股票，并通过某一机构委托管理，代表员工以股东身份参与公司经营决策和监督或由员工自己行使股东权，员工按所持股份份额分享企业利润，从而使员工能够以劳动者和所有者的双重身份参与企业的生产经营活动的一种产权制度或激励制度。这里的员工泛指企业的所有员工，包括管理层和普通职工，因此在此意义上的员工持股计划也包括管理层持股计划。员工持股计划不仅是员工的一种福利计划，而且是一种股权激励制度。

员工持股计划的生命力在于它能使在一个企业工作达到一定年限的员工获得一种可得的预期利益，能够密切企业与员工的关系，调动员工的积极性。对于这一新的激励工具，西方许多国家政府都通过法规和政策予以支持、规范和推动。一方面，各国政府对实行员工持股计划的企业提供政策优惠；另一方面，又限制员工所持股票的转让、交易、继承，这对留住、吸引人才和激发员工的积极性起到了重要的作用。如各国普遍规定，员工股份的取得和转让要受到年限限制，一般是若干年以后才能取得其全部股份。各国还普遍规定，由持股组织集中管理员工所持股票；没有特殊理由（如员工死亡）不得将股票提前转让，即使可以转让也只能转给公司；员工通过持股计划所获得的股票不得继承。

员工持股计划有利于用低成本激励在职员工；有利于降低管理费用，减少管理环节；有利于促使员工参与公司日常管理，监督经理人员；还有利于提高员工的工作效率和创新精神，避免短期行为。

四、股票期权制

股票期权（Stock Options）又称为优先购股权，是由企业产权的所有者向其高级管理人员或技术骨干提供的一种在一定期限内按照预先约定的价格购买一定数量的本公司股票的权利。但是，股票期权制必须有一定的理论基础。企业的最优激励机制实际上就是使

"企业价值最大化"、使"剩余索取权"与"剩余控制权"最大化的机制，而最优的安排一定是经理层与股东之间的剩余分配制。根据这一激励制度的最终目的，股票期权激励制度的理论基础有两个：委托代理成本理论和人力资本产权理论。

股票期权是为解决委托代理问题而设计的，其基本原理是：假设企业价值最大化就是股东利益最大化，股票价格可以真实反映公司业绩，并以此作为评价经营者努力水平、工作能力的充分信息和重要依据。通过股票期权计划给予经营者一定的潜在所有权，让经营者在其业绩达到一定目标后能够作为公司股票的持有者拥有一定的剩余索取权，让经营者关心企业的股票价格，建立经营者与企业所有者之间的资本纽带，以实现经营者收入的长期化，使经营者的效用最大化与股东利益最大化紧密联系在一起，对前者起到激励和约束的双重作用，以克服道德风险，避免短期行为，最终达到以最小成本实现股东利益最大化的目的。

小资料

不同企业的股权激励方法

本单元内容提要

1. 已有的激励理论主要可以分为内容型激励理论和过程型激励理论。

2. 内容型激励理论主要有马斯洛的需求层次理论、赫茨伯格的双因素理论、奥尔德佛的 ERG 理论、麦克利兰的需要理论、马克思主义的需要理论等。

3. 过程型激励理论主要有目标设置理论、强化理论、公平理论、期望理论、波特-劳勒的激励过程模型等。

4. 激励理论的实际应用出现了一些新的变化，如激励对象和方法的多样化、年薪制、员工持股计划和股票期权制的出现。

技能培养与练习

1. 有些企业实行秘密薪酬政策，不仅规定管理人员不能向外透露员工薪酬情况，而且也不提倡员工与自己的同事谈论自己的薪酬。你认为这种做法对员工行为有什么影响？

2. 根据麦克利兰的需要理论，对于职业经理人，你认为应如何激励？

3. 分别列出你真正喜欢和不喜欢的一项活动，运用期望理论模型分析为什么你喜欢的活动能激发你的努力而不喜欢的活动不能。

4. 设想你是一个部门主管，你怎样用强化理论纠正一个销售员经常迟到的行为？

技能练习

技能开发

一、案例分析

总经理的烦恼

M公司是一家研制、开发高精密仪器的高科技公司，拥有350名员工，最近雇用了刚刚获得MBA学位的万先生。万先生能力强、技术扎实、性格果断、有开拓精神，人际关系也处理得很好，入职三个月即被提升为部门主管，而其他员工往往要干一年才能升到这个位置。

在任职的第二年年初，由于出色的工作表现，万先生被任命为一个尖端项目的开发负责人，这项工作非常重要，而且正面临与另一家公司的竞争。新的任命刚过了两个月，M公司总经理却意外地接到这个项目组中五位专家的辞呈，他们都表示有可能跳槽到M公司的竞争对手那里。总经理找这五位专家谈话，他们一致认为万先生是最勤奋的人，对他的工作也没有什么不满意，但是不满意他居然比他们这些在公司干了七八年的人升迁得还要快。因此，他们要到其他公司去显示才干，与万先生一比高低。

思考题：

1. 如果你是总经理，你会怎么处理这个事件？
2. 如果你是万先生，你该怎么办？
3. M公司的激励制度有没有问题？如何设计新的激励制度？

二、角色扮演

假如你是一位职业经理人，请找出4～5种情况，在这些情况中你常常会被激怒而采取惩罚行为。检查这些情况，并从中找出惩罚不起作用的一种情况，利用谴责、更正和奖励的指导方针，设计一个塑造他人行为的具体计划，使你可以开始奖励积极的行为。报告这个计划实施的效果，依据这一经验，考虑一下你如何将这一策略应用到其他类似的情形中去。

三、小测试

个人动力测试

下面这份测试可以让你了解自己到底具有多大的成功动力。评分方法：不对，计0分；有时相信，计2分；完全相信，计4分。

测试题

1. 我是一个靠自己奋斗取得成功的人。
2. 我是一个很守时的人。
3. 我的工作对我来说很重要。
4. 我事先做计划，然后按计划做。
5. 我喜欢阅读催人奋进的文学作品。
6. 我相信积极乐观的思维。
7. 我力争战胜他人。
8. 我感觉工作能力高于他人。

9. 我能很快做出决定并坚持自己的决定。
10. 我保持工作场所整洁。
11. 其他人钦佩我。
12. 我从不灰心丧气。
13. 我保持身体健康。
14. 我雄心勃勃。
15. 我办事不靠碰运气。
16. 我干事善始善终。
17. 我很少拖拖拉拉。
18. 我知道我想要什么并且会如愿以偿。
19. 我能用好自己的好主意。
20. 我非常自信。

模块3

群体心理与行为

单元 6

群体心理与团队管理

学习目标

知识目标：

1. 了解关于群体的概念、类型和发展阶段的基本知识
2. 学习从众、暗示等群体心理活动的规律
3. 理解团队管理理论的种类及内涵

技能目标：

1. 可以运用群体动力学理论分析群体心理与行为
2. 能够利用群体规律去更好地管理群体行为
3. 灵活运用团队管理的理论进行团队建设
4. 知道如何更好地建设高效率团队

素养目标：

1. 理解群体的发展与管理规律，增强集体主义精神
2. 树立团队意识，增强团队合作精神，提高团队凝聚力

6.1 群体心理与行为基础

结群是人类的基本特征，社会中任何个体都从属于一定的群体。麦格雷戈在论述群体作用时指出，在人类历史中可以看到，群体一直是解决问题最有力的方式，足以应付一切严峻和苛酷的生存环境。

小案例

人多未必力量大

大约一个世纪以前，法国工程师林格曼发现，选手在群体拔河中所付出的努力仅有个人单独努力之总和的一半。这表明，与“人多力量大”的普遍观念恰恰相反，实际上，在群体任务中小组成员的努力程度反而较小。也许，糟糕的表现源于糟糕的合作——人们一起拉绳子的时候，用力的方向和时间可能稍有差异。由英厄姆领导的一个马萨诸塞研究小组巧妙地解决了这一问题，他们让参与者认为自己在和其他人一起拉绳子，而实际上是参与者一个人在拉。蒙在鼓里的参与者们被要求：尽你的全力去拉。结果是，如果他们知道自己是一个人在拉，那么使出的力气比以为身后还有2～5个人和自己一起拉时多出18%。

资料来源：戴维·迈尔斯．看不见的影响力．北京：人民邮电出版社，2012.

一、群体概述

（一）什么是群体

常言道：“物以类聚，人以群分。”群体是不同于个体的一个概念，它具有自身的形成和发展规律。群体是指两人或两人以上以某种方式结合，遵守共同的行为规范，在情感上互相依赖，在思想上互相影响，为着共同的目标奋斗的集合体。群体的特征如图6-1所示。

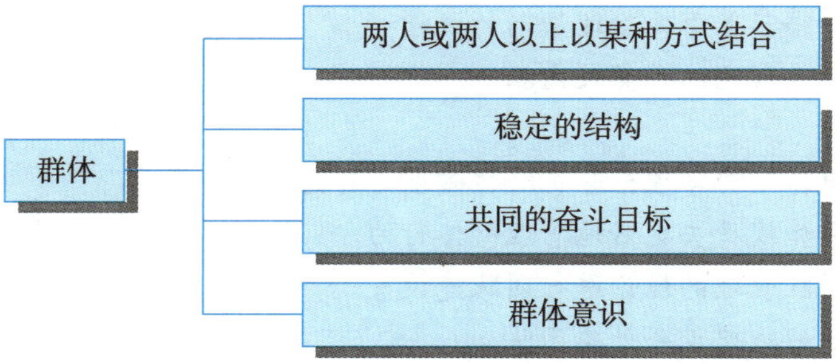

图6-1　群体的特征

其中，群体存在的关键因素是具有“群体意识”。群体意识是指群体成员对于所在群体的认知，即群体成员在群体活动中形成的共同意识。那么，人们为什么会加入群体？主要是出于安全需要、地位需要、自尊需要、情感需要、权利需要以及实现目标的需要，见表6-1。

表6-1　人们加入群体的原因

原因	说明
安全需要	通过加入一个群体，个体能够减少独处时的不安全感。个体加入一个群体后，会感到自己更有力量，自我怀疑会减少，在威胁面前更有韧性
地位需要	加入一个被别人认为是很重要的群体，个体能够得到被别人承认的满足感

续表

原因	说明
自尊需要	群体能使其成员觉得自己活得很有价值，也就是说，群体成员的身份除了能够使群体外面的人认识到群体成员的地位外，还能够使群体成员感受到自己存在的价值
情感需要	群体可以满足其成员的社交需要，人们往往会在群体成员的相互作用中感受到满足。对许多人来说，这种群体中的人际相互作用是他们满足情感需要的最基本途径
权利需要	权利需要是单个人无法实现的，只有在群体活动中才能实现
实现目标的需要	有时，为了实现某种特定的目标需要多个人共同努力，需要结合众人的智慧、力量。在这种时候，主管人员就要依赖正式群体来实现目标

资料来源：斯蒂芬·P. 罗宾斯，等．组织行为学．孙健敏，等译．14 版．北京：中国人民大学出版社，2012.

（二）群体的构成要素

埃德加·沙因（Edgar H. Schein）认为，群体是由相互交往并认知和体会到他们具有某些共同特征的许多人员所组成的集合。由此可见，构成群体的两个要素是：成员之间的相互依赖性和共同的价值规范。而美国学者乔治·霍曼斯（George C. Homans）认为，群体存在三个相互联系的要素：群体的活动（也称群体的任务）、群体成员间的相互作用（即成员间的相互交往和沟通）、群体成员间的感情或态度。

（三）群体的类型

分析群体类型，能够帮助我们根据其特征来判断该类型群体的心理和行为倾向，并预测群体的行为。按不同的标准，群体可以分为不同的类型。按群体的建立是否有明文规定和正式程序，可将群体分为正式群体与非正式群体。

正式群体是具有明确的组织结构、目标、任务、职能以及成员间的责权关系比较稳定的群体，如企业内组建的项目组、政府任命的纪律检查小组等，群体内成员的行为由组织确定并指向组织目标。非正式群体是指没有正式的组织结构，以观点、兴趣、爱好相似为基础，以彼此的感情为纽带，在工作和社会环境中自然形成的群体，如企业中不同部门的员工一起就餐、玩游戏时的群体等。正式群体与非正式群体之间的区别见表 6-2。

表 6-2　正式群体与非正式群体的区别

<table>
<tr><th>类型</th><th>组成因素</th><th>特征</th></tr>
<tr><td rowspan="3">正式群体</td><td rowspan="2">按照正式的程序组成</td><td>单一、稳定的结构</td></tr>
<tr><td>目标导向，计划形成</td></tr>
<tr><td>以正式结构为基础，从而产生心理认同</td><td>存在上下级关系，领导一般有主管身份</td></tr>
<tr><td rowspan="3">非正式群体</td><td rowspan="2">按人员的自然交往形成</td><td>重叠、不稳定的结构</td></tr>
<tr><td>需求导向，自发形成，具有排他性</td></tr>
<tr><td>以心理认同为基础，从而产生无形的结构</td><td>不存在上下级关系，成员交往中自然形成领导，并且不一定为主管</td></tr>
</table>

资料来源：陈国海．组织行为学．2 版．北京：清华大学出版社，2006：150.

非正式群体的存在对个人和组织的影响是非常巨大的。自从霍桑实验发现非正式群体的存在及对工作绩效的重要影响后，对非正式群体的研究成为组织行为学研究的一个重要方面。按照非正式群体的行为特征，可以将其划分为六种类型，见表6-3。

表6-3 非正式群体的类型

类型	特征
亲缘型	以亲戚关系建立起来的群体
时空型	以时间和空间的接近而自然形成的群体，如校友群体、同乡群体
情感型	以相互了解、相互信任、有共同语言为基础而建立起来的群体
爱好型	以各种个性心理特征和兴趣爱好相近为基础而建立起来的群体，如足球爱好者群体
信仰型	以共同的宗教信仰或为实现某种抱负为基础而建立起来的群体
利益型	由于某种利益或观点上的一致而形成的群体，如汽车共乘群体（有车的某个同事驾车接送其他几个同事一起上下班，其他同事一起分摊交通费用）

资料来源：陈国海．组织行为学．2版．北京：清华大学出版社，2006：151.

非正式群体在组织中的积极作用表现为：弥补正式群体的不足，满足员工各方面的需要（如归属、安全、爱与被爱等）；融洽员工之间的感情，加强员工之间合作的意愿，增强组织凝聚力；激励和培训员工；保障员工的权益。

非正式群体在组织中的消极作用表现为：干扰组织目标的实现；削弱管理者的权力；控制束缚员工的发展。

小案例

办公室新来的年轻人——非正式群体规范对正式组织绩效的影响

小张毕业于某重点大学行政管理专业。他在校期间品学兼优，多次获得奖学金和“三好”学生、优秀团员的称号，并光荣地加入中国共产党。大学毕业后，小张参加了某市公务员考试，顺利通过，被该市政府法制办公室录用。

进入了公务员系统，小张认为从此有了稳定的收入，而且自己的所学又能派上用场，他感到很高兴，并且暗自下定决心，要好好干出一番事业。于是，小张每天早早地来到办公室，扫地打水，上班期间更是积极主动地承担各种工作任务，回家后还钻研办公室业务。

法制办公室是一个有五个人的科室，包括主任甲，副主任乙，三位年纪较长的办事员A、B、C。几位老同志听说办公室要来一个年轻人，顾虑重重，他们认为现在的大学生从小娇惯，自视甚高，很难相处，而且业务又不熟，还需要他们手把手地教，来了新人无异于来了一个累赘。令他们没有想到的是，这个年轻人热情开朗、为人谦虚，很容易相处。更重要的是，小张有行政管理的专业背景，再加上聪明好学，很快就熟悉了业务，成为法制办公室的业务能手。而且小张很勤快，承担了办公室大量的工作，让几位老同志一下子减轻了许多压力。几位老同志渐渐喜欢上了这个年轻人，主任、副主任也经常在办公室会议上表扬小张。

可是聪明的小张发现，随着领导表扬自己的次数增多，几位老同志对自己越来越冷淡。有一次，小张忙着赶材料，B居然冷冷地对他说：“就你积极！”小张一时间丈二和尚摸不着头脑。

一年时间很快就过去了，小张顺利转正。

市政府办公室在年终考核的时候认为，法制办公室按量优质提前完成工作，将其评为“优秀科室”，并且在制订下一年度计划时，增加了法制办公室的工作量。法制办公室的几位老同志本来因为小张的到来而轻松了许多，这下子又忙起来了。而且他们发现，虽然忙碌依旧，但是每次得到表扬的总是小张，于是小张更加被排斥了。后来小张被评为法制办公室第一季度先进个人，A、B、C 对小张的反感达到了顶点，他们不再邀请小张参加任何集体活动，还在背后称小张是“工作狂”。话传到小张耳朵里，他很伤心，“我这么拼命干不也是为办公室吗？要不是我，去年办公室能评上先进科室吗？”小张百思不得其解。

二、群体产生与发展阶段

（一）群体发展的五阶段模型

从 20 世纪 60 年代中期起，人们大都认为，群体的发展要经过五个阶段的标准程序，分别是形成阶段、震荡阶段、规范化阶段、执行任务阶段和终止阶段，如图 6－2 所示。

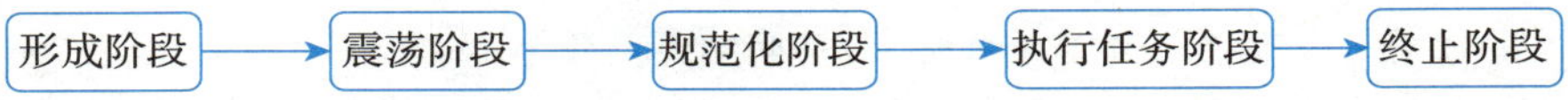

图 6－2　群体发展的五阶段

第一阶段：形成阶段，群体的目的、结构、领导都不确定。群体成员各自摸索群体可以接受的行为规范。这是一种很表面的互动，成员需要被告知该做什么。当群体成员开始把自己当作群体的一员时，这个阶段就结束了。

第二阶段：震荡阶段，是群体内部发生冲突的阶段。群体成员接受了群体的存在，但对于群体给予他们的约束仍然予以抵制。同时，对于谁可以控制这个群体，成员们存在争执。这时群体开始学习如何处理分歧和冲突，如何自由和平地交流意见，以顺利完成工作任务。如果无法成功克服这一阶段的困难，群体就会出现分裂，缺乏凝聚力。当此阶段结束时，群体的领导层次就相对明确了。

第三阶段：规范化阶段，群体成员开始形成亲密的关系。成员不仅接受了群体，并且发展出解决冲突、制定决策以及完成任务的规范。这时群体会产生强烈的群体身份感和友谊关系，进而加强群体的凝聚力。当群体结构稳定下来，群体对于什么是正确的成员行为达成共识时，这个阶段就结束了。

第四阶段：执行任务阶段，群体结构已经充分发挥作用，并已被群体成员完全接受。群体已经有了明确的结构、目的、角色，并对完成任务做好了准备。成员的注意力已经从试图相互认识和理解转移到完成手头的任务上，在解决问题与制定决策的过程中注重结果。

第五阶段：终止阶段。对于长期性的工作群体而言，执行任务阶段是最后一个发展阶段，但对于暂时性的委员会、团队、任务小组等工作群体而言，由于此类群体要完成的任务是有限的，因此还有一个终止阶段。在这个阶段，高绩效不再是压倒一切的首要任务，群体开始准备解散，注意力放到了群体的收尾工作上。在这个阶段，群体成员的反应差异很大，有的乐观，沉浸于群体的成就中；有的则很悲观，惋惜在共同的工作群体中建立起的友谊关系不能再像以前那样继续下去。

（二）间断-平衡模型

群体在长期的依惯性运行的存在过程中，会有一个短暂的变革时期，这一时期的到来，主要是由于群体成员意识到他们完成任务的时间期限和由此产生的紧迫感引发的，这就是间断-平衡模型，如图 6－3 所示。

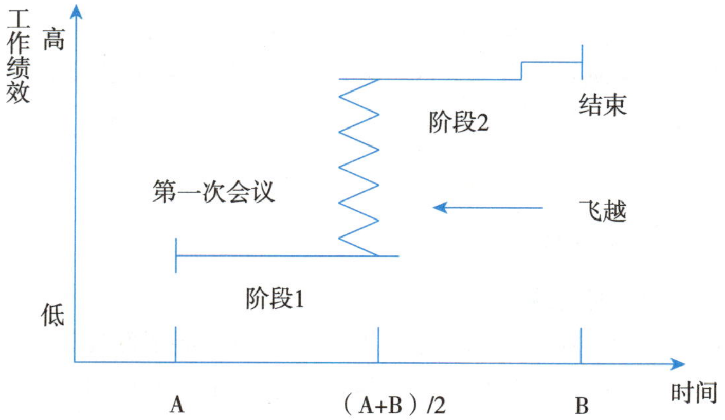

图 6－3　间断-平衡模型

资料来源：斯蒂芬·P. 罗宾斯，等．组织行为学．孙健敏，等译．14 版．北京：中国人民大学出版社，2012.

研究人员在对十多个任务型群体进行了现场和实验室研究之后认为，群体的发展并非都经历相同顺序的发展阶段，但在群体的形成和变革运作方式的时间阶段上是高度一致的。研究发现以下几点：

（1）群体成员的第一次会议决定群体的发展方向；

（2）第一阶段的群体活动依惯性进行；

（3）在第一阶段结束时，群体发生一次转变，该转变正好发生在群体生命周期的中间阶段；

（4）这个转变会激起群体的重大变革；

（5）在转变之后，群体的活动又会依惯性进行；

（6）群体的最后一次会议的特点是，活动速度明显加快。

如果运用群体发展的五阶段模型来解释，那就是群体通过其形成和规范化阶段的结合而开始存在，接着经历一个效率较低的执行任务阶段，随后是震荡阶段，然后是一个高绩效阶段，最后是结束阶段。

6.2　群体心理的基础理论

一、群体心理活动规律

（一）从众效应

从众效应是指人们自觉、不自觉地以多数人的意见为准则，做出判断、形成印象的心理变化过程。每个人在群体中都不可能我行我素，只有当行为符合群体目标时，才会感受到来自群体的支持。

当一个人在群体中与多数人的意见有分歧时，群体总是或多或少地表现出对个体行为的约束，这种约束力量就表现为群体压力。群体压力是行为个体的一种心理感受，它是一个具有弹性的变量。决定这个变量的因素可以分为个人因素和环境因素两大类，如图6－4所示。关于群体压力，在群体动力部分有详细的阐述。

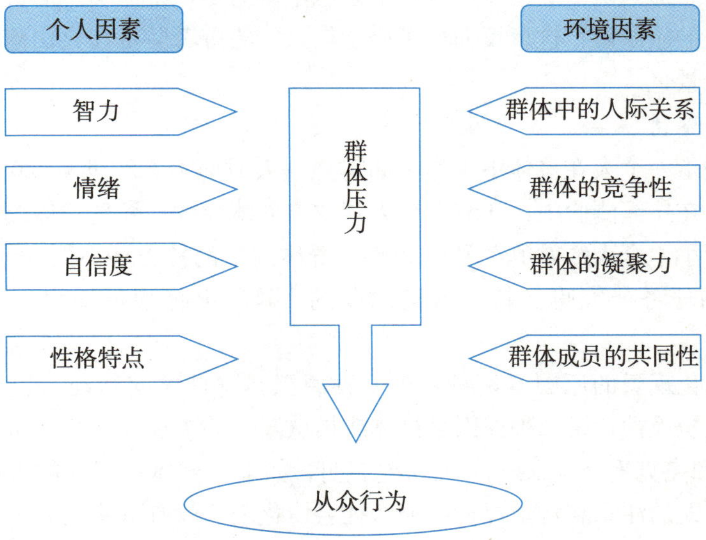

图6－4　影响从众行为的因素

在群体压力的作用下，个体行为与群体目标或多数成员的行为会产生趋同现象，这种行为的改变表现出明显的从众倾向。寻求一致是一种人所共有的、极为普遍的行为心态。从众现象的产生源于多种心理和行为上的原因，大致有以下几个方面：

(1) 信任度：对自己的判断缺乏自信，对群体越信任，就越觉得群体意见是一个可靠的信息来源。

(2) 风险意识：在情况不明而又不愿冒险作出决定时从众，因为按照群体的标准进行判断总会有效地保全自己的利益。

(3) 偏离的恐惧：明知自己正确，却作出权宜的从众，或因不愿树敌，不愿违背多数人的意见而遭受群体的严厉惩罚，或怕自己受到伤害，习惯性模仿与服从。

(4) 性别差异：研究表明，在女性项目（如家务、服装等）中男性遵从较多，在男性项目（如政治活动、体育活动等）中女性遵从较多，而在其他项目里两性的遵从量几乎相等。

小资料

从众效应：阿希实验

小资料

从众效应：光点实验

（二）逆反效应

逆反效应是与从众效应相反的一种心理现象，它指的是当人们明确地意识到选择的自由被某一权威或者群体压力所限制和泯灭的时候，便会反抗这些外界压力。造成逆反心理的根本原因是人的愿望与选择被现实所限制，而主要原因是外界压力。这是一种包含很强情绪色彩的心理，在认知上比较偏激，在行动上与权威命令对抗。

从积极意义上来看，逆反效应是对个性自由的一种捍卫，有利于群体的创新与改革；但从消极意义上来看，它会造成群体的冲突和分裂，不利于群体的决策。

印度尼西亚的默拉皮火山在 2001 年初开始活动频繁，喷发出大量的熔岩火山灰和水蒸气。当地政府劝告附近居民，这座曾于 1994 年喷发造成约 60 人死亡的火山有可能再度剧烈喷发，应紧急撤离疏散。但令当地政府意想不到的是，不但当地居民不愿撤离，还引来了比以前更多的旅游者，这里反而成了旅游热点。旅游者驻足在火山附近，表示要欣赏火山喷发的壮观景色。

（三）社会惰化

社会惰化是指一个人在群体中工作不如单独一人时努力。20 世纪 20 年代末，德国心理学家瑞格尔曼在拉绳测验中，比较了个人绩效与群体绩效，发现群体绩效并不是个人绩效的总和，甚至小于个人绩效的总和，如八人群体产生的拉力还不到一个人拉力的四倍。其他一些相似的任务研究也支持了瑞格尔曼的发现：群体规模增大，成员付出的努力减少。

产生社会惰化现象的原因有两种：第一种原因是群体共同活动掩盖了个人活动的价值，降低了个人积极性；第二种原因是群体成员认知上的主观性和个人责任的模糊。哈金斯（Harkins）和杰克逊（Jackson）的研究表明，如果在群体中工作的人确信自己的努力或贡献得到了别人的注意和肯定评价，那么社会惰化现象就有可能消失。

（四）暗示

暗示是一种传播方式，是通过间接的示意使人接受某种观点或从事某种行为。而集体行为中的暗示更接近于催眠，集体行为的参与者通常处于亢奋激动的精神状态，这种状态使他对周围的信息失去理智的分析、批判能力，表现为一味地盲信和盲从。

权威和群体是影响被暗示者心理的两个重要因素，它们也是直接或间接影响人们心理健康的重要因素。对于同一种情境，权威的暗示作用比群体的暗示作用更大。

（五）模仿

模仿是由法国社会心理学家 J. G. 塔尔德提出的，他在 1890 年出版的《模仿律》一书中指出，社会上的一切事物除了发明就是模仿，而“模仿是最基本的社会现象”。模仿可分为无意识模仿和有意识模仿，前者是个人在不自觉状态下对他人行为的反射性仿效，而后者则是出于一定动机或目的的自觉仿效。人在社会化过程中的学习就是一种自觉的或有意识的模仿。

在同类可比的基础上，或是年龄相仿、经历相似，或是性格相近、志趣相投，比如同为大学生、年轻人，同为工程师、会计师，同为男性、白领等，模仿心理比较容易产生和发展。模仿心理还具有较为明显的情感特性。人们对于羡慕、赞美、认同的对象，容易产生共鸣，激发模仿心理；反之，对于那些厌恶、反对、不屑一顾的事情，则会置之不理。当把模仿作为一种社会影响手段时，其作用有时会比行政命令、奖励惩罚等手段更大，因为它不是强制性的，更容易为成员接受。心理学的研究表明，只有当人们模仿的对象成为模仿者个人内在的参照点时，他才能成为人们自觉效仿的对象。

二、群体动力理论

"群体动力"（Group Dynamics）最早是由德国心理学家勒温（Kurt Lewin）提出的，他认为人的行为是个人与环境相互作用的函数或结果，用公式表示为：$B=f(P,E)$。其中 B 是行为，P 是个人（包括人的遗传素质、情绪、能力、人格等内在因素），E 是环境（包括群体中的社会心理气氛、群体压力、领导作用等），f 是函数。

小资料

我国当前群体心理发展变化的特征

群体动力是指群体活动的动向。勒温在他的著作《群体动力学的新领域》《群体决策和社会变革》中，阐述了群体成员之间各种力量相互依存和相互作用的关系，认为群体不是单个个体的简单总和，而是超越了总和。群体对个体能产生巨大的影响，个体在群体中会产生不同于处在单独环境中的行为反应。

群体动力的主要内容包括群体规范、群体压力、群体凝聚力和群体士气等。

（一）群体规范

群体规范是指群体成员公认的价值标准和行为准则。它使群体成员明白在什么情况下该做什么、不该做什么，起着调节群体成员活动和关系的作用，保障群体目标的实现和群体活动的一致性。群体成员要在群体规范的范围内进行活动，否则就是越轨。

无论是正式群体还是非正式群体中都存在着规范，一旦形成规范，就形成了一种无形的压力，这种压力约束着人们的行为。非正式群体的规范并没有明文规定，是无形的、约定俗成的，是每个成员行为的准则。非正式群体规范的形成是由于群体成员在彼此相互作用中发生的一种内化的过程，这是由于群体成员相互模仿、受到暗示，在顺从的基础上形成规范，这种规范所形成的压力可能不被意识到。如果群体成员对这种群体压力承受不住，就可能向其他群体逃避，或者采取偏离行为。

群体规范对群体成员的约束力取决于多数成员对规范的评价。对群体规范的评价基本上是采取承认（赞成）和否认（反对）两种方式。因此，规范的约束力是建立在各种评价基础上的一种平均值、一种合力。当人们在一个盛大的宴会上表示喜欢某种服装或者不喜欢某种服装时，就已经表现出对某种穿着规范的认同或反对。

群体规范的形成来自以下五个方面：规章制度；领导者或某个有影响力的人物所做的明确规定；群体历史上的关键事件；私人友谊；过去历史中的保留行为。

由于人们对以上五个方面所形成的群体规范的感受不一样，因此，人们感受到的压力大小也不一样。但群体规范一经形成，就是一种公认的社会力量，而这种社会力量只有在变为人们的心理尺度时才能起作用。

群体规范具有维护、评价、约束和矫正四种功能，它对群体的作用具体表现在以下方面：第一，维系群体，群体规范统一了群体成员的意见和看法，是一种一致性的标准，调节着群体的行为；第二，使认知标准化，影响着群体成员对事物的判断、态度，使其形成统一的认识和评价；第三，矫正行为，明确规定群体成员的行为，划定活动的范围；第四，群体规范也有消极一面，即惰性作用，它使成员行为趋于中等水平，限制了群体的积极性和创造性。

值得提醒的一点是，群体规范只有经过成员的内化和社会化，才能实际起作用。内化就是被个体采纳、接受，变为自己的观念并转化为社会行为。

小案例

群体顺从效应

徐总是一家从事软件开发的私营企业的老板。近年来公司业务发展很好，吸引了许多名牌大学的优秀毕业生。公司有一套严格的招聘制度和程序以保证业务部门能够招聘到合格的人才。按照公司人力资源委员会的规划，今年只招聘软件工程和市场营销两个方向的人才，管理类的应届大学毕业生暂时不招聘。在一个偶然的场合，徐总的大学同学向他推荐了一位管理专业的应届大学毕业生。虽然徐总觉得不能违背公司制定的招聘规划，但希望由人力资源委员会的成员来作出具体的决策，便将被推荐人的资料转给了人力资源委员会。

人力资源委员会的5位成员开会讨论这位被推荐人的申请。起初大家都不发表意见。过了一会儿，其中一位委员说："这位申请人知识面很宽，尽管对于管理实践不太熟悉，但她应当很有潜力。"其他人纷纷赞成，最终决定录用她。

这位被录用的大学生来公司上班后到徐总办公室道谢。徐总很惊诧：为什么人力资源委员会违背刚刚制定的招聘规划，将一个素质平平且公司并不需要的人招进来？人力资源委员会的几位成员开始指责那位首先发言的委员，而这位委员则说："我看你们在会上都不发言，而我还要去主持另外一场会，而且我们既然开会就要形成共识、作出决策，所以我才率先说出那样的话。如果我的想法不对，你们怎么没有一个人站出来提出不同意见呢？"

（二）群体压力

群体压力是指群体对其成员的一种影响力，即当群体成员的思想或行为与群体意见或规范发生冲突，成员为了保持与群体的关系而需要遵守群体意见或规范时所感受到的一种无形的心理压力，它使成员倾向于作出为群体所接受或认可的反应。群体压力的大小与个体目标和群体目标的距离远近成正比，不同的人在同一群体中所感受到的群体压力是不尽相同的。

小资料

群体压力：霍桑实验

导致群体压力产生的原因，主要有以下三种：

（1）人天生就有一种对社会孤立的恐惧感，"趋向于一定的群体是人的一种生存方式，当个人被他所在的群体所排斥时，通常会体验到莫大的痛苦，群体对它所属的成员具有一种力量"①。对群体的偏离会面临强大的群体压力甚至受到严厉的制裁，这种恐惧感使得群体中的人产生合群的倾向，只有与群体保持一致才能消除个体的不安全感。

（2）群体为人们的个体行为提供了参照，人们倾向于相信多数，认为他们是信息的可靠来源而怀疑自己的判断，因为人们觉得，多数人正确的机会多。在模棱两可的情况下，尤其如此。

（3）群体给予个体的归属感和自我同一性使得个体产生维护群体形象的心理，因此，

① 朱智贤．朱智贤全集（6册）．北京：北京师范大学出版社，2002.

个体的行为表现常与心目中的归属群体的标准保持一致。所以，实际的群体压力可以导致从众，想象上假设的群体优势倾向，也会对人的行为造成压力，使人选择与设想的多数人倾向一致的行为。

这些原因会产生不同程度的趋同心理，在行为上主要表现为两种形式：(1) 真从众，即外显行为和内心看法因群体影响而真正改变，与群体保持一致；(2) 权宜从众，即尽管内心怀疑或有疑义，但迫于群体压力而在行为上与群体保持一致。

(三) 群体凝聚力

群体凝聚力是群体存在的重要条件之一，它直接影响群体活动的效果。群体凝聚力是群体成员之间心理结合力、向心力的总体。这种心理结合力、向心力表现在两个方面：一方面是群体成员对群体所感受到的吸引力，从而自愿参与群体活动；另一方面是群体对其成员所具有的吸引力的程度，从而把群体成员组织到群体活动中去。这就是说，群体凝聚力既表现了群体团结的力量（对成员的吸引力），又表现了个人的心理反应即对群体力量的感受性。

一方面，群体活动是群体性活动，群体成员拥有共同的目标和实现目标的手段与步骤，群体成员对其感受得越深，就越积极参与群体活动；另一方面，群体活动又是由个人参与的，即群体活动依赖于个人，由个人具体承担任务而实现。

群体凝聚力是群体心理与行为研究的核心问题之一。群体凝聚力的强弱受许多因素的影响。首先，群体活动必须建立在对个人目标需要满足的基础上，群体对成员越有吸引力，群体成员越愿意参与群体活动；其次，群体凝聚力还取决于群体成员对群体吸引力的感受性，成员心理感受能力低、素质差、结构不合理都会影响群体凝聚力。影响群体凝聚力的因素具体如图 6-5 所示。

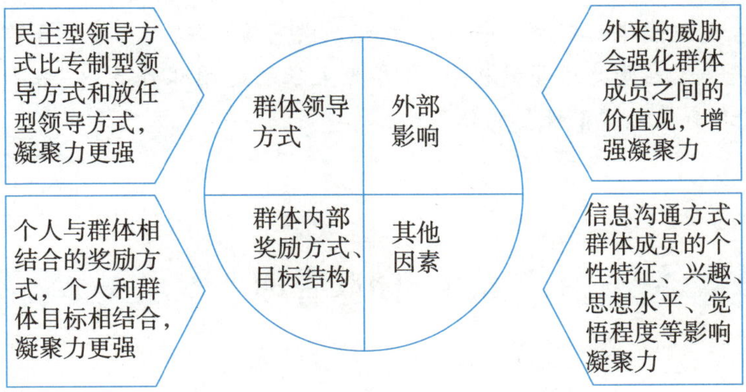

图 6-5 影响群体凝聚力的因素

(四) 群体士气

"士气"一词，源于军营，亦称为"群体精神"。《孙子兵法》中即谈到"三军可夺气，将军可夺心"的克敌制胜策略，可见"士气"的重要性。"士气"应用于管理心理学中，可以简单理解为群体成员在分担与实现群体目标时所体现出来的整体意志与精神风貌，它也体现为个体作为群体成员时所感受到的自豪感。

行为科学家克雷奇（D. Krech）和克拉奇菲尔德（C. S. Crutchfield）的研究表明，士

小资料

沙赫特实验：凝聚力与生产率的关系

气高的群体有下列七项特征①：

（1）群体的团结是来自群体的凝聚力而不是外部的压力；

（2）群体内的成员没有分裂为互相敌对的小群体的倾向；

（3）群体本身具有适应外部变化和处理内部冲突的能力；

（4）群体成员之间有强烈的认同感和归属感；

（5）每一成员都明确地了解群体的目标；

（6）每一成员都拥护和支持群体的目标和领导者；

（7）群体的成员认为群体有存在价值，并愿意维护它继续存在。

员工士气的高低，通常可用如下指标衡量：

（1）实际工作指标，如劳动生产率，工作定额完成情况，出勤率，旷工、事假、迟到发生率等；

（2）个人态度指标，如工作动机、工作满足感、劳动愉快程度、对组织目标的认同、提高业务水平的愿望等；

（3）人际关系指标，如群体凝聚力、干群关系等。

小案例

华为的“狼性”

华为非常崇尚“狼”，而狼有三种特性：其一，有良好的嗅觉；其二，反应敏捷；其三，发现猎物后进行集体攻击。华为认为狼是企业学习的榜样，要向狼学习“狼性”，狼性永远不会过时。

任正非在《致新员工书》中写道：“华为的企业文化是建立在国家优良传统文化基础上的企业文化，这个企业文化黏合全体员工团结合作，走群体奋斗的道路。有了这个平台，你的聪明才智方能很好发挥，并有所成就。没有责任心、不善于合作、不能群体奋斗的人，等于丧失了在华为进步的机会。”华为主张的是团队作战，“胜则举杯相庆，败则拼死相救”，这是华为“狼性”的体现。

6.3 团队管理

“团队”理论是 20 世纪 70 年代兴起的“向日本学习”浪潮的产物。20 世纪 90 年代以后，随着经济的发展，企业界形成一个共识：团队是企业中的主要组织形式，团队建设是企业制胜的法宝。

一、什么是团队

团队是不同于群体的一个概念，团队与群体的区别如表 6－4 所示。团队是指有特定

① 郑晓明．组织行为学．北京：经济科学出版社，2002：191.

目标和高度组织化的群体，团队的主要特征是群体共同目标的形成和群体的高度协调。团队的形成有以下几个条件：团队成员专长的异质化；团队成员共同参与、共同决定并形成一致的目标；团队成员为了整体的利益而相互沟通；团队成员共同承受成功或失败的结果。

表 6-4　团队与群体的区别

比较的项目	团队	群体
目标	集体绩效	信息共享
协同配合	积极	中性（有时消极）
责任	个体的或共同的	个性化
技能	互补的	随机的

二、团队的类型

根据团队存在的目的，组织中有三种类型的团队：解决问题型团队、自我管理型团队和多功能型团队。随着组织的扁平化和信息技术的发展，出现了虚拟团队。不同类型的团队在成员特点和团队特点上存在较大的差异，表 6-5 反映了不同类型团队的特点。

表 6-5　不同类型团队的特点

团队类型	成员特点	团队特点
解决问题型团队	同一部门，一般为 5～12 人	定期开会提出解决问题的建议，但无决策权
自我管理型团队	同一部门，一般为 10～15 人	拥有获得所需资源和决策的权利，对工作结构承担全部责任
多功能型团队	同一等级，跨部门和技能，人数灵活	成员相互交流，合作解决面临的问题，完成比较复杂的项目
虚拟团队	不同等级，跨部门和技能，人数灵活	充分使用网络、电话或其他通信工具进行沟通、协调，突破时间和空间的限制

三、高效率团队的特征

高效率团队应该具备以下条件：第一，规模比较小，一般不超过 12 人；第二，有互补的技能，即团队各成员至少具备科技专长、分析解决问题的能力、沟通技能；第三，有共同的目的，并可以为成员提供指导和动力；第四，有可行的目标，以便成员采取行动和充满活力；第五，用共同手段或方法来达成目标；第六，有相互之间的责任。

肯·布兰查德（Blanchard）在其 1993 年出版的《聪明的团队》一书中认为，工作团队要具备高效率必须有七种特质，即“PERFORM”，具体如下：

第一，目标一致（Purpose）：懂得规划的方法，共同设定目标，对目标有共识，过程中也许有不一样的声音，但最后能够朝着共同的目标前进。

第二，授权使之发挥潜力（Empowerment）：每一个人都充满活力，愿意为目标全力以赴，觉得工作非常有意义，可以学习成长，可以不断进步。

第三，良好的工作沟通（Relation and Communication）：好的团队来自好的关系，彼此信任，充分沟通协调，虽有不同看法但会互相尊重，达成共识。

第四，弹性（Flexibility）：团队领导人对于团队任务的完成与人员情感的凝聚保持高度的弹性，能在不同的情境中采取适当的领导行为。

第五，最高的绩效（Optimal Performance）：善用团队的各种资源，能够在有限的资源之下，创造出最佳的绩效，即团队能够做出当时的最佳决策。

第六，肯定与赞赏（Recognition and Appreciation）：成员能够真诚地赞赏彼此，使对方了解自己的感受或他对小组的帮助，这是帮助团队成长向前的动力。

第七，高昂的士气（Morale）：个人以身为团队的一分子为荣，个人受到鼓舞并拥有自信、自尊；成员以自己的工作为荣，并有成就感与满足感；团队有强烈的向心力和团队精神。[①]

四、团队管理的基础理论

（一）团队管理剖面理论

传统的组织评估方法是以个人为单位的，而今，组织评估越来越倾向于以完成任务的整个团队为评估单元。查尔斯·J. 马杰里森（Charles J. Margerison）博士和迪克·J. 麦凯恩（Dick J. McCan）博士在1990年出版的著作《团队管理：新的实践方法》中公布了一个在澳大利亚进行的为期八年的研究成果，研究认为有些团队失败是因为团队没有处于均衡状态，并指出判断一个团队是否均衡需要对每个团队的关键工作职能进行定义，而且这些工作职能独立于团队所从事的一些特殊技术职能。

根据马杰里森和麦凯恩的工作模型类型，一般有以下九项关键性团队活动：

（1）建议（Advising）：收集、汇报信息。

（2）创新（Innovating）：产生创新性理念，并进行相关试验。

（3）促进（Promoting）：探索与介绍新的机会。

（4）开发（Developing）：对新的方法手段进行评估与测试。

（5）组织（Organizing）：组织和实施项目、活动。

（6）生产（Producing）：对项目结果、生产成果进行总结和推广。

（7）检查（Inspecting）：对工作系统进行控制与审计。

（8）维护（Maintaining）：对标准和流程提供支持与维护。

（9）联系（Linking）：与其他工作进行协调、综合。

通常认为，鼓励不同思维、不同声音的团队工作环境易于发现最佳工作方案以及实现创新。

在团队管理剖面理论中，一般从四个方面来衡量团队的工作偏好：首先，外向型工作与内向型工作的偏好；其次，实践性工作与创新性工作的平衡；再次，决策分析和信心对团队工作的影响；最后，结构化工作与灵活性工作的比例。这些因素的组合，对于工作选择、工作满意度、工作动机、团队合作、组织学习与发展以及职业发展有着重要影响。

（二）团队角色理论

剑桥产业培训研究部前主任贝尔宾博士和他的同事们经过在澳大利亚和英国的多年研究与实践，提出了著名的贝尔宾团队角色理论，即一个结构合理的团队应该由八种人组

---

① 肯·布兰佳，等．击掌为盟：神奇的团队合作．张疆，张春波，译．北京：电子工业出版社，2003.

成，这八种团队角色如表 6 - 6 所示。

表 6 - 6　八种团队角色

团队角色	典型特征	积极特性	能容忍的弱点	在团队中的作用
实干家 (Company Worker, CW)	保守 顺从 务实 可靠	有组织能力、实践经验；工作勤奋；有自我约束力	缺乏灵活性；对没有把握的主意不感兴趣	1. 把谈话与建议转换为实际步骤 2. 考虑什么是行得通的，什么是行不通的 3. 整理建议，使之与已经取得一致意见的计划及已有的系统相配合
协调员 (Coordinator, CO)	沉着 自信 有控制局面的能力	对各种有价值的意见不带偏见地兼收并蓄，看问题比较客观	在智能以及创造力方面并不超常	1. 明确团队的目标和方向 2. 选择需要决策的问题，并明确它们的先后顺序 3. 帮助确定团队中的角色分工、责任和工作界限 4. 总结团队的感受和成就，综合团队的建议
推进者 (Shaper, SH)	思维敏捷 开朗 主动探索	有干劲，随时准备向传统、低效率、自满自足挑战	好激起争端，爱冲动，易急躁	1. 寻找和发现团队讨论中可能的方案 2. 使团队内的任务和目标成形 3. 推动团队达成一致意见，并朝向决策行动
智多星 (Planter, PL)	有个性 思想深刻 不拘一格	才华横溢；富有想象力；智慧、知识面广	高高在上；不重细节；不拘礼仪	1. 提供建议 2. 提出批评并有助于引出相反意见 3. 对已经形成的行动方案提出新的看法
外交者 (Resource Investigator, RI)	性格外向 热情 好奇 联系广泛 消息灵通	有广泛联系人的能力；不断探索新的事物；勇于迎接新的挑战	时过境迁，兴趣马上转移	1. 提出建议，并引入外部信息 2. 接触持有其他观点的个体或群体 3. 参加磋商性质的活动
监督者 (Monitor Evaluator, ME)	清醒 理智 谨慎	判断力强；分辨力强；讲求实际	缺乏鼓动和激发他人的能力；自己也不容易被别人鼓动和激发	1. 分析问题和情景 2. 对繁杂的材料予以简化，并澄清模糊不清的问题 3. 对他人的判断和作用作出评价
凝聚者 (Team Worker, TW)	温和 敏感 擅长人际交往	有适应周围环境以及他人的能力；能促进团队的合作	在危急时刻往往优柔寡断	1. 给予他人支持，并帮助他人 2. 打破讨论中的沉默 3. 采取行动扭转或克服团队中的分歧
完美主义者 (Finisher, FI)	勤奋 有序 认真 有紧迫感	理想主义者；追求完美；持之以恒	常常拘泥于细节；容易焦虑；不洒脱	1. 强调任务的目标要求和活动日程表 2. 在方案中寻找并指出错误、遗漏和被忽视的内容 3. 刺激其他人参加活动，并促使团队成员产生紧迫感

小测验

贝尔宾团队角色问卷调查表

说明：对下列问题的回答，可能在不同程度上描绘了您的行为。每题有八句话，请将总分10分分配给每题的八个句子。分配的原则是：最能体现您行为的句子得分最高，以此类推。最极端的情况也可能是10分全部分配给其中的某一句话。请根据您的实际情况把分数填入表6-7中。回答完毕后请计算得分并与表6-8中的数据进行比较，以确认您在团队中可能扮演的角色。

1. 我认为我能为团队做出的贡献是：

   A. 我能很快地发现并把握住新的机遇。

   B. 我能与各种类型的人一起合作共事。

   C. 我生来就爱出主意。

   D. 一旦发现对实现集体目标很有价值的人，我就及时推荐他们。

   E. 我能把事情办成，这主要靠我个人的实力。

   F. 如果最终能导致有益的结果，我愿面对暂时的冷遇。

   G. 我通常能意识到什么是现实的，什么是可能的。

   H. 在选择行动方案时，我能不带倾向性，也不带偏见地提出一个合理的替代方案。

2. 在团队中，我可能有的弱点是：

   A. 如果会议没有得到很好的组织、控制和主持，我会感到不痛快。

   B. 我容易对那些有高见而又没有适当地发表出来的人表现得过于宽容。

   C. 在集体讨论新的观点时，我总是说得太多。

   D. 我的客观想法，使我很难与同事们打成一片。

   E. 在一定要把事情办成的情况下，我有时使人感到特别强硬以至专断。

   F. 可能由于我过分重视集体的气氛，我发现自己很难与众不同。

   G. 我容易陷入突发的想象之中，而忘了正在进行的事情。

   H. 我的同事认为我过分注意细节，总有不必要的担心，怕把事情搞糟。

3. 当我与其他人共同进行一项工作时：

   A. 我有在不施加任何压力的情况下去影响其他人的能力。

   B. 我随时注意防止粗心和工作中的疏忽。

   C. 我愿意施加压力以换取行动，确保会议不是在浪费时间或离题太远。

   D. 在提出独到见解方面，我是数一数二的。

   E. 对于与大家共同利益有关的积极建议，我总是乐于支持的。

   F. 我热衷寻求最新的思想和新的发展。

   G. 我相信我的判断能力有助于做出正确的决策。

   H. 我能使人放心的是，对那些最基本的工作，我都能组织得井井有条。

4. 我在工作团队中的特征是：

   A. 我有兴趣更多地了解我的同事。

   B. 我经常对别人的见解进行挑战或坚持自己的意见。

C. 在辩论中，我通常能找到论据去推翻那些不甚有理的主张。
D. 我认为，只要做好计划就必须开始执行，我有推动工作运转的才能。
E. 我有意避免使自己太突出或出人意料。
F. 对承担的任何工作，我都能做到尽善尽美。
G. 我乐于与工作团队以外的人进行联系。
H. 尽管我对所有的观点都感兴趣，但这并不影响我在必要的时候下决心。

5. 在工作中，我得到满足，因为：
A. 我喜欢分析情况，权衡所有可能的选择。
B. 我对寻找解决问题的可行方案感兴趣。
C. 我感到，我在促进良好的工作关系。
D. 我能对决策有强烈的影响。
E. 我能适应那些有新意的人。
F. 我能使人们在某项必要的行动上达成一致意见。
G. 我感到我的身上有一种能使我全身心地投入到工作中去的气质。
H. 我很高兴能找到一个可以发挥我想象力的天地。

6. 如果突然给我一件困难的工作，而且时间有限、人员不熟：
A. 在有新方案之前，我宁愿先躲进角落，拟定出一个解脱困境的方案。
B. 我比较愿意与那些表现出积极态度的人一起工作。
C. 我会设想通过用人所长的方法来减轻工作负担。
D. 我天生的紧迫感，将有助于我们不会落在计划后面。
E. 我认为我能保持头脑冷静，富有条理地思考问题。
F. 尽管困难重重，我也能保证目标始终如一。
G. 如果集体工作没有进展，我会采取积极措施去加以推动。
H. 我愿意展开广泛的讨论，以激发新思想、推动工作。

7. 对于那些在团队工作中或与周围人共事时所遇到的问题：
A. 我很容易对那些阻碍前进的人表现出不耐烦。
B. 别人可能批评我太重分析而缺少直觉。
C. 我有做好工作的愿望，能确保工作的持续进展。
D. 我常常容易产生厌烦感，需要一两个有激情的人使我振作起来。
E. 如果目标不明确，让我起步是很困难的。
F. 对于我遇到的复杂问题，我有时不善于加以解释和澄清。
G. 对于那些我不能做的事，我有意识地求助于他人。
H. 当我与真正的对立面发生冲突时，我没有把握使对方理解我的观点。

表6-7　自我评价分析表

题号		CW		CO		SH		PL		RI		ME		TW		FI
1	G		D		F		C		A		H		B		E	
2	A		B		E		G		C		D		F		H	

续表

题号		CW		CO		SH		PL		RI		ME		TW		FI
3	H		A		C		D		F		G		E		B	
4	D		H		B		E		G		C		A		F	
5	B		F		D		H		E		A		C		G	
6	F		C		G		A		H		E		B		D	
7	E		G		A		F		D		B		H		C	
总计																

表 6-8　与常模比较

	实干家	协调员	推进者	智多星	外交者	监督者	凝聚者	完美主义者
很低	0～5	0～3	0～3	0～1	0～2	0～2	0～3	0～1
低	6～8	4～5	4～6	2～3	3	3～4	4～5	2～3
中等	9～12	6～9	7～14	4～7	4～7	5～9	6～10	4～8
高	13～15	10～13	15～18	8～9	8～9	10～11	11～13	9～10
很高	16＋	14＋	19＋	10＋	10＋	12＋	14＋	11＋

资料来源：陈国海．组织行为学．2 版．北京：清华大学出版社，2006：173－179.

五、团队建设

团队建设是一个长期的过程，凡是能够提高团队的效率的事情都与团队建设有关，因此团队建设涉及团队工作的许多方面。

概括来说，团队建设有三个方面的基本任务：

（1）创建团队：就是把一些人员组合在一个群体中，为团队奠定队伍基础，这是团队建设的起点。人员的组合并不是简单地把一些人安置在一个群体中，而是必须经过一个心理融合的过程，这也是成员间相互了解、相互信任和增进凝聚力的过程。

（2）养成团队品质：团队建设的核心任务是养成团队品质，把群体建设成为一个真正的团队。具体内容包括培养团队精神、提高团队工作能力、制定团队规范以及发展团队信任气氛，使其最终成为一个品质优秀的团队。在建设成为一个真正意义上的团队后，团队内部环境也随之发生变化，主要表现在团队成员已经相互信任，彼此了解，开始分享共同的团队目标和团队的核心价值观，能够共同面对团队的任务和困难，形成了一定的凝聚力。

（3）保持和增强团队优秀品质：一个群体成为团队后，建设团队的工作开始转入新的阶段。这个新阶段的任务是不断适应内外部环境变化，继续保持团队的品质和优势。这与第二项任务相似，是养成团队品质以后团队建设过程的继续。

团队建设的意义在于以下三个方面：

（1）对组织工作的价值。团队精神和团队的协调工作方式能够提高工作效能。

（2）对群体人际关系的价值。团队的气氛使成员之间的人际关系更加融洽。

（3）对个人心理健康的价值。团队的合作气氛给团队成员带来较高的心理满意度，有利于人的心理健康。

本单元内容提要

1. 群体是指两人或两人以上以某种方式结合，遵守共同的行为规范，在情感上互相依赖，在思想上互相影响，为着共同的目标奋斗的集合体。群体存在的关键因素是具有“群体意识”。

2. 分析群体类型，能够帮助我们根据其特征来判断该类型群体的心理和行为倾向，并预测群体的行为。按不同的标准，群体可以分为不同的类型。按群体的建立是否有明文规定和正式程序，可将群体分为正式群体与非正式群体。

3. 群体的发展要经过五个阶段的标准程序，分别是形成阶段、震荡阶段、规范化阶段、执行任务阶段和终止阶段。

4. 群体活动具有从众效应、逆反效应、社会惰化、暗示和模仿等规律。

5. 群体动力是指群体活动的动向，包括群体规范、群体压力、群体凝聚力和群体士气等。

6. 高效率团队的规模通常比较小，成员具有责任感和互补的技能，拥有共同的、可行的目标，并采取共同的手段达成目标。

7. 团队管理剖面理论认为团队有九项关键性的团队活动；而贝尔宾团队角色理论则提出团队里应该包含八种角色。

8. 团队建设是一个长期的过程，可以分为创建团队、养成团队品质、保持和增强团队优秀品质三个方面的基本任务。

技能培养与练习

1. 什么是群体？群体是由哪些要素构成的？
2. 正式群体与非正式群体有什么区别？
3. 群体的发展分为哪几个阶段？每个阶段需要注意些什么？
4. 影响群体心理活动的规律有哪些？
5. 什么叫作群体动力？它主要包括哪些内容？
6. 影响群体心理与行为的因素有哪些？
7. 什么叫作团队？高效率团队具有什么特质？
8. 在贝尔宾团队角色理论里，存在哪几种团队角色？其各自的特点是什么？
9. 现代的团队管理中，我们应该注意哪些问题？

技能练习

技能开发

案例分析

青涩的创业冲动：大学生创业团队的信任管理

第一乐章：序曲

2008 年暑假，中山大学管理学院 A 同学的心中充满着创业的兴奋和冲动，在 5 月举办的创业计划大赛中，以他为主创的“一网情深”团队设计的电子商务项目，凭着计划的周密性和可操作性而获得了评委老师的交口称赞。“一网情深”团队的创业项目是建立一个电子商务网站，通过网站平台吸引客户，收集客户需求信息，从而以团购的形式去与商家议价，在客户购买规模较大的情况下，通过量的优势获得更为便宜的单价；创业团队再适当负责一些物流方面的相关工作，通过收取一定服务费用以及从差价中获得一定比例的收入来实现经营利润。创业团队在立项之初，选择广州大学城各大高校的大学生作为目标市场，先由团队所在学校开始，再慢慢扩展到其他高校。一开始，团队选择大学生需求量较大的自行车、洗衣机、电脑等用品作为主营产品。

第二乐章：狂欢节

2008 年 8 月底，团队核心成员 A、B、C 陆续提前返校，开始在周边的同学中“招兵买马”，组建创业团队。由于发起的三位同学尤其是 A 同学的综合素质得到比较多的同学的认可，而且项目本身也已经形成了一定的思路，并在创业计划大赛中获得认可，所以人员招募得到了不少同学的响应。三位核心成员通过对报名者的适当考查后，最终挑选了十二位来自不同学院的创业伙伴共同组成创业团队（以下简称 Q 团队）。

Q 团队由 A 同学任总负责人，即团队 CEO；B 同学来自传媒与设计学院，组织和策划过一些大型的学生会活动，在该项目中任市场总监；C 同学来自信息科学学院，擅长网络技术和信息管理，在该项目中任技术总监。其他同学分任各个子项目的项目经理，包括自行车项目、洗衣机项目、轮滑项目等。创立之初，Q 团队在分工上较为清晰。A 同学负责全面工作，B 同学负责协调项目经理开拓市场，C 同学负责电子商务网站的整体设计和网站建设，并负责一些宣传上的技术工作，各项目经理具体负责各自项目的落实。按照原先的安排，开展具体工作时，项目组间若需要人手帮忙的可以调动其他同学。

9 月初，Q 团队在完成前期团队组建工作后正式进行项目运营，最先上马的团购项目是自行车，A 的同班同学 D 担任项目经理。Q 团队采取低价策略，其所卖产品的价格是大学城中最低的。而且 B 同学设计的海报十分精美并且专业，让人眼前一亮，宣传海报迅速占领了大学城的宿舍区和校园网络，一炮打响的效果更为 Q 团队增强了自信心。在宣传推广环节上，B、C 的技术能力为团队成员所称道，项目经理 D 也趁势而上，这段时间完全扑在项目的实际操作中，利用 QQ 和 Q 团队的电子商务平台大量接收订单，连续一个星期加班到凌晨 1 点。在此期间，其他尚未开展项目的成员也与自行车项目组通力合作，一有空余时间就主动帮忙到学生宿舍楼发传单，利用自己在校的人际关系招揽客户。大家通力合作，整个团队都在朝着同一个目标前进。随着自行车销量的增加，团队成员对团队项目越发有信心。两个星期时间，Q 团队就已经销售了 600 多辆自行车，虽然让利较多，不过凭借着销量优势，也获得了不错的利润。

第三乐章：失落园

但是良好的状态持续了不到一个月，在从自行车项目向洗衣机项目转接的过程中，Q团队的运作慢慢发生了一些微妙的变化。自行车项目结束后，Q团队成员一起聚餐以庆祝项目取得的成绩，并对项目中的成功与不足进行了总结。而后，A提出暂不分配自行车项目的利润，而是继续投入到后续项目的运作中，然而，这一决定并非通过集体决策作出的。某些团队成员心里顿时有了些许不满的想法，但或许是碍于同学情面等因素，也没有直接表达出来，而是渐渐表现出了一定程度的工作倦怠。事实上，大部分成员原先都想着，团队会阶段性地将一些收益反馈给大家，就算要用于其他用途，也应该征得大家的同意，毕竟这是大家的团队。A的观点是当时团队的资金仍然比较紧张，把利润继续投入有利于团队成功，希望大家支持。但是团队其他成员却并不这样认为，B和D就在私下里嘀咕，毕竟他们为这个项目付出了许多。他们并不抱怨A的为人，但是A这样的决定似乎并没有考虑到他们的想法。

到了9月下旬，第二个项目（即洗衣机团购项目）上马。Q团队仍然执行之前的低价团购策略。而事实上，从第一个项目到第二个项目，Q团队已经渐渐背离了原先做电子商务，即通过网络平台经营的初衷，他们主要还是以团队成员在学生中派发传单等方式去获取客户。这让团队成员对团队最初提出的愿景也产生了一定的疑惑。当然，大部分团队成员心里也明白，似乎很难把客户吸引到他们的网站平台，而通过传统的派传单方式会有更好的宣传效果，原先的设想还是得屈就于现实。包括A在内的三个核心成员也坦承，Q团队占据不了主流网站的宣传渠道，这是他们慢慢背离原先设想的重要原因。可是对作为技术总监的C来说，心情却是比较复杂，基本上可以说，网站是他一手打造的，此时团队却弃置不用，心酸之余，当初团队项目前景带给他的激情也慢慢消退了。在网站被冷落之后，C也不想再去做相关的维护。B、C、D等人在那个时候也感觉到了大家工作态度的变化，并且认为，A的执行力并没有他们当初想象得那么好。A则认为，部分成员对于整个团队的工作明显没有了之前的热情，但由于大家都是同学，也不好说什么。另外，团队发起者A、B、C对洗衣机项目的关注也比不上自行车项目那么多，D所得到的支持急剧下降。核心成员支持的减少让D觉得是团队对这个项目已没有了积极性，他的热情大大受挫，也就没有了做第一个项目时强烈的工作意愿。

10月底，洗衣机项目宣告结束。通过结算，Q团队在这个项目中的盈利近乎为零。项目经理D认为，该项目的失败，一方面是由于定价上的策略存在一定的不妥；另一方面，团队中的信赖感、凝聚力、执行力的不足也是重要原因。此外，团队最初提出的诱人的电子商务方案最终却与普通商家卖商品无异，这也让成员感觉项目前景渺茫。而且没有人在项目停滞时提出对团队项目做适当调整，使得项目迟迟没有出现转机。

与洗衣机项目同步开展的笔记本电脑项目，由于该项目负责人E迟迟创造不出应有的业绩，B和C等核心成员开始质疑其工作能力。由于项目经理之间本来就很少沟通，故其他项目经理也并不了解该项目的具体开展情况，更谈不上对E的支持了。E在做这个项目的过程中，与商家议价没有取得很好的效果，也一直没有拉到订单，他的能力受到了大部分成员的质疑。A作为团队负责人，此时对E的感觉也是失望，基本上没有再给E提供什么支持。因此E的感觉是：孤立无援、心力交瘁。

尾声

进入 11 月，临近学期末，大家的课程压力逐渐加重，Q 团队原来计划的几个项目都被暂时搁置了。不过真正的原因是：专注于团队工作的成员已经越来越少，成员工作热情下降，对团队项目淡漠了许多。Q 团队发展到这个阶段，似乎已经维持不下去了。

转眼到了 11 月下旬，一场秋雨给广州带来了些许寒意，A 同学若有所思地坐在电脑前，屏幕上一个窗口是 Q 团队的电子商务网站，另一个窗口是本学期选修课“创业管理”的课件，这门课马上就要期末考试了，他能够交出满意的答卷吗？

资料来源：陈珠明．中山大学管理案例研究 2012. 北京：经济科学出版社，2013.

思考题：

1. 破坏创业团队信任的因素有哪些？
2. 如何做好创业团队信任管理，以防范因信任破坏导致的团队解散？

单元 7
沟通的理论与应用

学习目标

知识目标：

1. 掌握沟通的功能、过程以及影响沟通的因素
2. 学习不同的沟通形式
3. 理解管理沟通的内涵

技能目标：

1. 可以正确运用管理沟通的方法
2. 掌握克服沟通困难的对策
3. 掌握有效管理沟通的策略

素养目标：

1. 学会用正确的沟通策略去传递目标、思想和情感
2. 通过运用沟通管理方法和策略，成为善于沟通的人

7.1　沟通概述

群体如果没有沟通就无法存在，良好的沟通有利于群体提高工作效率。沟通包括两个方面的内涵：意义的传递与意义的理解。

一、什么是沟通

从一般意义上讲，沟通就是为了设定的目标，人们在互动的过程中，发送者通过一定的媒介或通道，以语言、文字、符号等表现形式为载体，与接收者进行信息（包括知识和

情报）、思想和情感等的交流、传递与交换，并寻求反馈以达到相互理解的过程。沟通的要素包括以下三个方面：第一，沟通主体，即信息的发送者和接收者；第二，沟通内容，即信息，包括人们在生活中的各种思想、观念、情感；第三，沟通方式，即沟通渠道，信息传递的媒介。

在群体或组织中，沟通有四种主要功能：控制、激励、情绪表达和提供信息。

（一）控制功能

正式沟通控制着员工的行为，即员工必须遵守组织中的权力等级和正式指导方针，比如，员工要与直接上级主管交流有关工作方面的情况并接受工作指导。此外，非正式沟通也控制着行为，比如，当工作群体中的某个人工作十分勤奋，并使其他成员相形见绌时，其他人会通过非正式沟通的方式控制该成员的行为。

（二）激励功能

具体目标的设置、实现目标过程中的持续反馈以及对理想行为的强化都有激励作用，而这些过程都需要沟通。

（三）情绪表达功能

员工通过群体内的沟通来表达自己的挫折感和满足感，沟通提供了一种释放情感的情绪表达机制，并满足了员工的社交需要。

（四）提供信息功能

沟通的最后一个功能与决策过程有关，它为个体和群体提供决策所需要的信息，使决策者能够了解并评估各种备选方案。

二、沟通的过程

沟通是一个动态过程，亚里士多德（Aristotle）认为信息的沟通包括说话者、词语（要传递的信息）、接收者，即沟通至少包括传递、交流和分享三个方面。图 7－1 描述的是沟通的过程。

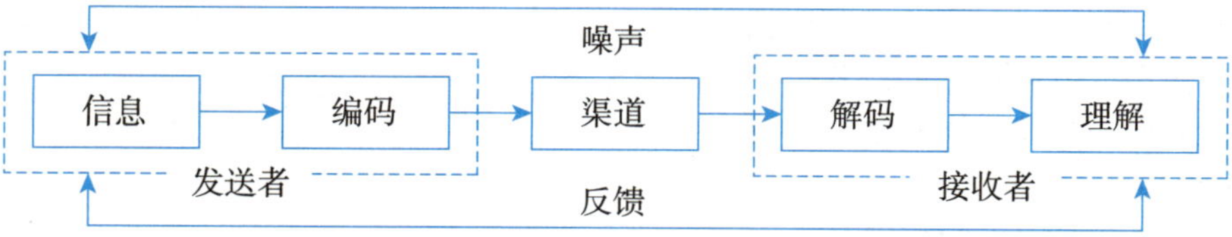

图 7－1　沟通的过程

资料来源：王建民．管理沟通实务．北京：中国人民大学出版社，2008：3.

（一）信息发送者

信息发送者是拥有某种信息并试图进行沟通的人。发送者在传递信息时，必须进行编码，即把要传输的信息编辑成可传递、可理解的符号，如语言、图形、文字等。编码过程受发送者技能、态度、知识和个性等因素的影响。

（二）信息传递渠道

信息传递渠道是信息从发送者传递到接收者所借助的手段，如面谈、电话、网络等。这种渠道可以是正式的，也可以是非正式的。

（三）信息接收者

信息接收者是接收信息的人。接收者根据自己的知识和经验对信息进行解码，形成其所能理解的现实。解码过程也同样受接收者技能、态度、知识和个性等因素的影响。

（四）反馈

反馈是接收者对信息的反应过程。接收者对信息解码后会采取某种行为或反应，将新的信息返回给发送者，这就形成反馈。

（五）噪声

噪声是可能发生在任何一个环节的对沟通的干扰因素，包括造成信息失真的任何因素，如发送者和接收者的感知技能和个人偏见、信息载体选择不当等。

三、沟通的形式

不同的沟通形式具有不同的功能和特点，在管理实践中，我们要选择合适的沟通形式，提高沟通的有效性。

小资料

微信改变公众沟通受关注

（一）按传递方向分类

根据信息在组织中的传递方向，沟通可以分为下行沟通、上行沟通、平行沟通和越级沟通，如表 7－1 所示。

表 7－1　沟通的路径

沟通形式	定义	特点
下行沟通	信息由组织高层向低层传递	一般传递组织中正式的、严肃的内容，如组织的决定、工作要求、规章制度等
上行沟通	信息由组织低层向高层传递	一般为下级的工作汇报、总结、员工工作行为、申述、意见等，帮助上级了解下级的工作情况
平行沟通	信息在同层级的人员间传递	一般为非正式沟通，若得到上级支持，能促进个体之间或群体之间的理解与合作，深化感情交流
越级沟通	信息在跨层级的人员间传递	能提高工作效率与速度，但不符合组织正常的沟通程序，容易引起被越级者的不满

（二）按有无反馈分类

根据信息传递有无反馈，沟通可以分为单向沟通和双向沟通。单向沟通指没有反馈的信息传递；双向沟通指有反馈的信息传递，如表 7－2 所示。

表 7－2　单向沟通和双向沟通的比较

比较因素	单向沟通	双向沟通
适用情况	时间紧急，问题简单	时间充裕，问题复杂
接收者对信息理解的准确度	较低	较高
接收者和发送者的置信度	较低	较高
满意度	发送者满意度比较高	接收者满意度比较高
噪声	比较少	比较多

（三）按借用的媒介分类

根据沟通所借用的不同媒介，沟通可以分为口头沟通、书面沟通和非语言沟通，如表 7－3 所示。

表 7－3　沟通的媒介

沟通形式	定义	特点
口头沟通	运用口头语言进行沟通	快速传递、即时反馈，具有亲切感，为双向沟通，灵活，但沟通效果受传达者口头沟通能力影响

续表

沟通形式	定义	特点
书面沟通	运用书面文字符号进行沟通	具有权威性、正确性，但反馈速度较慢，甚至不反馈，接收者对信息接收不够主动
非语言沟通	运用非正式语言符号进行沟通，包括身体语言、副语言（如声调、哭笑、重音）和物体操纵	信息的传递＝7%语言＋38%语音＋55%态势，可以传达语言难以表达的意思，为语言沟通的辅助手段，但接收者对信息的理解可能出现偏差

小资料

关于非语言符号

四、沟通网络

沟通网络指的是信息流动的通道，它是由各种沟通形式构成的整体。沟通网络可以分为正式沟通网络和非正式沟通网络两种。

（一）正式沟通网络

正式沟通网络是指按照正式的权力系统并只进行与工作有关的信息沟通。它在组织中最为常见，在信息沟通中发挥主渠道的作用。

心理学家黎维特（H. Leavitt）等人在实验室研究并最早提出五种常见的正式沟通网络类型：链式、Y 式、轮式、环式和全通道式，如图 7－2 和表 7－4 所示。

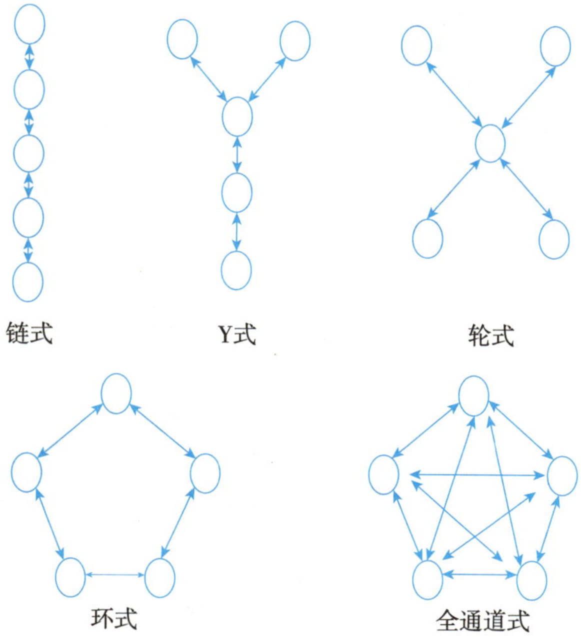

图 7－2　正式沟通网络类型

表 7－4　正式沟通网络的特征

网络类型	链式	Y 式	轮式	环式	全通道式
定义	严格遵循组织的命令系统	兼有链式和轮式特点的沟通网络	把领导者作为所有群体沟通的核心	相当于链式网络的封闭控制结构	允许所有群体成员相互之间进行积极的沟通
解决问题的速度	中	较快	快	慢	最慢
信息准确度	较高	中	高	低	最高

续表

组织化	慢、稳定	不一定	迅速、稳定	不易	最慢、稳定
领导人产生	较显著	会易位	显著	不发生	不发生
士气	低	不一定	很低	高	最高
工作变化弹性	慢	较快	较慢	快	最快

每一种正式沟通网络的有效性取决于所关注的因变量。比如，轮式结构促进了领导者的出现；如果注重的是成员的满意度，则全通道式结构最佳；如果认为精神性最重要，则链式结构最佳。

（二）非正式沟通网络

非正式沟通网络是指通过非正式沟通渠道建立起来的联系，也就是小道消息传播。管理者应该了解本组织内部的各种非正式沟通网络，在必要的时候可以利用传播中的特殊人物（如小道消息的发布者），借用或抑制各种非正式沟通网络。

小道消息有四个特点：第一，它的形式具有多变性和动态性；第二，信息传播速度快且易迅速扩散，信息往往不完整；第三，通常易受到人们的重视；第四，它可以发生于任何地方、任何时间，其内容也不受限定。

小道消息在组织的沟通中是不可能被杜绝的。它具有双重作用：积极的一面是，它可以弥补正式沟通的不足，反映潜在的问题，容易被员工接受，满足员工的心理需求，同时能有效防止正式沟通中的信息“过滤”现象；消极的一面是，它有可能摧毁正式沟通系统，信息的真实性和可靠性欠缺，影响组织的凝聚力和人心的稳定。

对于如何减少小道消息的消极影响，有以下四点建议：

（1）公布进行重大决策的时间安排；

（2）公开解释那些看起来不一致或隐秘的决策和行为；

（3）对目前的决策和未来的计划，强调其积极一面的同时，也指出其不利的一面；

（4）公开讨论事情可能的最差结局，这肯定比猜测引起的焦虑程度低。

小资料

关于小道消息的研究

7.2 管理沟通

企业管理有四种职能：计划、组织、领导、控制，而贯穿在其中的一条主线即为沟通。沟通是企业实现管理职能的主要方式、方法、手段和途径。没有沟通，就没有管理；没有沟通，管理就只是一种设想和缺乏活力的机械行为。沟通是企业组织中的生命线，好像一个组织生命体中的血管一样，贯穿全身每一个部位、每一个环节，促进身体循环，提供各种各样的养分。没有管理沟通，组织就不能正常运作，良好的管理沟通是实现企业目标的保证。

一、什么是管理沟通

简单来说，所有为了达到管理目的而进行的沟通都是管理沟通。按照管理沟通内容的性质、大小和重要程度，管理沟通可以分为以下三类。

（一）情感沟通

人因为有情绪、情感，具有个人局限和偏好，所以在工作中并不总是理智的，因此，了解、疏导和调节人的情感必然是管理和管理沟通的重要工作。

在企业管理沟通中，向同事致以一个友好的微笑，轻轻地拥抱或拍拍同事的肩膀等，都是一种情感沟通。显然，为了创造和维持良好的人际工作环境，更为了普遍提高企业员工的工作热情和绩效，情感沟通是企业十分重要的基础管理沟通工作。情感沟通表面上似乎与企业管理的职能和目标没有关联，但实践表明，情感沟通的威力是巨大的，是员工与管理者要学习的首项管理沟通技能。

（二）信息沟通

信息是企业进行活动的前提，信息的顺畅运转是企业有效运作的保证。因此企业必须重视信息沟通。根据不同信息的特点，我们可以把信息沟通分为以下五种：

1. 操作性业务信息沟通

操作性业务信息沟通指在业务或者工作层面上存在着的一种基本、经常、重要的管理沟通，那就是人们对关于自己怎么工作和应该怎么工作及目前的工作状况等基础、基本业务信息的沟通。这类管理沟通，按照其内容指向的不同，又可分为工作指令、工作意见和工作建议三大类内容的沟通。

2. 决策性业务信息沟通

决策性业务信息沟通在企业中大量、大范围存在，只是它们发生的频次比操作性业务信息沟通少。一方面，决策越重大，需要获取的信息量越大，对企业业务的现在、将来影响越大，决策者必然需要广泛收集一切能够收集到的相关信息，征求具体操作者、协作者的意见，几经反复，才能保证决策的质量，并获得广大管理者和执行者的支持。另一方面，对于部门或者企业的决策，具体执行者并不一定总是能理解或理解透彻。因此，不仅在做出决策时需要大量沟通，在决策做出后，也需要解释和分解决策，将其转化为所有相关部门、人员和所有决策执行者都能够深入理解的业务信息，清晰地传达给应该传达的人员和部门。

3. 制度沟通

企业运行和管理的规章制度是企业管理的常规化部分。这套制度明确而清晰地规定了企业中各个员工的权利、利益和工作职责，也规定了企业中人与人、部门与部门间的协作关系，是企业组织架构、人事、财务、业务等方面的权威文字表述，在企业管理中起着职责划分、行为指导和业务规范、安全运行的重要作用。制度当然有好有坏，制度规定和适应的情形变了，制度本身也应该变。因此，制度的制定应该是一个动态的过程，以防制度变成桎梏。与企业决策一样，企业制度在制定前、中、后都需要良好的沟通。制度沟通的最终目标是企业成员人人知所当知、为所当为。

4. 企业外部沟通

企业并非生存在商业真空中，而是生存在由客户、供应商、经销商、政府、竞争对手、金融机构、社会公众共同组成的社会大环境中。企业的资源必须来自外界，企业的产出也必须输出到外界，才能实现企业资源配置和转化并从中取得利润的经济目标。从更深层的意义上讲，企业是为满足外部需要而存在的，如果企业生产的产品或服务不能满足外界市场和顾客的需要，企业的生存就会产生危机。因此，是顾客和市场决定企业的生死，而不是企业自己。企业必须与外界有良好、有效的沟通。

5. 企业文化沟通

美国学者约翰·科特和詹姆斯·赫斯克特认为，企业文化是指一个企业中各个部门，至少是企业高层管理者们所共同拥有的那些企业价值观念；是指企业中一个分部的各个职能部门或地处不同地理环境的部门所拥有的那种共同的文化现象。文化最需要也适合沟通。企业文化的形成、发展，既是沟通的目标和结果，又是沟通的环境和背景。在公司同事面前应该采取什么态度、对新入公司者应该如何对待，都是企业文化问题。

（三）责任、权利、利益沟通

企业是一个生产顾客需要的产品与服务，并从中获取利润的经济组织。企业中的员工，有比较明确的权利、责任和利益划分。员工在企业中的责任和权利，构成了企业管理中的劳动分工、岗位职责和授权划分。员工在企业中的利益，主要是经济利益和组织地位，是企业吸引、激励员工为企业目标奋斗的必要条件和关键因素。

权利、责任和利益一般需要用书面的文字形式固定、确认下来，即一般都要以书面形式进行正式管理沟通。但由于企业员工和员工之间的责、权范围划分在企业内部是动态发展和相互作用的，所以不容易划分清楚。因此，在企业管理中，不仅正常的、已能确定的责、权、利关系需要沟通，而且当它们发展、变化，有些员工对其认识开始模糊和难以把握时，尤其需要及时进行深入的管理沟通。

企业和员工都是为了获取利益而工作的。责任和权利则是为了促使员工完成其岗位工作、实现企业目标而匹配设置的。责任权利不明或利益分享结构不清，都会造成企业员工无法发挥积极性，无法高效率地工作。

二、管理沟通的途径

沟通途径是指在沟通过程中所采取的具体方式与手段。管理沟通的途径有很多种，可分为外部沟通和内部沟通，下面将介绍几种典型的沟通途径。

（一）外部沟通

1. 广告

广告其实就是企业与客户沟通的形象大使，广告的好坏、优劣直接影响到企业与客户沟通的效果。广告与客户的沟通就是企业把产品的信息或企业的信息等融入广告里，通过广而告之的形式向客户传递信息，使客户对企业本身、企业产品、企业品牌等了解并理解，最终选择该企业的产品或服务的过程。

2. 谈判

谈判是有关方面就共同关心的问题互相磋商，交换意见，寻求解决的途径和达成协议的过程，详细内容见单元8。

3. 公关

公关是指组织机构与公众之间的沟通与传播关系。公关部门主要负责组织机构的信息传播、关系协调与形象管理事务的咨询、策划、实施和服务。其职能包括宣传组织的成功、降低组织失败的影响、宣布变更事宜等。

（二）内部沟通

1. 发布指示

指示具有强制性和权威性，是上级对下级指导工作时常用的方法。指示明确规定了上下级之间的关系以及各自的职责，它由上级发布，由下级服从并执行。

2. 请示、汇报

请示是下级向上级表达要求的一种常用的沟通方法。汇报是下级在执行上级指示及工作任务的过程中，将其所遇到的困难与问题、工作的进展等情况向上级反映并提出设想的一种沟通方式。

3. 召开会议

会议是企业的日常活动之一，企业的运营和重大决策都离不开会议这种形式。通过开会，可以集思广益，与会者可以通过交流达成共识，并密切彼此之间的关系；可以使大家了解共同的目标及彼此之间的工作关系，从而更好地确定自己的目标及工作方法；可以发现未注意到的问题并认真考虑、研究。会议有工作汇报会、专题讨论会、员工座谈会等形式。虽然会议是有效沟通的一种重要途径，但绝不能完全依赖这种途径，而且，在召开会议或出席会议之前一定要有充分的准备，以免会议流于形式。

4. 个别交谈

个别交谈大都建立在相互信任的基础之上，运用这种方式来沟通容易使双方产生亲切感，这对双方统一认识、体会各自的责任和义务都有好处。在这种情形下，双方往往都愿意表露真实的想法，提出不便在其他场合（如会议上）提出的问题，从而使上级能准确掌握下属的思想动态，并争取在认识、见解等方面取得一致。

5. 内部刊物

内部刊物是企业向员工传达企业高层管理精神、企业文化、企业生产经营进度和目标完成情况的一种载体，也是企业内部沟通的一个途径。内部刊物主要有报纸、杂志、电子读物等形式。

7.3 影响沟通的因素和改善策略

一、影响沟通的因素

（一）个人因素

(1) 人们对人对事的态度、观点和信念的不同会造成沟通的障碍。例如知觉选择的偏差会使人们有选择地接收信息，符合自己利益需要又与自己切身利益有关的内容很容易被接收，而对自己不利或可能损害自己利益的信息则不容易被接收。

(2) 个人的个性特征差异引起沟通的障碍。在组织内部的信息沟通中，个人的性格、气质、态度、情绪、兴趣等差别，都可能引起信息沟通的障碍。

(3) 语言表达、交流和理解造成沟通的障碍。同样的词汇对不同的人来说含义是不一样的。在一个组织中，员工有不同的背景，有着不同的说话方式和风格，对同样的事物有着不一样的理解，这些都造成了沟通的障碍。

（二）人际因素

人际因素主要包括沟通双方的相互信任程度和相似程度。沟通是发送者与接收者之间“给”与“收”的过程。信息传递不是单方面而是双方的事情，因此，沟通双方的诚意和相互信任至关重要。在组织沟通中，当面对来源不同的同一信息时，员工最可能相信他们认为最值得信任的那个来源的信息。上下级之间的猜疑只会增加抵触情绪，减少坦率交谈的机会，也就不可能进行有效的沟通。沟通的准确性与沟通双方间的相似性也有着直接的关系。沟通双方的特征，包括性别、年龄、智力、种族、社会地位、兴趣、价值观、能力等相似性越大，沟通的效果会越好。

（三）结构因素

信息传递者在组织中的地位、信息传递链、团体规模等结构因素也都影响了有效的沟通。许多研究表明，地位的高低对沟通的方向和频率有很大的影响。例如，人们一般愿意与地位较高的人沟通，地位相差越大，信息越趋向于从地位高的流向地位低的；信息传递层次越多，它到达目的地的时间也越长，信息失真率则越大，越不利于沟通。另外，组织机构庞大、层次太多，也影响信息沟通的及时性和真实性。

二、有效管理沟通的策略

小资料

男性与女性之间的沟通障碍

有效的管理沟通包括三个方面：准确性、实时性和效率。准确性是指信息从发送者传递到接收者时保持原意（即不失真、不产生歪曲、不遗漏）的程度。实时性是指信息从发送者传递到接收者的及时程度。效率则是指单位时间内传递信息的多少。

管理沟通是否能有效进行受很多方面的影响。为了克服来自内外各种因素的干扰，管理人员必须采用一些策略和方法，努力解决沟通中出现的各种问题。

（一）沟通者策略

管理沟通具有很强的目的性和针对性，沟通者应该在沟通前明确沟通的目的，并结合自身的可信度，选择相应的沟通渠道。我们应该关注以下几个方面：

1. 沟通的目的

为了确定沟通目的，我们需要对目的进行细分。按照从一般到具体的程度，将目的分为三个层次：总体目的、行动目的、沟通目的。需要注意的是，每次管理沟通的目的不宜过多，只有范围集中，沟通才能有效进行。

2. 应选择的沟通形式

根据沟通内容需要控制的程度和听众需要参与的程度，我们可以选择叙述、说服、征询和参与四种不同的沟通形式。

3. 沟通者的可信度

你要考虑自己的可信度，即听众对你的信任、信心。这里的可信度包括两种：初始可信度，即在开始沟通之前听众对你的看法，这与你是谁、你代表什么以及你过去与他们的接触程度有关；后天可信度，即在你与听众沟通之后，听众对你所形成的看法。影响可信度的因素有身份地位、良好意愿、专门技术、外表形象、共同价值等，如表 7－5 所示。

表 7－5　影响可信度的因素

因素	对初始可信度的强调	对后天可信度的加强
身份地位	强调你的头衔或地位	将你与地位很高的某人联系起来（如共同署名或进行介绍）

续表

因素	对初始可信度的强调	对后天可信度的加强
良好意愿	承认利益上的冲突并作出合理的评估	通过指出听众利益来建立良好意愿
专门技术	包括经历或简历	将你与听众或专家联系起来，引用他们的话语
外表形象	强调听众认为有吸引力的特质	通过认同你的听众利益来建立你的形象；运用听众认为活泼的语言及非语言表达方式
共同价值	在沟通开始就建立共同点和相似点，将信息与共同价值结合起来	

资料来源：荆学民．组织行为学．北京：北京大学出版社，2003：139.

小资料

支持性沟通

（二）听众分析策略

听众分析策略是指根据听众的需求和喜好调整沟通方式的有关技巧。这是沟通过程中最重要的环节。听众分析策略要解决三个问题：第一，听众是谁；第二，听众想了解什么；第三，听众感觉如何。

同样是课堂，小学课堂与大学课堂有很大的区别；同样是培训，工人培训和主管培训也有不同。怎样了解你的听众呢？我们要作以下分析：

第一，分析听众中的每一个成员：考虑他们的教育层次、专业培训、年龄、性别以及兴趣爱好，他们的意见、喜好、期望和态度各是什么。

第二，对听众作整体分析：通过分组来进行分析，他们的群体特征是什么，立场如何，他们的共同规范、传统、标准准则与价值观又是怎样的。

（三）信息策略

在信息沟通发生之前，我们首先要思考如何完善沟通信息的组织结构。因此，信息策略主要包括两个方面：怎样强调信息？如何组织信息？

沟通前，我们要了解沟通的中心主题。在沟通的过程中，我们要掌握一定的技巧。从图 7－3 中的记忆曲线我们可以看出，沟通者应该把沟通的重点放在沟通的开始和结束阶段，因为在这两个阶段，听众的记忆能力最强。因此，首先要开门见山，切中主题；中间可以用典型的事例作说明；结尾要再次阐明自己的观点。

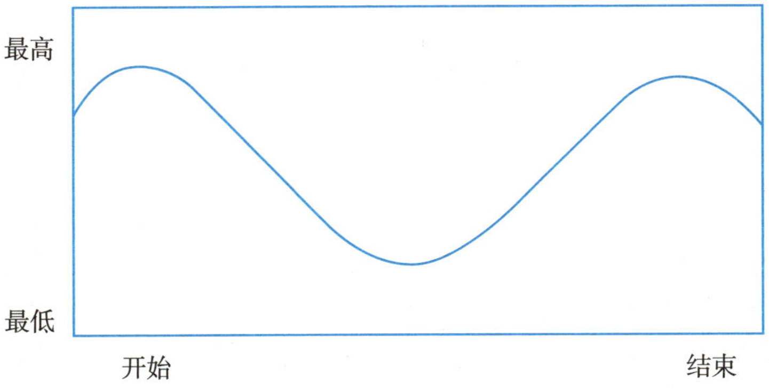

图 7－3　听众记忆曲线

（四）沟通渠道选择策略

渠道就是指信息传递的途径和方式。信息除了可以通过面对面的方式直接进行传递之外，还可以借助媒介进行传递，例如书面媒介、电话、电视、网络等。新的渠道的出现改变了我们对于沟通渠道的传统认识。但研究表明，面对面沟通仍是影响力最强的沟通方式。

从图 7－4 中对各种沟通渠道的比较，我们可以看出，最简单、标准化程度最高但反馈最慢的渠道是组织自有的音箱手段；电子邮件作为新兴的沟通渠道，出现在中间的位置；而最古老的面谈方式，则是最多样化、最灵活同时反馈最快的渠道。

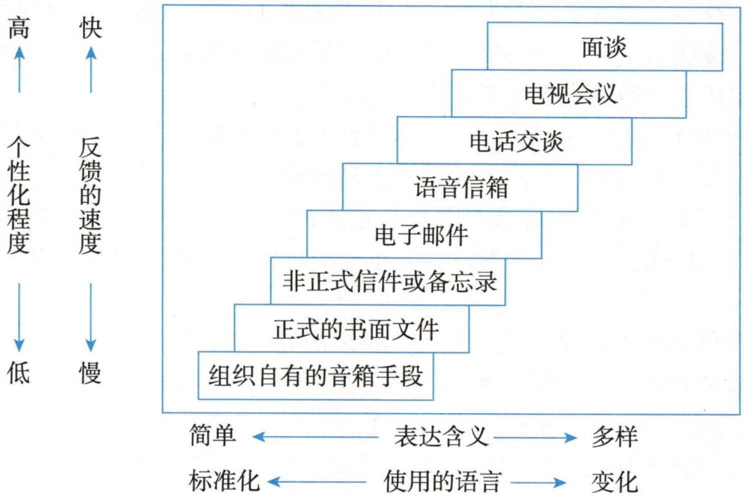

图 7－4　沟通渠道的比较

（五）沟通中的文化策略

沟通中的文化影响，是指不同文化背景中的人们之间信息和情感的相互影响。例如，东方文化注重维护群体和谐的人际沟通环境，西方文化注重创造一个强调坚持个性的人际沟通环境。这主要体现在：第一，东方重礼仪、多委婉，西方重独立、多坦率；第二，东方多自我交流、重心领神会，西方少自我交流、重言谈沟通；第三，东方和谐胜于说服，西方说服重于和谐；第四，开场白和结束形式不同。

文化影响管理沟通的六个维度分别是民族、地域、性别、地位、职业和组织。当我们和来自不同文化的人进行沟通时，以下四个原则是必须把握的：

（1）在没有证实相似性之前，先假设有差异。大多数人常常自认为别人与自己非常相似，但实际情况并非如此。来自不同国家的人常常是非常不同的，因此，在相似性未得到证实之前，应先假定你们之间有差异，这样做会减少犯错误的可能。

（2）重视描述而不是解释或评价。相比描述来说，对某人言行的解释和评价更多是在观察者的文化背景基础上进行的。

（3）移情。传递信息之前，先把自己置身于接收者的立场上。了解其教育和成长背景，设身处地体验其价值观、态度、经历等，试着根据别人的原本面貌认识他。

（4）把你的解释作为工作假说。当你对新情境提出一种见解，或站在对方异国文化的角度上思考问题时，把你的解释作为假设对待，它还有待于更进一步地检测。仔细评价接收者提供的反馈，看看它们能否证实你的假设。对于重要决策，你还可以与文化背景相同的同事

小资料

跨文化沟通

一起分析检查，以确保你的解释是准确的。

本单元内容提要

1. 沟通就是为了设定的目标，人们在互动的过程中，发送者通过一定的媒介或通道，以语言、文字、符号等表现形式为载体，与接收者进行信息（包括知识和情报）、思想和情感等的交流、传递与交换，并寻求反馈以达到相互理解的过程。沟通的要素包括以下三个方面：沟通主体、沟通内容和沟通方式。

2. 沟通可分为下行沟通和上行沟通，平行沟通和越级沟通；也可分为单向沟通和双向沟通；还可分为口头沟通、书面沟通和非语言沟通。

3. 沟通网络可以分为正式沟通网络和非正式沟通网络两种，正式沟通网络有五种形式：链式、Y 式、轮式、环式和全通道式。小道消息作为非正式沟通网络，在组织中具有双重作用。

4. 为了达到管理目的而进行的沟通就是管理沟通。

5. 按照管理沟通内容的性质、大小和重要程度，管理沟通可以分为三个方面的内容：情感沟通，信息沟通，责任、权利、利益沟通。

6. 影响沟通的因素包括个人因素、人际因素和结构因素。

技能培养与练习

1. 什么是沟通？沟通有什么功能？
2. 简述沟通的过程。
3. 简述正式沟通网络的五种类型。
4. 管理沟通包括哪些内容？
5. 简述管理沟通的常用方法。
6. 怎样才能进行有效的管理沟通？
7. 影响沟通的因素有哪些？

技能练习

技能开发

一、案例分析

一团和气中的隐忧

前不久，某公司总经理觉得内部人员管理有些不对劲，但具体原因却不能确定，于是邀请专家来摸底调查。

这是一家年轻的中美合资民营企业，主要生产微型汽车发动机的零部件，经济效益也算不错。调查工作从了解公司概况、参观公司全貌开始。最初几天，感觉情况还不错。这里的人，不管是主管还是工人，大家都很随和，相处融洽，好似一个温馨的大家庭。但在接下来的几天里，随着了解的逐步深入，专家感觉到在这融洽的表层下似乎还隐藏着什么东西，大家对此都不明示，却都小心翼翼地维护着。

公司当时恰好开展了一个“有奖征集建议及意见”的活动，活动很有声势，奖励力度也到位。但出乎专家意料的是，员工普遍反应冷淡，响应者甚少，且提出的那几条意见都不过是无关痛痒的应付罢了。是公司在各方面都尽善尽美，还是员工缺乏这种意识与能力？专家决定顺藤摸瓜探个究竟。

对于第一个问题，答案当然是否定的，但专家还是做了调查。据观察，公司存在的问题还真不少，深层次的暂且不谈，仅表面的小毛病就很多，比如：上下班考勤制度、库房管理、车间作业等都存在不少有待改善的地方。

为了回答第二个问题，专家与上下层广泛接触，甚至与一些人交上了朋友，最终得出了否定的答案。公司从总经理到工人，年龄结构都较年轻；从人员素质上看，这并不是一个僵化的群体。通过进一步的沟通，专家发现他们不时流露出对一些制度的不满，同时也都有自己的见解，这些见解都极为有利于问题的解决。但他们为什么不公开提出来呢？专家问了许多人，大多数人都笑而不答。最终一个刚毕业的大学生坦言：“我也知道这个建议可能很好，但你想没想过，一旦被采用执行，其结果如何？”他顿了顿，接着说：“人，毕竟是群居动物！”专家终于明白了，这就是问题的关键：他们知道公司的问题可能因自己的建议而得到解决，但若因此而损害了一些人的利益，那自己作为“群居”中的一员，就会受到群体的“惩罚”。

紧接着，专家在车间里也发现了类似的情况：工人的工作效率大都保持在相近的水平，有更强生产能力的工人宁愿多休息、做慢点也不全力以赴。因为他若不如此，将可能导致公司重新制订计件工资率，而由此引起工友的不满，最终给自己带来无尽的麻烦。

思考题：

如果你是这位专家，你认为给该公司应提出哪些建议？

二、小测试

沟通风格测试——你是老虎、孔雀、考拉，还是猫头鹰、变色龙？

试回答以下问题，注意回答问题时不是依据别人眼中的你来判断，而是你认为自己本质上是不是这样的，而后按从1到5的程度给自己打一个分数，将具体数值写入问题后面的括号里。具体分值标准如下：如果答案是“非常同意”，请给自己打5分；如果是“比较同意”，则打4分；如果是“差不多”，就打3分；如果只是“有一点同意”，请打2分；如果答案是“不同意”，就打1分。

测试题：

1. 你是一个值得信赖的人吗？（　　）
2. 你个性温和吗？（　　）
3. 你有活力吗？（　　）

4. 你善解人意吗？（　　）
5. 你独立吗？（　　）
6. 你受人爱戴吗？（　　）
7. 你做事认真且正直吗？（　　）
8. 你富有同情心吗？（　　）
9. 你有说服力吗？（　　）
10. 你大胆吗？（　　）
11. 你做事追求精准无误吗？（　　）
12. 你适应能力强吗？（　　）
13. 你组织能力强吗？（　　）
14. 你是否积极主动？（　　）
15. 你害羞吗？（　　）
16. 你强势吗？（　　）
17. 你镇定吗？（　　）
18. 你勇于学习吗？（　　）
19. 你反应快吗？（　　）
20. 你性格外向吗？（　　）
21. 你注意细节吗？（　　）
22. 你爱说话吗？（　　）
23. 你的协调能力强吗？（　　）
24. 你勤劳吗？（　　）
25. 你慷慨吗？（　　）
26. 你小心翼翼吗？（　　）
27. 你令人愉快吗？（　　）
28. 你传统吗？（　　）
29. 你亲切吗？（　　）
30. 你工作足够有效率吗？（　　）

答案：

把第 5、10、14、18、24、30 题的得分加起来就是你的“老虎”型分数；
把第 3、6、13、20、22、29 题的得分加起来就是你的“孔雀”型分数；
把第 2、8、15、17、25、28 题的得分加起来就是你的“考拉”型分数；
把第 1、7、11、16、21、26 题的得分加起来就是你的“猫头鹰”型分数；
把第 4、9、12、19、23、27 题的得分加起来就是你的“变色龙”型分数。

“老虎”型（支配型）

个性特点：有自信，够权威，决断力高，竞争性强，胸怀大志，喜欢评估。企图心强烈，喜欢冒险，个性积极，竞争力强，有对抗性。

优点：善于控制局面并能果断地作出决定。

缺点：当感到压力时，过于重视迅速地完成工作，容易忽视细节，可能会不顾自己和别人的情感。要求过高，加之好胜的天性，有时会成为“工作狂”。

如果下属中有“老虎”型员工，给予他更多的责任，他会觉得自己有价值，给他布置工作时注意结果导向；如果上司是“老虎”型，则要在他面前展示自信、果断的一面，同时避免在公众场合与他唱反调。

“孔雀”型（表达型）

个性特点：很热心，够乐观，口才好，好交朋友，风度翩翩，表现欲强。

优点：工作高效，善于通过建立同盟或搞好关系来实现目标。很适合从事需要当众表现、引人注目、态度公开的工作。

缺点：因跳跃性的思考模式，常无法顾及细节。

对“孔雀”型员工要以鼓励为主，给他表现机会保持他的工作激情，但也要注意他的情绪化和防止细节失误。

“考拉”型（耐心型）

个性特点：很稳定，够敦厚，不好冲突，温和善良。

优点：对其他人的感情很敏感，在集体环境中能够左右逢源。

缺点：很难坚持自己的观点和迅速做出决定。不喜欢面对与同事意见不合的局面，不愿处理争执。

对“考拉”型员工要多给予关注和温柔，想方设法挖掘他们内在的潜力。

“猫头鹰”型（精确型）

个性特点：很传统，注重细节，条理分明，责任感强，重视纪律，分析力强，精准度高，拘谨含蓄。

优点：天生就有爱找出事情真相的习性，有耐心仔细考察所有的细节并想出合乎逻辑的解决办法。

缺点：把事实和精确度置于感情之前，这会被认为是感情冷漠。在压力下，有时为了避免做出结论，会分析过度。

“猫头鹰”型的人在清晰分析道理、说服别人方面很有一套，处事客观合理，只是有时会钻牛角尖。

“变色龙”型（整合型）

“变色龙”型的人中庸而不极端，凡事不执着，韧性极强，擅于沟通，是天生的谈判家。他们能充分融入各种新环境、新文化且适应性良好，懂得凡事看情况、看场合。从旁观者角度看，会觉得他们“没有个性”。

三、游戏

猜猜他是谁

道具：一叠空白卡片。

人数：4～7 人。如果有更多的参与者，将他们分成人数相等的小组。

游戏过程：

1. 事先准备 4～6 个相关的问题。例如：

（1）你觉得搞这个交流会最主要的目的是什么？

（2）对这样的交流会，你最大的担心是什么？

（3）你认为目前学校里最热门的名词是什么？

（4）你认为目前我们就业面临的最大问题是什么？

（5）描述一下自己的优点和缺点。

（6）说出一位自己的偶像。

2. 每人取出一张卡片，写上数字“1”，然后在卡片上写下自己对第一个问题的回答。重复以上步骤，直至答完所有问题。但每张卡片只能有一个问题的答案。将卡片写有答案的一面朝下，放在桌子中间。

3. 让一位同学将所有卡片打乱。

4. 由第一位同学任意抽取一张卡片，大声念卡片上的内容。如有需要，可再念一遍。但不能将卡片给任何人看，以防从笔迹中辨认出作者。

5. 除了朗读者之外，其他同学都猜一猜谁是作者，并由朗读者把大家猜测的名字写下来。（卡片真正的作者不能猜自己，只能随便猜一个另外的人。）

6. 记录完之后，每个人轮流解释自己猜测结果的原因。可以有适度的争论。

7. 真正的作者可以揭晓谜底。凡是猜对者均可得一分，把分数记录在黑板上。然后将卡片正面朝上放在桌子中间。

8. 下一位同学再选择一张卡片，进行同样的过程。

9. 结束游戏后，宣布得分最高者获胜。

游戏收获：

1. 可以获悉团队成员之间的相互了解程度。只有在相互了解的前提下，我们才可能实现团队协作。得分最高者可能在了解别人方面做得好一些，得分低者可能在了解别人方面做得差一些。

2. 增进成员之间的关爱。通过对作者的猜测，有的成员就会发现原来别人对自己喜欢什么偶像、对自己平时说话表达的口气、认识问题的方式等各方面都了解得这么多，而自己却对别人了解甚少，从而激发自己更多地去了解、关心他人。

3. 锻炼团队成员的逻辑思维能力、表达能力。

单元 8
冲突与谈判

学习目标

知识目标：

1. 熟悉影响人际关系的因素
2. 学习冲突管理的内容和方法
3. 熟悉谈判的基础理论

技能目标：

1. 掌握改善人际关系的方法
2. 知道如何管理群体的人际关系
3. 能够正确运用冲突管理的技术和方法
4. 掌握谈判技术和注意事项

素养目标：

1. 建立良好的人际关系，积极发挥人际关系交流、合作、互补的社会功能
2. 学会辩证看待个体和群体冲突现象，并用正确的方法处理冲突

8.1 群体中的人际关系

人们在工作和生活实践中，通过人际交往和信息沟通，必然会和他人形成各种各样的关系。人际关系是社会关系的一个侧面，其外延很广，包括朋友关系、夫妻关系、同学关系等。

一、人际关系的一般概念

人际关系就是人们在社会生活和生产活动中所建立的一种心理上的直接联系，它表现为亲近、疏远、友好或敌对等人与人之间心理上的联系，反映着人们寻求满足需要的心理状态。人际关系实质上是一种社会关系，它包含在社会关系体系之内，而社会关系有更为广阔的内容，它只能通过各种复杂的人际关系表现出来。

任何人际关系的确立都包括三个必要的条件，即人的存在、人际接触和人际需要。人、物质和精神三个层次的发展是人际关系发展的动力。人的需求随着人的不断成长而发生改变，人际关系也顺应人的需求而作出调整。因此，我们可以发现人际关系具有四个特点：满足各种社会需要是社会性；在不同的发展阶段呈现不同的特点是历史性；以客观的社会条件和基础作为出发点是客观性；和不同的人建立不同的关系是多样性。

人际关系作为一种社会发展的产物，有五个方面的功能：第一，产生一种合力，推动社会的进步；第二，联络和保持人与人之间的感情；第三，交流信息，促进信息的流动；第四，激励人与人之间的合作，加强团队的力量；第五，为个人有限的能力增加互补的力量。

二、影响人际关系的因素

（一）空间距离因素

俗话说得好，“远亲不如近邻”。空间距离上的接近是人与人接触、彼此熟悉的一个客观条件，它增加了人们交往的频率。在其他条件相同的情况下，人们更喜欢和邻近的人相处。例如，工位相近的同事更容易建立人际关系。

美国社会心理学家费斯廷格等人曾对住在同一楼房里的家庭彼此成为亲密朋友的情况进行研究。研究表明，住在同一楼房里的邻居，地理位置越近，越容易建立友谊关系。住在同一楼层上的人比住在不同楼层的人成为朋友的可能性更大；甚至居住在同一楼层上，两户相距 22 米和相距 88 米在形成友谊关系上也有差别。如图 8－1 所示，我们可以看到，随着空间距离的拉大，人与人交往的频率逐渐减少。同楼层之间的交往是三条曲线中交往频率最高的，同一住宅不同楼层之间的交往频率是最低的。

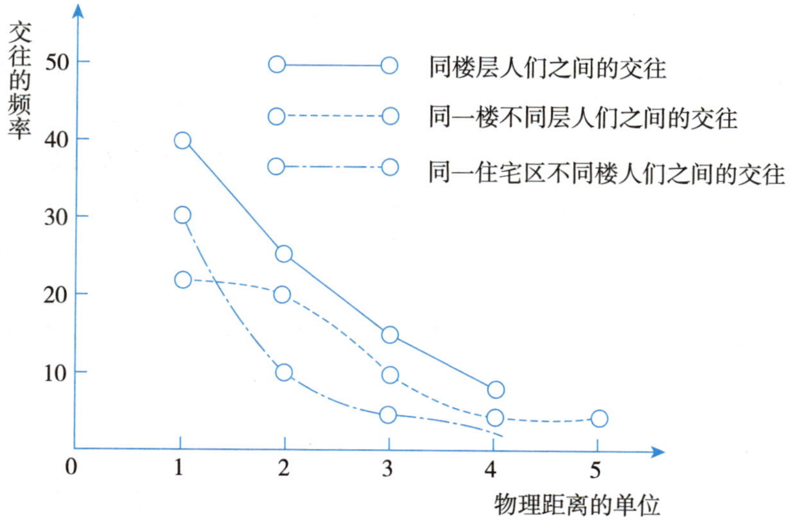

图 8－1　住处与交往频率

资料来源：卢盛忠，余凯成．组织行为学．杭州：浙江教育出版社，1998：280.

另一项研究也表明，人在相处的初期，时空上的接近往往对建立人际关系具有决定性作用，但是随着时间的推移，其作用越来越小，尤其是双方关系紧张时，时空上的接近反而令人际关系更消极。

（二）相似性因素

这里所说的相似性主要指的是个人特征方面的相似，包括人的年龄、性别、社会背景以及价值观、信仰等社会心理特征。

人们在社会关系中倾向于寻找平衡，喜欢那些和他们相似的人。有些心理学家的研究指出，个人所指出的最好朋友都是同等地位的人，即与其在教育水平、经济条件、社会价值等方面很相似的人。人们在初交时，社会的相似性很重要，如种族、社会地位、职业、文化与经济背景等，构成了人际吸引的重要因素；深交后，个性的相似性则变得很重要，如兴趣爱好、价值观念等方面的相似程度，是形成深厚关系的基础。

相似性可以使人与人之间容易沟通，减少交流的障碍、误会、曲解和冲突，从而有利于维持良好的人际关系。

（三）互补性因素

互补性主要是指人际关系中的需求互补，即双方在交往过程中获得相互满足的心理状态，这种满足会产生强烈的吸引力，使交往双方在气质、性格和能力的综合表现上相互补充、取长补短，由此弥补自身的不足。

当两个人通过交互作用所获得的报偿超过由此而来的损失时，彼此之间的关系才能得以维持。人与人不仅在具有共同的兴趣、爱好和价值观时愿意在一起，彼此特性相反者也有相互吸引的现象，如性格外向和性格内向的，喜欢支配别人和喜欢被别人支配的等。这两种人在一起，需求得到满足，也容易形成良好的人际关系。

当两个人或多个人扮演不同角色时，互补性因素会起很大的作用，使大家各取所需。

（四）交往频率因素

交往频率指共同活动的双方在一个时段内，因某件具体的事项进行交流沟通和协同行动的次数的多少。交往的频率越高，两个人就越容易拥有共同的经验和话题，越容易了解对方对自己的态度、情感，越容易建立密切的人际关系。

（五）信息沟通因素

能否顺畅地进行人际交往，关键在于能否通畅地进行信息沟通。语义上的障碍、知识经验水平的限制、知觉的选择性障碍、心理因素引起的障碍、组织结构层次的影响、信息过量的影响等因素，都会影响信息沟通。

第一，信息沟通在很大程度上受个人心理因素的制约。个体的性格、气质、态度、情绪、见解等的差别，都会成为信息沟通的障碍；知识、经验水平的差距也会导致信息沟通障碍。在管理中，信息沟通往往是依赖组织系统分层次逐次传递的，然而，在按层次传递同一条信息时往往会受到个体素质的影响，从而降低信息沟通的效率。

第二，对信息的态度不同、直觉选择的偏差等也影响信息沟通的质量，容易造成个人对信息理解的差异，从而无法维持良好的人际关系。

（六）情感因素

人际交往中的情感因素，是指交往双方相互之间在情绪上的好恶程度、情绪的敏感性、对交往现状的满意程度以及对他人、对自我成功感的评价态度等。

人际交往中的情感表现应该适时适度，随客观情况的变化而变化。比如，如果交往中反应冷漠，对常人因之而喜怒哀乐的事情无动于衷，会被他人认为麻木、无情，不宜交往；如果情感反应过于强烈，不分场合、对象恣意纵情，会被他人认为轻浮不实；如果情感不够稳定、变化无常，也会被他人认为不宜交往。

小资料

如何使人喜欢你？

情感是人积极活动的心理动力源泉。排斥性情感使人与人之间互无交往的愿望，因而也就谈不上彼此的吸引和良好关系的建立。已经建立良好关系的双方，倘若在以后的交往中产生情感的冲突，也会给双方的关系罩上阴影。因此，“伤树莫伤根，伤人莫伤心”，在交往中一定要注意人的情感因素，使之成为增强人际关系的积极因素。

三、PAC 分析理论[1]

PAC 分析理论又称为相互作用分析理论、人格结构分析理论、交互作用分析理论、人际关系心理分析理论等，由伯恩（Eric Berne）于 20 世纪 60 年代在《人间游戏：人际关系心理学》一书中提出。

PAC 分析理论认为，个体的个性是由三种比重不同的心态构成的，这就是“父母”“成人”“儿童”心态。取这三个词的第一个英文字母：Parent（父母）、Adult（成人）、Child（儿童），所以简称 PAC。PAC 分析理论认为“父母”“成人”“儿童”这三种心态在每个人身上都交互存在，也就是说这三者是构成人类多重天性的三部分。

“父母”心态以权威和优越感为标志，通常表现为统治、训斥、责骂等家长制作风。当一个人的人格结构中 P 成分占优势时，其行为表现为凭主观印象办事、独断独行、滥用权威。这种人讲起话来总是“你应该……”“你不能……”“你必须……”。

“成人”心态表现为注重事实依据和善于进行客观理智的分析。这种人能从过去存储的经验中估计各种可能性，然后作出决策。当一个人的人格结构中 A 成分占优势时，其行为表现为待人接物冷静、慎思明断、尊重别人。这种人讲起话来总是“我个人的想法是……”。

“儿童”心态表现为服从和任人摆布。一会儿乖巧可爱，一会儿乱发脾气。当一个人的人格结构中 C 成分占优势时，其行为表现为遇事畏缩、感情用事、喜怒无常、不加考虑。这种人讲起话来总是“我猜想……”“我不知道……”。

在每个人的身上，都或多或少存在着这三种自我心态，只不过在不同场合、不同时间其成分有多有少，因而形成了不同类型的行为特征。当人格结构中三种自我心态相互独立时，人的行为表现是平衡的。然而在现实生活中，会出现三种自我心态之间的相互渗透和相互作用的现象。

（一）三种自我心态的相互渗透

在工作群体中，人们相互之间表现出的应该是成人所具备的 A 自我心态。但实际交往中，P 自我心态和 C 自我心态会渗透到人们的心灵深处，使成年人表现出具有很大偏见的 P 自我心态，或是表现出具有妄想与幻觉的 C 自我心态。

（二）平行的交往方式

人们在相互交往中，理想的模式是平行的成人刺激和成人反应，即 A－A。有时出现

[1] ERIC BERNE. Games people play: the psychology of human relationships. New York: Ballantine Books, 1964.

其他平行的作用模式，比如 P－P、C－C 或者 CP－PC、PA－AP。在这种情况下，对话可以继续进行，如图 8－2 所示。

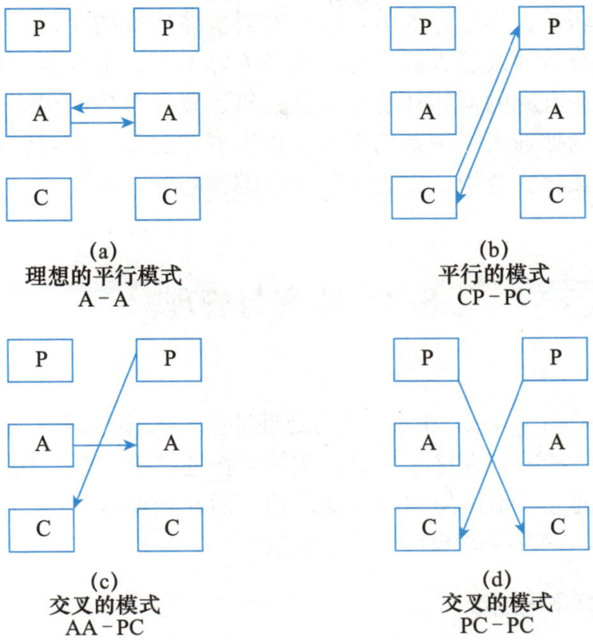

(a) 理想的平行模式 A－A

(b) 平行的模式 CP－PC

(c) 交叉的模式 AA－PC

(d) 交叉的模式 PC－PC

图 8－2　人际交往的互动模式

比如，有这样几组两个人的交往对话。

对话一，如图 8－2（a）所示。

甲：付总，时间太紧，新项目的实施方案我还没有酝酿成熟。

乙：我想，不要仓促上阵，过两星期吧。

对话二，如图 8－2（b）所示。

甲：老师，我今天身体不舒服，想请假。

乙：回去吧！但今天缺的课明天得补回来。

（三）交叉的交往方式

如果出现交叉的相互作用方式，比如 AA－PC 和 PC－PC，信息交流会中断。

对话三，如图 8－2（c）所示。

甲：这次的考试，我准备拿第一。

乙：你怎么不想想，你有这个能力吗？

对话四，如图 8－2（d）所示。

甲：小组的作业你到底完成了没有，怎么这么拖拉！

乙：你不要盛气凌人，以为当个组长就了不起吗？有本事你全做完。

从以上举例可以看出，人际交往中平行的交往方式能使乙方按照甲方的期望作出反应，使交往正常进行下去；而交叉的交往方式会导致误会、紧张，使得关系中断。我们可以从以下几个方面改善人际关系：

（1）学会自我觉察。人贵有自知之明，在人际交往中有意识地进行思考，察觉自己所处的状态，一旦发现自己与交往对方的相互作用有可能进入误区时，应及早作出适当的反应。

（2）强化成人自我心态。尽管各种平行的交往方式都可以使交往进行下去，但是，我们应该尽量采用理想的平行交往方式。因为在一般情况下，承认成人自我心态是解决问题的主要途径。成人的刺激往往能诱使对方作出成人反应，从而保持交往关系的正常进行。

（3）掌握调整技巧。作为管理人员，应及时对群体成员的交往方式进行调整，将交叉方式转为平行方式，有效地改善人际交往，调节人际关系，引导群体内的人际关系朝积极的方向发展，比如创造有利的群体环境和交往气氛、建立合理的组织结构、举行培训、培养和提高群体成员正确处理人际关系的能力。作为群体成员，应自觉地加强修养，包括树立正确的世界观、加强自我意识、提高人际交往的技巧等。

8.2 冲突与管理

据调查，管理者平均要花费20%的时间处理冲突。大多数的成功企业家认为在管理者的必备素质与技能中，冲突管理排在决策、领导、沟通技能之前。由此可见，冲突管理已成为现代企业管理中的一项不可忽视的重要内容，而在企业各种类型的冲突中，高层管理团队的冲突尤为重要，它直接影响着企业的绩效。

一、冲突的定义和性质

美国著名组织行为学家罗宾斯认为："冲突是一个过程，这种过程始于一方感觉到另一方对自己关心的事情产生消极影响或将要产生消极影响。"① 管理决策学派的代表人物西蒙把冲突定义为："组织的标准决策机制遭到破坏，导致个人和团体陷入难于选择的困难。"② 曾任国际冲突管理协会主席的乔斯沃德教授认为："冲突是指个体或组织由于互不相容的目标认知或情感而引起的相互作用的一种紧张状态。"他认为一个人的行为给他人造成了阻碍和干扰就会产生冲突，冲突和暴力、争吵是两码事。

罗宾斯认为冲突的来源有三个方面：第一，沟通因素（信息的失真）；第二，结构因素（规模、参与、角色、奖酬、资源的有限性、权力）；第三，个体行为因素。

20世纪40年代末至70年代中叶，人际关系观点在冲突理论中占据统治地位，它认为，对于所有群体和组织来说，冲突都是与生俱来的。由于冲突无法避免，人际关系学派建议接纳冲突，使它的存在合理化。冲突不可能被彻底消除，有时它还会对群体的工作绩效发挥有益作用。

传统观点避免冲突，人际关系观点接纳冲突，而相互作用的观点则鼓励冲突。该理论认为，融合、和平、安宁的组织容易变得静止、冷漠并对变革与革新反应迟钝。这一观点的贡献在于，它鼓励管理者要维持一种冲突的最低水平，从而使群体保持旺盛的生命力、善于自我批评和不断推陈出新。

二、冲突的过程

从图8-3中我们可以看到，冲突的过程分为五个阶段。

第一个阶段是产生冲突的前提条件，这些条件可概括成三类：一是沟通变量，是指组

---

① 斯蒂芬·P. 罗宾斯，等. 组织行为学. 孙健敏，等译. 14版. 北京：中国人民大学出版社，2012.

② 詹姆斯·马奇，赫伯特·西蒙. 组织. 邵冲，译. 2版. 北京：机械工业出版社，2008.

织成员在沟通过程中，由于词汇含义的差异、使用专门术语、信息交流的不够充分，以及沟通中的噪声等因素造成的沟通障碍；二是结构变量，是指由于组织规模、群体成员分配的任务的具体化程度、管辖范围的清晰度、员工与目标之间的匹配性等因素造成的冲突；三是个人变量，是指由于我们每一个人都有自己的价值观和性格特质，因此在沟通中很容易针对某一个人或事产生冲突。

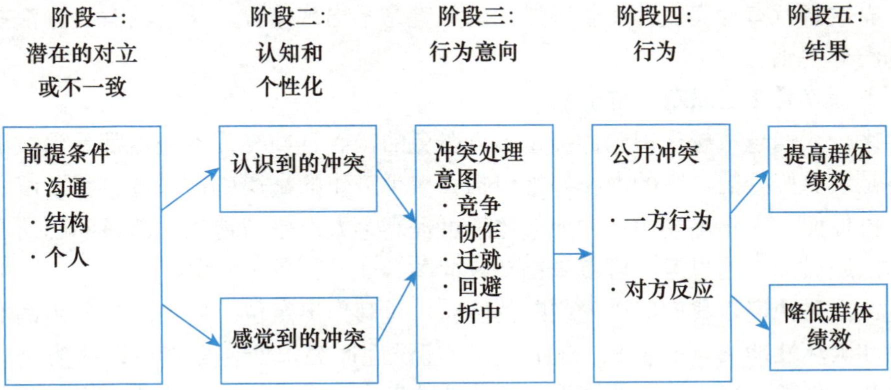

图 8-3　冲突发展的过程

资料来源：斯蒂芬·P. 罗宾斯，等. 组织行为学. 孙健敏，等译. 14 版. 北京：中国人民大学出版社，2012.

当潜在的冲突被感知，并给对方造成情感的压力时，冲突就进入了第二个阶段。在此阶段中，冲突被明确地突现出来，同时冲突方会给冲突定性。接下来就进入第三个阶段，这一阶段是在前一阶段的基础上确定以某种特定的方式从事活动以及处理冲突的主要行为意向。冲突双方决定以某种方式解决冲突后，就会进行声明活动，以及实施行为意向的公开尝试，这时冲突就进入了第四阶段，在此阶段冲突显而易见，冲突方的行为—反应互动导致了最终结果。从图 8-3 中我们可以看到冲突的结果有两种：一种是提高群体绩效；另一种是降低群体绩效，这也说明了冲突对组织有一定的益处，所以我们应该倡导一定程度的冲突。

组织行为学者杜布林（Andrew J. Dubrin）综合了许多研究的结果，运用系统论的观点来观察冲突过程，提出了冲突处理模型，如图 8-4 所示。这个模型包括三个因素：输入、干涉变量、输出。

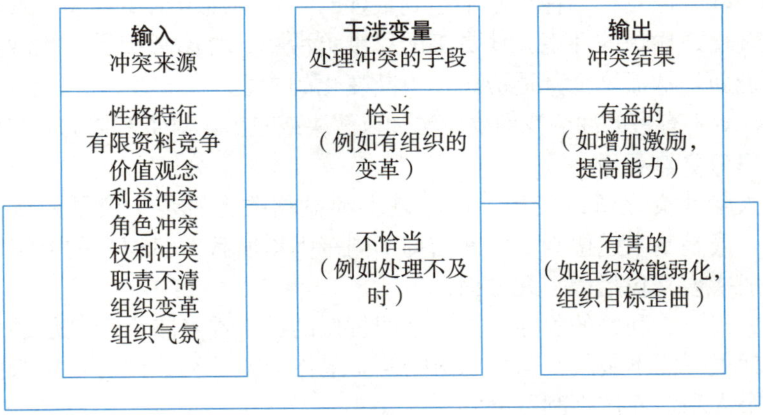

图 8-4　冲突处理模型

资料来源：黄培伦. 组织行为学. 广州：华南理工大学出版社，2003：254.

研究认为，处理冲突的手段将影响冲突的结果。特别是在跨文化管理环境中，组织成员之间的冲突是常见的。冲突对组织的功能具有很强的建设性或破坏性的作用。

三、冲突管理

无论什么地方出现改革的需要，冲突都在所难免，因为总是有人愿意创新，有人想维持现状。有改革就有冲突。冲突管理成功的关键是不出现输方，长远的解决办法是建立共同遵守的游戏规则。

（一）冲突对于组织的利弊分析

近年来，人们越来越认识到冲突是不可避免的，而且冲突并不一定都是消极的。冲突的存在不是没有好处的，它的潜在好处包括：减少工作的枯燥感；增进自我了解；为了回避冲突，可促使个人作出妥协；冲突的化解可提高个人声望与地位；凸显问题所在；促使决策者对问题做深入的思考；可带来创新或变革。

因此，面对冲突，我们应该先判断其性质，对其作出定位。冲突应当分为两类，即建设性冲突和破坏性冲突，如表 8－1 所示。对建设性冲突，处理得当可以明辨是非，促进组织的改革与创新，带来积极的结果；破坏性冲突会使矛盾加剧，造成组织的混乱，给生产造成极大的破坏。

表 8－1　冲突的类型

建设性冲突	破坏性冲突
乐于了解对方的观点或意见	不愿意听取对方的观点或意见
大家以争论问题为中心	双方由对意见或观点的争论，转变为人身攻击
双方对实现共同目标的关心	双方对赢得观点的胜利最为关心
双方交换情况日益增加	互相交换情况减少，以至完全停止

资料来源：陈国海．组织行为学．2 版．北京：清华大学出版社，2006：260.

明确了冲突的类型以后，我们要对群体冲突与绩效的关系加以分析，如图 8－5 所示。

从图 8－5 中我们可以清楚地了解到，一个组织或部门的冲突水平低或高，都会对组织和部门的绩效产生负面影响，使群体成员的满意度水平降低或离职率和缺勤率提高，最终导致生产率下降。但是，当冲突水平达到最佳时，则会使组织中冷漠和自满降到最低限度，通过创造轻松、愉快的环境，使员工的思维更活跃、更愿意接受有挑战性的工作，使组织能够不断创新，从而增强其适应市场不断变化的能力。

简而言之，对于有害的冲突我们要设法加以解决或减少，对于有益的冲突要加以利用。

（二）处理冲突的策略

组织中的人际冲突之所以发生，可能是由利益相关者对若干议题的认知、意见、需求、利益不同，或是基本道德观、宗教信仰不同等因素所致。组织中的人际冲突是很难来量化的，但一般来说，包括以下几方面：

（1）组织中权力、利益的争斗。当一个职位低的员工看着略高于其位的员工的能力并不比他强时，就很可能不服气，与之明争暗斗，最终引发冲突。同时，组织内的个体之间也会因只考虑个人利益而产生利益冲突。

（2）职责范围、责任归属不清。由于组织中分配给员工的工作模糊不清或是职责范围重叠，员工之间就很容易引发冲突。

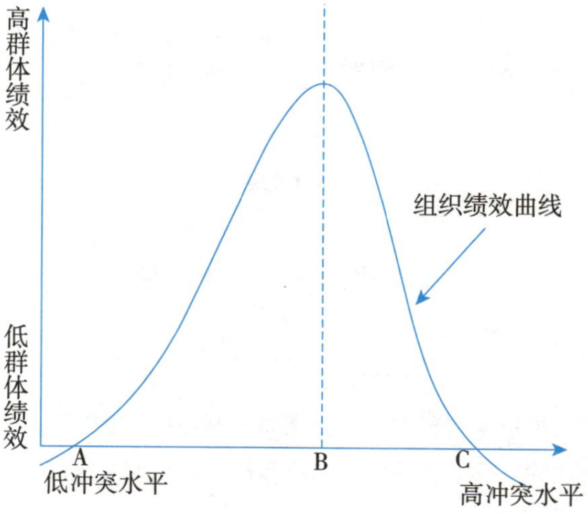

情境	冲突水平	冲突类型	内在属性	绩效
A	低或没有	破坏性	冷漠的、停滞的、对改变没有反应、缺乏新意	低
B	适量	建设性	有活力的、自我批评的、创新的	高
C	高	破坏性	破坏性的、无秩序的、不合作的	低

图 8－5　群体冲突与绩效的关系

资料来源：黄培伦．组织行为学．广州：华南理工大学出版社，2003：251－252.

（3）信息传递受阻或谬误。由于人与人之间或群体之间缺乏信息交流、互相不了解而造成隔阂，也会产生冲突。

（4）知识、观念、价值观的不同。人们的知识、经验不同，对问题的看法存在分歧，或者价值观不同，对同一事物就会存在不同的看法，从而引发冲突。

（5）工作中存在着竞争。人们有表现自己、实现自己价值的愿望，人们总希望自己在组织中有所作为、展示自己的才能，并希望这些为别人所接受，这也是冲突的来源之一。

（6）情绪的影响。情绪是很微妙的，它的变化足以使组织平静的生活掀起不小的波澜，也容易导致冲突。

针对冲突产生的原因，我们可以制定不同的处理策略。美国的行为科学家托马斯（K. Thomas）和他的同事克尔曼（Kilmann）提出了一种两维模式，如图 8－6 所示。该模式以沟通者潜在意向为基础，认为冲突发生后，参与者有两种可能的策略可供选择：关心自己和关心他人。① 其中，“关心自己”以表示在追求个人利益过程中的武断程度为纵坐标，“关心他人”以表示在追求个人利益过程中与他人合作的程度为横坐标，定义冲突行为的二维空间。

于是，根据以上的人际冲突处理模式，就出现了五种不同的冲突处理策略：强制、合作、妥协、顺应和回避。强制策略指高度武断且不合作的策略；合作策略指在高度的合作精神和武断的情况下采取的策略；妥协策略指合作性和武断程度均处于中间的策略；顺应策略指一种高度合作而武断程度较低的策略；回避策略指既不合作又不武断的策略。处理冲突的策略如表 8－2 所示。

① 托马斯·谢林．冲突的战略．王水雄，译．北京：华夏出版社，2019.

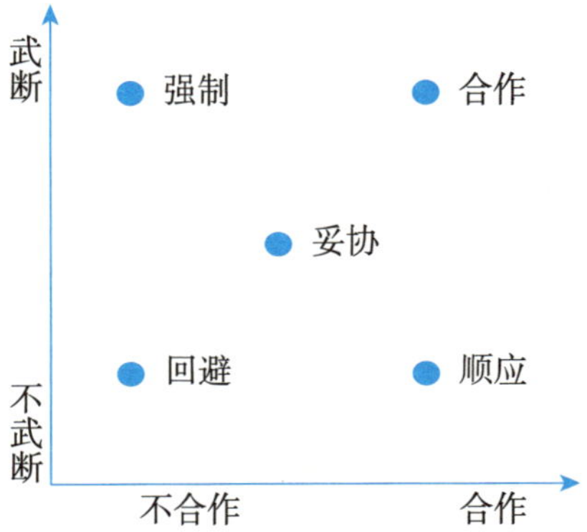

图 8－6　托马斯和克尔曼的人际冲突处理模式

资料来源：黄培伦．组织行为学．广州：华南理工大学出版社，2003：262.

表 8－2　处理冲突的策略

冲突策略	适用情况
强制	➢ 反对那些采取不正当竞争行为的人们的时候 ➢ 面对非常重要的问题，必须采取特殊行为的时候 ➢ 面对必须采取快捷、果断行为的紧急状况时 ➢ 严重违反企业规章制度，需要进行严肃处理的时候
回避	➢ 当问题似乎是其他问题的附带问题时 ➢ 当你感觉没有希望满足你的利害关系时 ➢ 使人们冷静下来并收回观点时 ➢ 当收集信息比制定一个直接的决策更重要时 ➢ 当问题很琐碎或有更重要的问题需要解决时 ➢ 当潜在的损失超过解决的益处时 ➢ 当别人可以更有效地处理这一冲突时
妥协	➢ 在势均力敌的双方各自坚持他们的目标时 ➢ 对复杂的问题达成暂时的和解 ➢ 在合作或抗争不成功的情况下作为一种候补 ➢ 当目标很集中但又不值得使用独断的方式去努力使其瓦解或实现的时候 ➢ 在时间紧迫的情况下达成权益的解决办法
合作	➢ 解决有关冲突方面的感情问题 ➢ 用不同的观点把人们的思想结合起来 ➢ 通过达成一种共识而获得信任 ➢ 当你的目的是学习的时候 ➢ 当冲突各方都认为妥协对各方的目标实现都非常重要时，可采取合作寻找一种完善的解决方法
顺应	➢ 当和谐以及稳定特别重要时 ➢ 使员工从错误中学习以提高今后的工作质量 ➢ 当你发现自己是错的时候 ➢ 当结局对对方比对自己更重要时——满足对方并保持合作，为以后的争端建立社会信誉

资料来源：黄培伦．组织行为学．广州：华南理工大学出版社，2003：264－265.

小测验

你是否善于管理冲突?

在企业中，发生冲突几乎是必然的。发生冲突的原因有很多，如员工个性差异、信息沟通不畅、利益分配不均、个人价值观与企业价值观不协调等。过多的冲突会破坏组织功能，过少的冲突则使组织僵化，因此有必要对冲突进行科学有效的管理。通过下面的测试来看看你是否善于管理冲突吧!

选A得1分，选B得2分，选C得3分，最后将得分相加得出总分。

1. 你认为对企业内的冲突：

A. 都有必要进行管理

B. 无法全部管理，只要看到就会处理

C. 大多数可以忽视，只管理重要的冲突

2. 你对冲突的态度是：

A. 冲突是负面的，因此要严加控制

B. 该处理就处理，多一事不如少一事

C. 合理保持冲突水平，鼓励建设性冲突

3. 在冲突预防中，你对员工的个人处事风格、员工间搭配和员工与岗位的搭配：

A. 没有注意

B. 有所注意

C. 十分重视

4. 在处理与别人的冲突时，你会：

A. 直接而紧急地处理

B. 先弄清对方的想法

C. 先反省自己，再弄清对方的思路，发现解决的办法

5. 对于内部价值观的统一问题，你会：

A. 觉得束手无策

B. 尽量统一价值观来减少冲突

C. 用文化来统一价值观，也鼓励不同意见的创新

6. 对一些无法解决或者问题严重的冲突，你会：

A. 暂且搁置，等待时间的缓冲

B. 采取相应的隔离措施

C. 如果冲突无法解决，只能严肃处理冲突主体

7. 当同一部门的两个成员发生激烈冲突时，你的处理方式为：

A. 回避

B. 找这两个人谈话

C. 将这两人调开，其中的一人安排到另外的部门

8. 面对一触即发的紧张局面，你的协调方式为：

A. 马上着手解决矛盾

B. 分别进行单个沟通

C. 着眼于冲突的感情层面，先不急于解决问题

9. 当发生冲突时，如果自己有错，你会：
A. 保全自己的颜面
B. 淡化自己的错误
C. 有原则地迁就对方，化解冲突
10. 在制定激励政策、福利政策与绩效考评政策时，你是否关注公平、平等：
A. 没有刻意关注
B. 有所关注
C. 十分关注，因为员工的不公平待遇往往是冲突的根源

测评结果：

24～30 分：你善于进行冲突管理，善于做思想工作，针对不同的冲突状况能灵活处理，同时也注意保持冲突的良性水平，这一点正是现代冲突管理有别于传统冲突管理的地方。

18～23 分：你有一定的冲突管理能力。作为管理者，你既要洞察冲突发生的可能性，又要正确对待已经发生的冲突，尽量缓和与避免破坏性冲突的发生，积极引导和发展建设性冲突，合理地解决问题，使冲突结果向好的方向转化。

10～17 分：你还需增强冲突管理意识，加强在实际工作中处理冲突的能力。研究企业冲突产生的原因及控制方法，是企业管理中一个十分重要的课题，作为管理者，应对这个课题给予充分重视。

（三）群体中个人之间的冲突

群体中个人之间的冲突，是指群体内两人或两人以上由于对群体内问题的认识不同，对群体目标、活动或程序的意见各异而出现的冲突。它经常影响群体的工作过程和成果。此外，群体内部的工作和社交过程会影响群体内个人冲突的发生和解决，其激烈程度与成员参与程度相关。科塞指出：内部冲突可以在“压力状态下，通过排除反对者来避免群体的解体”，尤其是当冲突给人们提供更为一致的认同时，社会群体将获得更强的生命力和内聚力。

在群体中个人之间发生冲突的原因主要有：

（1）认识上的正确与错误、先进与落后、创新与守旧等造成的冲突。这种冲突具有积极意义，它是事物发展的动力之一。

（2）信息交流的冲突。群体内的个人由于沟通渠道不同，彼此之间互不通气而造成冲突。

（3）不同的个人背景引起的冲突。群体内的个人在知识、阅历、价值观等方面存在差异，因而对同一事物会产生不同的态度与行为，从而导致群体内个人之间的冲突。

（4）个人利益或本位主义引起的冲突。即群体内每个人都先考虑本人利益而引起的冲突，这类冲突具有消极作用，容易破坏群体团结，导致工作效率下降。

（5）思想意识原因引起的冲突。在群体内人们之间总有矛盾，本可通过彼此交换意见求同存异来解决，但有的人会纠缠于个人恩怨而引起冲突。

群体是由个体组成的，群体内部冲突除了包含个体自身冲突、个体间冲突之外，将群体作为一个整体来考察，可以将冲突划为实质性冲突和感情性冲突两类。

实质性冲突指在群体的工作任务方面发生的冲突，与群体成员对工作任务的性质和内容在认识上的不一致有关；感情性冲突指在群体内部的人际关系方面发生的冲突，与个体相互间发生抵触时引起的感情或情绪反应有关。

解决这两种冲突的方法是不同的。有研究表明，处于实质性冲突中的人们一般是通过强调能促进意见一致的因素来解决冲突，也就是“增加积极”的一面；而处于感情性冲突中的人们一般是通过减少意见不一致的因素来解决冲突，也就是“减少消极”的一面。

（四）群体与群体之间的冲突

美国心理学家谢里夫研究了在群体与群体竞争条件下发生冲突的情况。他设计了一项自然条件下的实验，邀请22名互不相识的男孩分成两队到野外露营，两队的营地相距很远，互不来往，经过一周后两队队员各自成为一个团结一致的群体。在实验的第二阶段，他安排两队开展竞赛，如拔河、球赛等。在竞赛过程中，团队要互争胜负，两队产生对立情绪。在实验的第三阶段，他又设计了两队必须合作的情境，例如，郊游的卡车坏了，需要两队同心协力推动。这样，经过若干次合作，两队消除了隔阂，形成了一个新的较大的群体。此后，谢里夫又对成年人进行了类似的实验，得到了相同的结果。

不同群体、职能部门或子公司，由于对工作任务、资源和信息等方面的不同处理方式，会发生群体间的冲突。群体间冲突有时是同级之间的“水平式冲突”，有时可能是跨越管理层次的“垂直式冲突”。引起群体与群体之间冲突的原因主要有以下几个方面：

（1）由于认识不同而引起冲突。不同的群体对某些问题的认识往往不一致，当矛盾激化时会引起冲突。

（2）由于群体工作的协调性受破坏而引起冲突。群体之间分工越明确，彼此之间关系越密切，其中某一个群体没有完成具体任务，就必然会导致其他群体的工作不能顺利进行，从而引起群体之间的冲突。

（3）由于群体正当需要没有获得满足而引起冲突。

（4）由于不健康的思想意识与不良作风而引起群体之间冲突。当一个群体成员对另一个群体有偏见或散布、制造流言蜚语时，容易引起冲突。

（5）由于损害对方利益而引起群体冲突。如果一个群体伤害了另一个群体的利益，并经提意见后仍不肯改正，那么就容易引起冲突。

群体之间的冲突有利有弊。一方面，冲突的存在给组织带来消极的影响；另一方面，群体之间的冲突往往能刺激群体更好地工作。比如，与其他群体的冲突会使本群体变得更团结，产生一种忠于团体的意识，群体内的团结性很快增强，与之相关的是从众压力和压制个人间的冲突。团体内部更加关心任务目标，成员们更愿意服从管理者的指挥。负面影响就是群体之间会产生一种敌对情绪，每个群体将其他群体看作“敌人”，对其他群体的看法产生歪曲，导致不正确的成见的出现。随着群体间相互交往和沟通的减少，这种歪曲和成见被固定下来，敌对、误解和沟通的减少日益严重，冲突的紧张程度逐步升级。

然而，冲突并非越少越好，适当的冲突可以增加群体的多样性和创新性。因此，冲突过多时要设法减少，冲突过少时要设法增加，可以在群体态度、群体行为和组织结构三方面对冲突进行管理，如表8-3所示。

表8-3 群体间冲突的管理

着眼点	要解决的问题	冲突过多时采取的策略	冲突过少时采取的策略
群体态度	1. 明确群体之间彼此的异同点 2. 增进群体之间关系的了解 3. 改变感情和感觉	1. 强调群体之间的相互依赖 2. 明确冲突升级的动态和造成的损失 3. 培养共同的感觉，消除成见	1. 强调群体之间的利害冲突 2. 明确勾结、排他的危害 3. 增强群体界限意识

续表

着眼点	要解决的问题	冲突过多时采取的策略	冲突过少时采取的策略
群体行为	1. 改变群体内部的行为 2. 培训群体代表的工作能力 3. 监视群体之间的行为	1. 增强群体内部的团结和一致 2. 提高与他人合作共事的能力 3. 第三方面的调整	1. 增进群体内部分歧的表面化 2. 提高坚定性和判断力等 3. 第三方面协商
组织结构	1. 借助上级或更大群体的干预 2. 建立调节体制 3. 建立新的接触机制 4. 重新明确群体的职责范围和目标	1. 照正常等级处理 2. 建立规章，明确关系，限制冲突 3. 设置统一领导各群体的人员 4. 重新设计组织结构，突出工作任务	1. 上级施加压力，要求改善关系 2. 削减压制冲突的规章 3. 设置专职听取意见的人员 4. 明确群体的职责、目标，加深差别

资料来源：俞文钊．管理心理学．兰州：甘肃人民出版社，1985：293.

（五）制造冲突

我们已经知道，群体和组织内适度的冲突是有利于其自身发展的。在过于平静，甚至是死水一潭的情况下，应该增加冲突的可能性。激发冲突、制造冲突可以采取以下三种方法。

1.“扔石子”

面对缺乏危机感和主动性的群体，管理者可发表模棱两可或具有威胁性的言论，以引起群体成员的思索。这就像朝平静的湖面扔进一颗大石子，可以产生波澜，提高冲突水平。

2.“掺沙子”

在群体中补充一些在背景、价值观、态度和管理风格方面均与当前群体成员不同的个体，增加群体成员的异质性，可以使群体产生更多的活力。在管理者的安排和人员的补充方面，采用外调、外聘的方式，可以防止近亲繁殖所带来的过于平稳的不良现象。在某种情况下安排一名不安于现状、爱提意见者，这个人总有意与组织中大多数人的观点不一致，可以起到增强群体活力的作用。

3.“改机制”

这是一种大的举措。在重新建构组织、调整工作群体的基础上，转换组织运行机制或企业经营机制，改革规章制度，提高相互依赖性，或进行其他类似的结构变革以打破现状，是提高冲突水平的根本性措施。在吃惯了“大锅饭”的群体、组织中，通过改革，把员工的利益真正与组织或企业的发展挂钩，可以从根本上转变人们的思想观念，在新的构架下组织、建立新的有效运行机制。

小案例

腾讯“自相残杀”促进创新

2016 年，腾讯超越中国移动成为亚洲市值最高公司。腾讯创新和快速成长的动力是什么？马化腾曾说，内部竞争是必要的创新动力。除了视频直播服务之外，总部设在深圳的腾讯公司目前至少还运营着四款手机音乐应用软件，有三个从事虚拟现实技术研发的业务部门，并拥有两家影业公司。

对于腾讯来说，过去 20 年，基本都是围绕着如何满足用户的需求而发展的。伴随着 to C 经验的不断增长，腾讯也衍生出了一系列适应这种发展方式的生存发展，比如内部“赛马”来激化冲突和创新。

很多时候，内部竞争和激化冲突确实是催生微创新的重要途径。来自内部的压力通常会让产品团队迸发出更加闪耀的灵感火花，从而将这些独特的闪光点落实到产品上。像微信、王者荣耀这些在“赛马”机制下形成的产品案例，我们已经听得太多太多。这也使得“赛马”机制在多年的发展后被腾讯视为一个成功的创新机制。

现在，随着腾讯进军视频直播领域，该公司至少有六个部门在价值预计将猛增至原先九倍（到 2020 年底接近 130 亿美元）的网络直播市场上参与竞争，马化腾希望能通过内部竞争复制微信的成功。

北京瑞德资源公司的总裁莫天安说：“腾讯的文化就像鲨鱼的子宫，虽然不那么你死我活，但它促使员工节奏更快、竞争更激烈。”他指的是一些未出生的鲨鱼会在母体子宫里互相残杀以确保自己能活下来的故事。

不同观点之间的碰撞冲突是不可避免的事情，有的时候，这种冲突也会波及无辜。由于竞争文化早已深入腾讯员工之中，他们经常被告诫要密切关注行业新产品，如果没有发现新趋势，就可能会被同事超过。曾在腾讯工作的亚历克斯·白说，那被认为是件“丢人的事”。

8.3　谈判与管理

谈判几乎渗透到组织和群体中每一个人与他人的相互作用之中。有一些谈判表现得并不是特别明显，如同事之间的谈判、销售员和顾客之间的谈判。在复杂的人际关系里，谈判是处理冲突的一种有效手段。如何有效地利用谈判化解冲突，掌握谈判技能十分关键。

一、谈判概述

（一）谈判的定义

美国谈判学会会长杰勒德·I. 尼尔伦伯格在《哈佛谈判学》一书中，曾给谈判下了一个宽泛的定义：“谈判就像在一张绷紧了的网中，运用情报及权力来左右他人的行为。”[①] 他在《谈判艺术》一书中还写道：每一个要求满足的愿望和每一项寻求满足的需要，至少都是诱发人们展开谈判过程的潜因。只要人们为了改变相互关系而交换意见，只要人们为

① 杰勒德．哈佛谈判学．成都：西南财经大学出版社，1998.

了取得一致而磋商协议，他们就是在进行谈判。

谈判可定义为，双方或多方互换商品或服务并试图对他们的交换比率达成协议的过程。许多冲突是通过谈判来协调解决的，因此，谈判过程是冲突管理的重要方面。谈判包含四个成分：谈判各方的相互依存性；谈判各方的目标或程序冲突性；谈判各方的动机与影响力；谈判各方对达成一致意见的信念。

（二）谈判的基本要素

谈判包括以下四个要素：谈判主体，即参与谈判的当事人；谈判客体，即谈判的议题及内容；谈判目的，即希望通过谈判得到什么，达成什么共识；谈判结果，即主体通过谈判后最后形成的协议，但不一定和谈判的目的相同。

（三）谈判的基本方法

谈判有分配谈判和综合谈判两种基本方法。

分配谈判最显著的特点是在“零和”条件下运作，也就是说，一方所获得的任何收益恰恰是另一方所付出的代价，如劳资双方对工资的谈判就是典型的例子。在进行分配谈判时，主要是试图使对手同意你的具体目标点或尽可能接近它。分配谈判导致胜利者与失败者的对立，并引发憎恨，使得那些需要在持久基础上共同工作的人进一步分离。

综合谈判则是基于这样的假设解决问题的，即至少有一种处理办法能得到“双赢”的结果。综合谈判建构的是长期关系并推进了将来的共同合作，使谈判双方团结在一起，并使每个人离开谈判桌时都感到自己是胜利者。综合谈判的成功取决于信息的公开与双方的坦诚、信任别人的能力以及双方对维持灵活性的期望。

分配谈判和综合谈判各有特点，主要的区别在被分配的资源数量、主要动机、主要兴趣和关系的焦点四个方面，具体内容如表 8－4 所示。

表 8－4　分配谈判和综合谈判的特点

谈判特点	分配谈判	综合谈判
被分配的资源数量	数量固定	数量可变
主要动机	我赢，你输	我赢，你赢
主要兴趣	相互对立	相互融合或相互一致
关系的焦点	短时	长时

资料来源：郑晓明．组织行为学．北京：经济科学出版社，2002：323.

二、谈判的过程

管理心理学把谈判分为四个阶段，如图 8－7 所示。

图 8－7　谈判的过程

第一，调查准备阶段。这是最重要的谈判步骤之一。首先，我们需要收集问题与方案的事实信息，了解对方的谈判风格、动机、个性与目标，分析基本背景；其次，在谈判开始之前，明确本次谈判的目标是什么，评估对方对这个目标的看法；最后，要制订相应的计划，谨慎选择谈判的时间、地点、参与的人员以及谈判的程序和规则等。

第二，方案表达阶段。这个阶段包括提出最初的目标、表达我方需求。双方将对自己的提议进行解释、阐明、论证和辩论。这时，表达能力与沟通能力十分重要，跨文化差异在这一阶段表现比较明显。

第三，讨价还价阶段。这时，管理人员运用各种公关手段、沟通技能与谈判策略，以便达成原则意见。谈判过程实际上是一个为了达成协议而相互让步的过程，谈判双方毫无疑问都需要作出让步。

第四，达成一致阶段。这一阶段处于谈判的尾声，双方通过讨论，达成一致意见或协议。需要注意的是，谈判双方应该将协议正规化，并为协议的实施、监控和执行制定出所有必要的程序。

小资料

各国的谈判风格

三、谈判的基础理论

谈判是人的理性行为，对谈判人员行为的认识是影响谈判成败的关键因素。谈判人员的行为取决于需求与动机，因此对谈判人员的需求、动机以及行为的研究成为谈判学的基础理论。

（一）谈判的需求与动机

需求和对需求的满足是一切谈判的共同基础。动机是促成人们去满足需求的一种驱动和冲动。需求是动机的基础和前提，动机是需求的表现和反映，而谈判就是在需求和动机的基础上产生的理性行为。谈判人员只有了解对方的真正需求和真实动机，掌握动机和需求的特征以及它们之间的关系，才能预测对方的行动，进而采用有效的策略和方法充分发挥自己的主导性去引导对方的行为，调动对方的积极性。

西方最为流行的需求理论是马斯洛的需求层次理论，它将人的各种需求划分为五个层次：生理需求、安全需求、社交需求、尊重需求、自我实现需求。杰勒德在他的著作《谈判艺术》中，以马斯洛的需求层次理论为基础，提出谈判需求理论的七个层次：（1）生理需求；（2）安全需求；（3）社交需求；（4）尊重需求；（5）自我实现需求；（6）认识与理解需求；（7）追求完美需求，从而构建起谈判的需求理论。

（二）谈判的策略

为了使谈判顺利地往自己希望的方向进展，我们需要不断激发谈判人员的成功动机，也需要针对谈判的具体情况使用不同的策略技巧。

在激发对方动机方面，应该遵循三个原则：第一，有针对性地提出问题；第二，结合对方的动机进行深入讨论；第三，不断强化对对方有利的因素。

谈判是一个过程，存在一些较为普遍的失误。例如，非理性地加大承诺，一方得利、一方受损，以及过分自信等。常用的解决策略是运用多种能力，形成处理方案，其中涉及的能力主要有以下几种：

（1）创造性能力，即从多重角度看待问题；

（2）灵活性能力，即能够快速思维；

（3）控制能力，即对于当前状况，拟对各个环节进行控制；

（4）激励能力，即主动要求了解自己，关注、比较各类其他活动；

（5）否决的能力。

在制定和使用不同策略时，要根据各种策略的不同特点、不同作用，有选择地加以运用。

管理心理学研究表明，谈判策略可以划分成四大类，如图 8-8 所示。图中“信任合作”“开放顺从”“坚定竞争”“主动回避”这四种策略，分别属于不同的关系结果与事实结果。

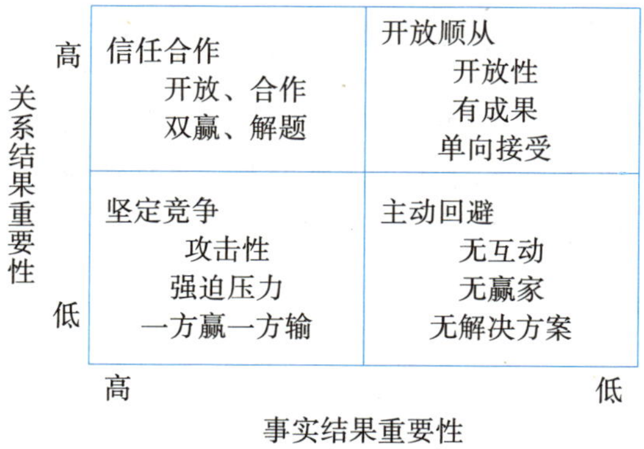

图 8-8　谈判的策略

而美国谈判学家费希尔、尤瑞、雷法等人研究并发展完善的原则谈判法则代表着一种更高水平的谈判策略，其主要特点有四个方面：一是坚持把谈判的人与谈判的问题区分开来；二是坚持关注利益而不是立场；三是坚持准确可行性方案在前，决策在后；四是坚持谈判结果建立在客观标准上。

谈判是人的行为，人是谈判的主体，对主体行为的认识、预测、激励和引导是任何谈判都必须具备的基本因素。但主体的行为既具有复杂性又具有规律性。谈判人员应该通晓主体的行为规律，了解影响行为的主要因素，掌握预测行为的方法，善于运用激励行为的技巧，有效地发挥主体的能动作用，使谈判获得成功。

（三）谈判中的角色

谈判中，有时是单兵作战，更多时候是多人作战。特别是一些比较大的项目，需要很多人参加谈判。那么，谈判队伍中需要哪些人，每一个人所扮演的角色是什么，这些问题在谈判的准备阶段就要商量好。谈判队伍中一般存在五种角色，如表 8-5 所示。

表 8-5　谈判队伍中的五种角色

角色	责任
首席代表：任何谈判小组都需要首席代表，由最具专业水平的人担当，而不一定是小组中职位最高的人。	➢ 指挥谈判，需要时召集他人。 ➢ 裁决与专业知识有关的事。例如，决定是否有足够的财力来支持公司并购的投标。 ➢ 精心安排小组中的其他人。
红脸：由被对方大多数人认同的人担当。对方非常希望仅与红脸打交道。	➢ 对对方观点表示同情和理解。 ➢ 看起来要做出让步。给对方安全的假象，使他们放松警惕。
白脸：红脸的反面就是白脸，这个角色就是使对手感到如果没有他，会比较容易达成一致。	➢ 需要时中止谈判。 ➢ 驳回对方提出的任何观点和论据。 ➢ 胁迫对方并尽力暴露对方的弱点。

续表

角色	责任
强硬派：这个人在每件事上都采取强硬立场，使问题复杂化，并要求其他组员服从。	➢ 用延时战术来阻挠谈判进程。 ➢ 允许他人撤回已提出的未确定的报价。 ➢ 观察并记录谈判的进程。 ➢ 使谈判小组的谈论集中在谈判目标上。
清道夫：这个人将所有的观点集中，作为一个整体提出来。	➢ 设法使谈判走出僵局。 ➢ 防止讨论偏离主题太远。 ➢ 指出对方论据中自相矛盾的地方。

这五类人是否一定同时参与谈判呢？不一定，一个人可以扮演其中不同的角色，他有可能既是强硬派又是红脸，有可能既是白脸又是清道夫。但这五种类型的角色，在谈判小组中是必不可少的。

本单元内容提要

1. 根据 PAC 分析理论，当人格结构中三种自我心态相互独立时，人的行为表现是平衡的。然而在现实生活中，会出现三种自我心态之间的相互渗透和相互作用现象。交叉的交往方式会导致误会、紧张，产生冲突。

2. 冲突是指个体或组织由于互不相容的目标认知或情感而引起的相互作用的一种紧张状态。罗宾斯认为冲突的来源有三方面：沟通、结构、个人。

3. 冲突的过程可分为五个阶段，杜布林综合了许多研究的结果，运用系统的观点来观察冲突过程，提出了冲突处理模型，这个模型包括输入、干涉变量、输出等因素。

4. 组织中人际冲突的发生，是由利益相关者对若干议题的认知、意见、需求、利益等因素的不同导致的。美国的行为科学家托马斯和他的同事克尔曼提出了五种不同的冲突处理策略：强制、合作、妥协、顺应和回避。这五种策略适用于不同的情境。

5. 冲突的管理不仅仅包括解决冲突，还包括激发建设性的冲突。

6. 谈判是处理冲突的一种手段，包括谈判主体、谈判客体、谈判目的和谈判结果四个要素。它可以分为分配谈判和综合谈判两种基本方法。

7. 谈判分为四个阶段：调查准备阶段、方案表达阶段、讨价还价阶段和达成一致阶段。

8. 谈判人员只有了解对方的真正需求和真实动机，掌握动机和需求的特征以及它们之间的关系，才能预测对方的行动，进而采用有效的策略和方法充分发挥自己的主导性去引导对方的行为，调动对方的积极性。

技能培养与练习

1. 什么叫作人际关系？影响人际关系的因素有哪些？
2. 什么叫作 PAC 分析理论？如何利用 PAC 分析理论改善人际关系？

3. 什么叫作冲突？冲突对于组织有什么利弊？
4. 冲突的过程包括哪几个方面？冲突处理模型的基本内容是什么？
5. 托马斯认为处理冲突有哪几种策略？它们各适用于哪些情况？
6. 如何解决群体中个人之间或群体与群体之间的冲突？
7. 如何制造冲突？
8. 什么叫作谈判？谈判有哪两种基本方法？它们各自的特点是什么？
9. 在谈判过程中，我们应该注意哪些方面？

技能练习

技能开发

案例分析

连业制衣厂的劳资纠纷

连业制衣厂主要帮助日本、澳大利亚以及欧洲一些国家的客户进行贴牌加工，日本客户的订单量占了工厂营业额的85%以上。2002年以前，由于日本市场业务兴盛，对工厂投放的订单十分充足，加工费较高，因此工厂依靠传统的管理方法，如多加班、多请技术熟练的全技能工、与从日本派来的品质监管人员搞好关系，就可以保持较高的出货率和营业利润。在员工管理上，利用罚款、训斥、开除之类的“大棒政策”，就可以使他们言听计从。工厂对工艺流程的优化并不重视，即不管你采用什么办法（人海战术、通宵作业），只要将货赶出来就可以了。工人作业的工序单价基本上由基层的领班确定，厂长只是对工资总额进行“宏观调控”。基层领班为了在本部门下属面前树立威信，习惯于一味地提升单价，形成了恶性膨胀：每换一个领班，工序单价就会上涨一截，导致全厂工人的平均工资远远地超过了当时的社会平均工资和同行业的薪资水平。2012年以前，工人在管理层眼中表现得十分“听话”，不太计较小得失，摩擦较小。由于总体收入比别的制衣厂高，工人加班时间长点也无所谓。但自2012年开始，日本市场日渐萎缩，客户给的加工费越来越少，而交货期越来越短。有时候工人连续加班几个通宵还是赶不上交货期，公司被迫将货物通过空运的方式寄往日本。由于客户给的加工费下降，厂长要求生产车间试图将工人的工序单价降低。这种方式很快遭到工人反对，再加上很多部门的领班和主管实际上也不愿意自己的手下工资下降，所以只将厂长的意思流于形式地传达给工人，遇到口头反对时就如实禀报给厂长，厂长也没有充足的理由降低工人的工资，结果不了了之。市场需求的压力与工人的不肯让步，使工厂的经营业绩每况愈下。2012年6月以后，工厂逐月亏损，集团公司对这间分厂日益不满；而工人方面，也表现出对加班时间过长的反感，越来越多的熟练技工离职。

在这种形势下，集团公司与工厂的管理层都意识到，一场变革势在必行。这场变革是针对提高生产效率、缩短交货期、降低工资成本而开展的。工厂从集团公司的其他分厂请来工艺分析人员，重点量度工人生产服装的每一个工序所要花费的时间，分析在目前情况下工人的操作有哪些动作是可以改良的，哪些多余的动作是可以削减的。工艺分析人员将英国制衣工业协会开发的GSD（General Sewing Data）系统所规定的每个工序生产应花费的标准时间与工人目前的操作相比照，开发出了具有自主特色的GTM系统。GTM系统的核心就是用时间来度量工人的有效工作量，比如，GTM系统规定上一个袖子的标准时间为3分钟，工厂就会按照3分钟给工人工资补偿，而如果某一个工人上袖用了6分钟时间，也只能得到有效的3分钟工资数额。按照这一系统，目前许多工人的效率都偏低，换言之，如果按工人当时的产量，他们根本不可能拿那么高的工资。

厂长要求各车间的主管及领班开始推行系统。工业工程部派了工艺分析人员拿着秒表到各车间计量工人每个工序所用的时间。工人们不知道这些拿着秒表的人在干什么，只是觉得好奇。但是当这些工艺分析人员在月末将每个工人当月所创造的有效生产时间输入电脑系统中，再折算成计件工资的时候，许多工人都发现自己的工资比以前少了一大截，工人们表现出了不同的质疑与反抗：有的停下来坐在衣车旁边不做事；有的找领班理论，说GTM系统计算的工序时间不合理；有的当天就辞职不干了。其中最为激烈的反抗发生在专机车间。

专机车间的主要工作任务是用一些特殊的机器从事打纽门、钉纽扣、开凤眼等一些衣服加固作用的工序。2012年6月发完工资的当天，车间的68名员工，一个也没有来上班，正式开始罢工。这一集体行动很快在全厂传播开来，其他车间的员工也开始蠢蠢欲动，时任后整部门（管专机车间的生产三部）的主管陈生，安排保安及专机车间的领班将这些工人召集到会议室里开会。他一进门就冲这些工人吼道："你们真有本事呀！竟然敢集体罢工？有本事的就马上写辞职书，我到外面可以请到大把的工人！你们下午必须回来上班，否则我一定炒你们鱿鱼！"

陈主管以为他这么严厉的训斥，可以使工人回到车间上班。可是到了下午，只有5个人回厂上班。也就在同时，集团公司分管连业工厂的副总裁和当地政府主管部门都收到一份2 000余字的投诉信，信中举报工厂长期超时加班，没有给足加班费，要求工厂提高单价，给足加班费。

集团公司意识到问题的严重性，并且考虑到该厂的厂长以前没有处理过如此棘手的劳资纠纷问题，就专门责成集团人事经理来处理这件事。

人事经理首先找了厂长、后整部主管、工业工程部经理、财务部经理开会，分析这次员工冲突的原因及事实，最后会议提出并通过了五项措施：

（1）找所有的专机车间员工开会，与员工面对面对话，由人事经理了解他们心里的想法及诉求。

（2）找到这些工人在本厂的亲戚、老乡、介绍人，劝说他们为了工厂的大局先回厂上班，给工厂一个解决问题的缓冲期。

（3）让财务部做好数据测算，找出在实施GTM系统后工资收入比原来提高了的工人作为参照对象，以说明GTM系统的优越性。

（4）找工业工程部的工艺分析人员与人事经理一起直接向工人宣传GTM系统的原

理、好处。

（5）为预防少数顽固分子持续闹事，请法律顾问与员工代表谈判。

通过开会交流，有 21 人恢复上班。人事经理到工作现场看望了他们，下班后又到他们的宿舍进一步讨论有关工作改进方面的问题，使得工人的情绪逐渐趋于平和。其余的工人，无论如何都不愿回到工厂上班，坚持要与工厂打官司。面对这一情况，人事经理再次召集相关部门管理者开会，通过讨论，大家一致认为，打官司会给公司的社会形象造成一定的负面影响，甚至有可能造成矛盾进一步激化，这样就会影响已经复工的工人的情绪和工作意愿。但是考虑到工厂的实际情况，又不能完全答应这些工人的要求。面对这种困境，人事经理应该怎么办？

思考题：

1. 工人罢工的原因是什么？冲突的根源在哪里？
2. 如果你是人事经理，你会如何破解当前的困境？

模块4

组织心理与行为

单元 9
领导理论及其应用

学习目标

知识目标：

1. 理解领导与管理的区别
2. 理解领导特质理论和领导行为理论
3. 理解费德勒权变模型
4. 理解情境领导理论
5. 了解领导理论的新进展

技能目标：

1. 掌握如何实施领导行为
2. 知道如何成为一个成功的领导者
3. 知道在组织中如何运用领导理论去提高领导的效能
4. 掌握不同领导理论在不同情境中的运用

素养目标：

学会将领导理论与知识运用到管理实践中

一提到领导，我们的脑海中马上会浮现出一长串的名字：毛泽东、邓小平、习近平、林肯、罗斯福、撒切尔夫人……他们是怎样实施领导的？怎样才能成为一个成功的领导者？本单元将系统介绍领导的概念和领导过程以及有效领导的相关理论，并简要探讨如何运用领导理论提高领导的效能。

9.1 领导概述

一、什么是领导

每个人都承认领导的重要性，但对于什么是领导，众说纷纭。在讨论到对领导概念理解的多样性时，斯多基尔曾经评价说，有多少人对领导下定义，就会有多少个关于领导的定义。这是因为不同的研究者都会从自己的角度来理解领导的概念。例如，伯恩斯认为领导是领袖劝导追随者为基本目标而奋斗，而这些目标体现了领袖及其追随者共同的价值观和动机、愿望和需求、抱负和理想。[①] 罗宾斯认为，领导是一种影响一个群体实现目标的能力。[②]

尽管存在很多关于领导的不同定义，但大多数研究者都赞同一个假设，那就是，领导是一个施加影响的过程，在这个过程中，领导者通过对他人施加影响、提供指导来促进共同目标的顺利实现。

综合以上有关学者对领导的不同定义，我们将领导定义为：领导是通过对个人或群体施加影响，以实现共同目标的过程。

二、领导与管理

在企业中，我们一般都会认为领导者就是那些管理者。但是由于对领导的概念有着不同理解，有很多学者对此提出了疑问，并且对领导与管理之间是否存在差异进行了大量研究。

美国学者科特（John Kotter）根据领导和管理的核心过程与结果对二者进行了区分，如表 9－1 所示。科特认为，领导者和管理者有时不可避免地要发生矛盾，因为领导者需要打破秩序、进行创新和变革，而管理者则会通过正式的程序来保持组织的稳定状态。但是他同时也强调，要达到组织的最佳效果，领导和管理具有同等的重要性，二者不可或缺。[③]

表 9－1　科特提出的领导和管理的差异

领导	管理
重视灵活、创新、适应	重视稳定、秩序、效益
关心工作的意义和价值，试图就需要完成的重要事情达成一致意见	关心工作如何完成，试图让人们做得更好
领导者要求做正确的事	管理者要求正确地做事

总结其他学者的研究，领导与管理的具体区别如表 9－2 所示。

① 顾琴轩．组织行为学：新经济·新环境·新思维．2 版．上海：上海人民出版社，2007：308.
② 斯蒂芬·P. 罗宾斯，等．组织行为学．孙健敏，等译．14 版．北京：中国人民大学出版社，2012：319.
③ 同①309.

表 9-2　领导与管理的具体区别

类型	产生方式	所处理的问题	主要行为	影响下属的方式	思维特点	目标
领导	正式任命，或从群众中自发产生	变化、变革的问题	开发远景、说服、激励和鼓舞、制定目标和规范、用人	正式权威或非正式权威	直觉、移情、冒险、独处、创造	变革，建构结构、程序或目标，制定战略
管理	正式任命	复杂、日常的问题	计划、监督、员工雇用、评价、物资分配、制度实施	正式权威	理性、规范、合作、安全、程序	稳定组织秩序，维持组织高效运转

资料来源：陈国海．组织行为学．北京：清华大学出版社，2003：268.

通过以上领导和管理的对比，我们得出结论：领导的功能一般是推进变革，而管理的功能是维持秩序。但在组织的实际工作当中，领导与管理并非泾渭分明，而是相互联系的，两者缺一不可，否则容易导致各种问题的产生。例如，过度管理而领导不足可能会导致过分强调短期行为，侧重回避风险，而很少注意到长期性的战略；过度领导而管理不足则可能会鼓动那些不愿意根据制度、程序办事的人聚集在一起，最终导致情况失控。

三、领导理论的变迁

西方有关领导的研究文献众多，学者们都试图找出有效领导的决定因素，但由于各自研究的出发角度不同，产生了各种各样不同的领导理论，其中特质理论出现得最早。从 20 世纪初期开始到 40 年代，学者们通过对那些大家公认的领导者进行研究，试图找出这些领导者身上独特的个人特质，而正是这些别人不具备的特质导致领导的成功。期多基尔、切斯利、本尼斯等人对特质理论的发展做出了较大贡献。但是，该理论用于预测领导效果以及选拔领导者并不是很准确，主要是由于以下两个方面的原因：第一，个人特质尽管重要，但要与一定的环境相匹配才能发挥作用；第二，研究者们得出的领导者特质加起来至少有上百种，并没有找到一些领导者共有的特质，具备不同特质组合的人都可以成为成功的领导者。

由于特质理论的局限性，从 20 世纪 40 年代末开始到 60 年代中期，学者们转向研究领导者的行为方式，这就是行为理论，其主要代表人物有勒温、利克特、坦南鲍姆、布莱克和莫顿等人。该理论认为，领导者做什么以及如何做是领导效果的决定因素，只要采取适当的行为都可以获得好的领导效果。基于该理论，通过学习那些领导行为，每个人都有可能成为领导者。但是研究者们也意识到，并不是在任何情况任何环境下都存在一种合适的领导行为。

因此，从 20 世纪 60 年代末开始，研究进一步转向了领导权变理论。前两种理论都过于强调领导者的作用，而忽略被领导者和环境对领导过程的影响。权变理论综合考虑了这些因素，认为领导者只有根据不同的环境和被领导者的情况而采取不同的领导行为才能取得好的领导效果。费德勒、赫西和布兰查德、豪斯、弗罗姆和耶顿等学者提出了不同的权变模型，使得权变理论得到了极大的发展。到现在为止，该理论已成为领导理论研究的主流。近年来，在领导理论方面有些学者从不同侧面提出了一些新的观点，如领导归因理论、魅力领导理论等，使得关于领导理论的研究更加完善。

9.2 领导特质理论

早期的领导特质理论基本上都是围绕一些大家公认的领导者进行研究的，以发掘他们身上独特的使得他们成为出色的领导者的个人特质或者技能。

一、有效领导者的特质

特质（Trait）是指稳定的个人特点，包括性格、气质、需要、动机、价值观等，而这些特点能够影响一个人的行为。早期的研究专家相信，决定领导有效性的关键特质可以通过实证方法识别出来。斯多基尔对 1904 年到 1970 年间有关领导者素质的研究进行了综述。他将找到的有关领导特质分为六大类①：

（1）身体特征，如充满活力、有干劲、仪表出众、打扮整洁等；

（2）社会背景，包括接受过高等教育和有受人尊敬的社会地位；

（3）智慧和才能，如过人的智慧、专业知识和沟通技巧；

（4）性格，如自信、支配、进取、独立、自制、创新；

（5）工作特点，如渴望获得成就、责任感强、有事业心和以工作为荣；

（6）社会技能，如善于交际、有行政能力、能与人合作。

在国内也曾有学者对中国大中型企业的高层领导就领导者素质要求进行了调查，并得到了如表 9-3 所示的结果。

表 9-3 中国对企业领导者的素质要求

序号	领导者的素质类别	回答的百分比（%）
1	组织能力和决策能力	97.5
2	责任感、事业心和进取心	90.2
3	求知欲和创新精神	68.4
4	知人善任，开发人才，合作精神	46.3
5	一定的专业知识和知识广度	39.0
6	敏锐的观察力和全局思考能力	31.7
7	大公无私，品德高尚	29.3
8	应变能力和分析、解决问题的能力	27.1
9	处理人际关系的能力	19.5
10	适应环境、协调和平衡各种关系的能力	14.6

资料来源：陈国海．组织行为学．北京：清华大学出版社，2003：273-274.

尽管研究者们概括了领导者的各种特质，具备某些特质也确实会提高领导者成功的可

① 陈国海．组织行为学．2 版．北京：清华大学出版社，2006：273.

能性，但我们应该认识到没有一种特质是成功的保证。

二、有效领导者的技能

有学者认为有效领导者除了拥有某些特质以外，可能还具有某些技能。而对于有效领导者应该掌握的技能，尤基（Yuki）在《组织中的领导》一书中对已有的研究成果作了综合性的概括，主要包括技术能力、概念技能、人际交往技能、情绪智力、社会智力和学习能力。①

（一）技术能力

技术能力包括指导具体活动需要的工作方法、流程、设备等方面的知识，组织规则、结构，管理系统、员工特点，以及组织的产品和服务方面的知识。这些知识可以通过正规教育、培训和工作经验获得。技术能力对于基层管理者尤其重要。获得和保持技术能力需要很好的细节记忆能力，并能够根据需要将相关知识提取出来。

（二）概念技能

一般来说，概念技能包括良好的判断能力、先见之明、直觉能力，以及在模糊不清和不确定的事件中发现意义和秩序的能力。概念技能对有效的计划、组织、协调和问题解决是必需的，对高层管理者的工作绩效有很好的预测性。

（三）人际交往能力

人际交往能力包括关于人类行为和群体过程的知识，理解他人的情感、态度和动机，以及与他人进行良好沟通的能力。人际交往能力对于有效领导和晋升有很重要的影响，缺乏人际交往能力是导致领导失败的主要原因之一。人际交往能力可以提高领导关系导向行为的有效性。例如，较强的人际关系技能可以帮助领导者更好地倾听别人的问题、抱怨或者批评；社会洞察力对于建设性地解决冲突非常重要；出色的沟通能力可以使领导者有效地实现对他人的影响。

（四）情绪智力

根据新近的研究，情绪智力对于有效领导也很重要。情绪包括爱、幸福、高兴、惊奇、愤怒、恐惧、悲伤、厌恶、羞耻等方面的情感体验。情绪智力是指一个人对自己和他人情绪的适应性程度。情绪智力包括几个方面的技能：情绪自我意识能力、情绪表达能力、移情能力和自我调节能力。

（五）社会智力

社会智力是在特定情境中对领导者提出的要求，主要指在特定情境中作出适当反应的能力。它包括两个组成部分：社会知觉能力和行为反应的灵活适应性。

（六）学习能力

在迅速变化的环境中，组织需要作出持续不断的变革，以适应多变的环境。领导者同样需要学习、变化，调整自己的观念、信念，调整自己的心智模式。在变化的环境中，成功的领导者需要的基本能力之一就是学习和适应变化的能力。这种能力有时被称为“元认知”能力，它包括对自己的认知过程进行内省分析，以及对自己的认知过程进行改进提高的能力。

---

① 顾琴轩．组织行为学：新经济·新环境·新思维．2 版．上海：上海人民出版社，2007：312－313.

三、对领导特质理论的评价

领导特质理论在解释领导有效性方面并不成功，主要有以下几个方面的原因：第一，大量的研究都试图归纳出领导者身上所具有的共同特质，但这些研究共列出了至少上百种的领导特质，而学者们并没有找到一些特质使得领导者与下属总是能够被区分开来；第二，有关特质理论的研究大多是相关研究，因此无法证明到底是先有领导后有特质，还是先有特质后有领导，无法区分两者的因果关系；第三，特质理论忽视了下属变量以及情境变量；第四，它没有指出各种特质之间的相对重要性。

这些研究方面的欠缺使得学者们的注意力转向了其他方向，从 20 世纪 40 年代开始，特质理论就不再占据主流的地位，有关领导的行为风格研究开始得到重视。

虽然存在很多不足，但特质理论的研究结果对于如何挑选和培养领导者有重要的指导作用。有很多开发和培养领导者的工具和计划都是以特质理论为基础产生的，并且在实践中也取得了一定的成功。

9.3 领导行为理论

由于特质理论在解释领导有效性方面并不令人满意，于是从 20 世纪 40 年代开始，研究者们开始把目光转向领导者所表现出的具体行为。例如，山姆·沃尔顿通过采用哪些领导方式使得沃尔玛成为零售业巨头？福特又是通过什么样的领导风格使得福特汽车公司成为业界的佼佼者？他们的领导方式是否可以学习呢？

领导行为理论的提出具有重大的现实意义，相对于特质理论的“领导者是天生的”隐含假设，行为理论通过对领导具体行为的描述，说明可以通过有效的培训项目使得一些人获得有效领导者的行为模式，从而产生大量的有效领导者。

一、艾奥瓦大学的研究①

在艾奥瓦大学，由勒温及其同事进行的研究探索了三种领导风格：独裁型风格、民主型风格和放任型风格。

独裁型风格指领导者倾向于集权管理，用命令方式告知员工采用什么样的工作方法，做出单边决策，限制员工参与。民主型风格指领导者倾向于在决策时考虑员工的利益，实施授权管理，鼓励员工参与有关工作方法和工作目标的决策，通过反馈指导员工工作。放任型风格指领导者给员工群体充分的自由，让他们自己决策，并按他们认为合适的方式完成工作。

显然，相对于独裁型风格，民主型风格的领导者更能带来群体中下属的满意感；相对于放任型风格，民主型风格更有利于提高工作效率。勒温及其同事的研究认为，民主型领导风格更有利于收获理想的工作质量和数量。

---

① 斯蒂芬·P. 罗宾斯，玛丽·库尔特，戴维·A. 德森佐．管理学：原理与实践．毛蕴诗，主译．10 版．北京：机械工业出版社，2019.

二、俄亥俄州立大学的研究[①]

在有关领导行为理论的研究中，最全面的是 20 世纪 40 年代中期弗莱西曼和他的同事在俄亥俄州立大学进行的研究。为了确定领导行为的维度，研究者用问卷法收集了大量对有效领导行为的描述，并且通过统计处理，得出了领导行为的两个独立维度：结构维度和关怀维度，如图 9－1 所示。

领导行为维度
- 结构维度：界定工作角色
- 关怀维度：关心、尊重下属

图 9－1 领导行为维度

资料来源：斯蒂芬 • P. 罗宾斯，等．组织行为学．14 版．孙健敏，等译．北京：中国人民大学出版社，2012.

结构维度（Initiating Structure）指的是领导者界定自己和下属在工作中的角色，以实现组织目标。它包括设立工作、工作关系和目标的行为。高结构特点的领导者向下属分派具体工作，要求下属遵守一定的操作流程，达到一定的绩效标准，并强调工作中需要按时完成任务。

关怀维度（Consideration）指的是领导者尊重和关心下属的看法和情感，更愿意建立相互信任的工作关系。高关怀特点的领导者帮助下属解决个人问题，注意倾听下属的意见，公平对待每一个下属，并且关注下属的生活、健康、地位和满意度等问题。

研究的结果表明，根据关怀维度和结构维度，可以将领导行为分为以下几种类别：高结构高关怀、高结构低关怀、低结构高关怀、低结构低关怀。以此为基础的大量研究表明，高结构高关怀的领导行为比其他几种领导行为更能使下属取得高工作绩效和高满意度。但是也有研究发现，高结构低关怀和低结构高关怀的领导行为同样能够带来良好的工作绩效和较高满意度，高结构高关怀的领导行为并不总是产生积极效果。因此，仅仅采用两个维度来描述领导行为的有效性是不够的，需要引进更多的变量。

三、密歇根大学的研究[②]

在俄亥俄州立大学进行研究的同时，密歇根大学也开展了类似的研究。研究者们主要探索领导行为与下属工作绩效之间的关系，并根据这种关系来确定有效的领导行为。密歇根大学的研究者也将领导行为划分为两个维度，称为员工导向和生产导向。员工导向的领导者（Employee-oriented Leader）重视人际关系，他们总会考虑到下属的需要，并承认人与人之间存在不同。相反，生产导向的领导者（Production-oriented Leader）更强调工作的技术或任务事项，主要关心群体任务的完成情况，并把群体成员看作达成目标的手段。

密歇根大学研究者的结论认为，员工导向的领导者能使下属产生更高的生产率和工作满意度；而生产导向的领导者则与低生产率和低工作满意度联系在一起。

四、管理方格论[③]

布莱克和莫顿（Black & Mouton）对俄亥俄州立大学的结构与关怀维度以及密歇根大

---

① 斯蒂芬 • P. 罗宾斯，等．组织行为学．孙健敏，等译．14 版．北京：中国人民大学出版社，2012：321－322.

② 同①322.

③ 同①322－323.

学的员工导向和生产导向维度进行了充分的概括，并在此基础上提出了管理方格论(Managerial Grid)。

如图 9－2 所示，管理方格论的两个维度是关心人和关心生产，每个维度都划分为九个等级，从而可以产生 81 种不同风格的领导行为类型。其中有五种最典型的领导行为。

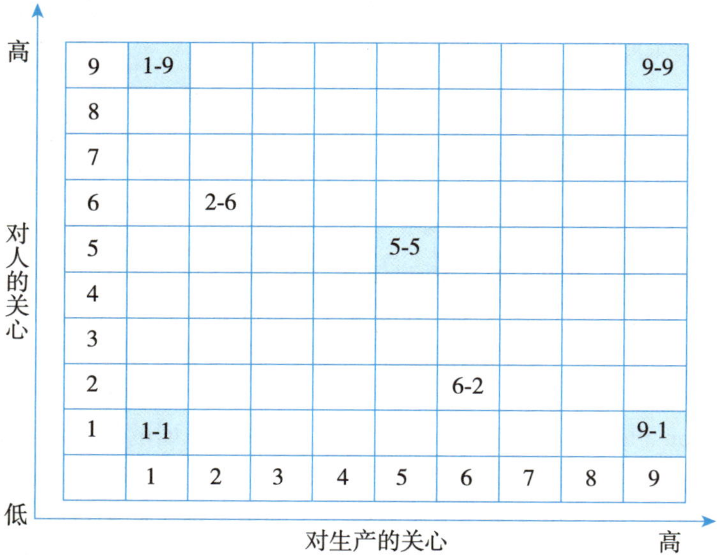

图 9－2　管理方格图

资料来源：斯蒂芬・P. 罗宾斯，等. 组织行为学. 孙健敏，等译. 14 版. 北京：中国人民大学出版社，2012.

1－1 贫乏型领导：对生产和人关心都少，实际上，他们已放弃自己的职责，只想保住自己的地位。

1－9 乡村俱乐部型领导：对生产关心少，对人关心多，他们努力营造一种人人得以放松、感受友谊与快乐的环境，但对协同努力以实现企业的生产目标并不热心。

5－5 中庸之道型领导：既不偏重于关心生产，也不偏重于关心人，风格中庸，不设置过高的目标，能够得到一定的士气和适当的产量，但不是卓越的。

9－1 任务型领导：对生产关心多，对人关心少，作风专制，他们眼中没有鲜活的个人，只有需要完成生产任务的员工，他们唯一关注的只有业绩指标。

9－9 团队型领导：对生产和人都很关心，对工作和人都很投入，在管理过程中把企业的生产需要同个人的需要紧密结合起来，既能带来生产力和利润的提高，又能使员工获得事业的成就与满足。

小资料

风格各异的成功领导者

布莱克和莫顿根据自己的研究得出结论，9－9 团队型的领导行为工作效果最好，但是缺乏足够的证据支持其在所有情境下都是最有效的方式。尽管管理方格论只是提出了一个框架，但是与其他多数领导行为理论相比，管理方格论更加具有操作性。实践证明，它可用于培养有效的管理者，例如，沃尔玛在选拔和任用中高层管理者时，常常应用管理方格工具来找到最适合的人员。

五、对领导行为理论的评价

以上我们介绍了在有关领导行为有效性研究中影响较大的几种理论，总体来说，领导行为理论只是对如何实现有效领导进行了简单的探索，在确定领导行为类型与群体工作绩效之间的关系上仅取得了有限的成功。尽管领导行为理论提出了领导行为的不同维度，也对其不同组合方式进行了探讨，但显然并不存在某一种领导行为类型在任何情况下都是有效的情况。领导行为理论忽视了情境的作用。毫无疑问，领导行为方式与领导有效性之间的关系会受到组织类型、下属等多方面情境因素的影响，所以应该把情境变量也纳入研究当中。

9.4 领导权变理论

20世纪90年代，SMTC公司（位于美国加州的世界最大的半导体生产商之一）的首席执行官里卡多·塞姆勒喜欢分权式的领导风格，并进一步发展了权力下放体制，把几乎所有的权力都下放给工人。在20世纪90年代中期，他很高兴地发现自己几乎成了多余的人。但是这种领导风格在企业处于危机时还适用吗？一般来说，企业面临紧急情况时可能更需要领导者集中权力快速地做出反应。

由于领导行为理论存在的不足，人们越来越清楚地认识到，对领导有效性的研究要比仅仅分析特质和行为方式更为复杂，于是开始引入情境因素进行研究，从而产生了领导权变理论。领导权变理论认为，要找到一个适合于任何组织类型、下属特点和工作任务的领导者特质或行为方式是不切实际的。只有根据不同的情境采用不同的领导类型和行为方式，才能取得更好的效果。

在权变理论的发展过程中，研究者们经常使用的分离情境的中间变量有：下属的成熟度；工作任务的结构化程度；领导者与下属的关系；领导者的职位权力等。在众多的研究当中，以下几种理论流传得较为广泛。

一、费德勒权变模型[①]

在进行了大量研究后，美国伊利诺伊大学的弗雷德·费德勒（Fred E. Fiedler）在1951年提出了第一个权变领导模型，叫作费德勒权变模型（Fiedler Contingency Model），如图9-3所示。当许多研究者仍然在争论究竟哪一种领导风格更为有效时，费德勒认为任何领导类型均可能有效，其有效性主要取决于其与所处的环境是否匹配。

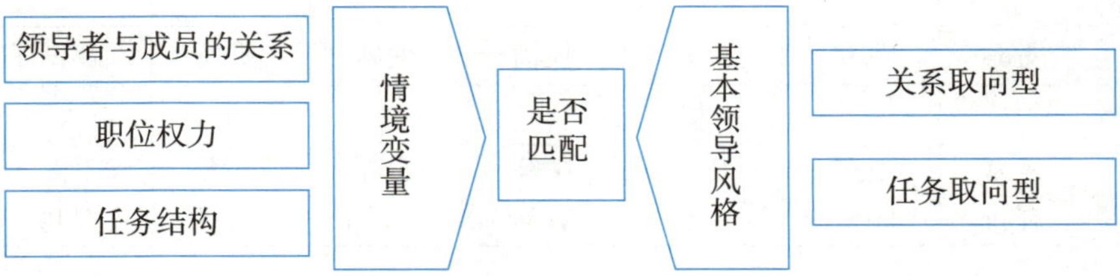

图9-3 费德勒权变模型

费德勒分离出影响领导有效性的三个环境因素：

① 斯蒂芬·P. 罗宾斯，等．组织行为学．孙健敏，等译．14版．北京：中国人民大学出版社，2012：325-328.

第一，领导者与成员的关系。即领导者是否受到下级的喜爱、尊敬和信任，是否能吸引并使下级愿意追随他。

第二，职位权力。即领导者所处的职位能提供的权力和权威是否明确充分，在上级和整个组织中所得到的支持是否有力，对雇佣、解雇、纪律、晋升和增加工资的影响程度的大小。

第三，任务结构。即工作团体要完成的任务是否明确，有无含混不清之处，其规范化和程序化程度如何。

费德勒权变模型利用上面三个权变变量来评估情境。领导者与成员关系或好或差，职位权力或强或弱，任务结构或高或低，三项权变变量组合起来，便得到八种不同的情境或类型，每个领导者都可以从中找到自己的位置。

费德勒相信影响领导成功的关键因素之一是个体的基本领导风格，因此他为发现这种基本风格而设计了有关最不喜欢的同事（LPC）的调查问卷，问卷由 16 组对应形容词构成。作答者要先回想一下自己共事过的所有同事，并找出一个最不喜欢的同事，在 16 组形容词中按 1～8 的等级对他进行评估。如果以相对积极的词汇描述最不喜欢的同事（LPC 得分高），则说明作答者很乐于与同事形成良好的人际关系，作答者属于关系取向型。相反，如果对最不喜欢的同事看法很消极，则说明作答者可能更关注生产，作答者属于任务取向型。费德勒运用 LPC 问卷将绝大多数作答者划分为两种领导风格，也有一小部分处于两者之间，以下的讨论是针对大多数的属于两种领导风格之一的人进行的。

费德勒模型指出，当个体的 LPC 分数与三项权变因素的评估分数相匹配时，则会达到最佳的领导效果。费德勒研究了 1 200 个工作群体，对八种情境类型的每一种，均对比了关系取向和任务取向两种领导风格，他得出结论：任务取向的领导者在非常有利的情境和非常不利的情境下工作得更好。也就是说，当面对Ⅰ、Ⅱ、Ⅲ、Ⅶ、Ⅷ类型的情境时，任务取向的领导者干得更好；而关系取向的领导者则在中度有利的情境（即Ⅳ、Ⅴ、Ⅵ类型的情境）中干得更好，如表 9-4 所示。

表 9-4　情境变量组合

情境	Ⅰ	Ⅱ	Ⅲ	Ⅳ	Ⅴ	Ⅵ	Ⅶ	Ⅷ
领导者与成员的关系	好	好	好	好	坏	坏	坏	坏
任务结构	明确	明确	模糊	模糊	明确	明确	模糊	模糊
职位权力	大	小	大	小	大	小	大	小
有利程度	最为有利	比较有利	比较有利	中等有利	中等有利	不太有利	不太有利	最为不利

按照费德勒的模型，没有普遍有效并适用于任何情况的领导模式。问题是，如果领导风格与管理情境不匹配，如何处理？费德勒认为领导风格是与生俱来的，寄希望于领导者改变风格，难度太大。因此提高领导者的有效性实际上只有以下两种途径：

（1）替换领导者以适应情境。例如，如果群体所处的情境十分不利，而目前又是一个关系取向的领导者进行领导，那么替换一个任务取向的领导者则可能提高群体的绩效。

（2）改变情境以适应领导者。例如，改变领导者的职位权力，比如可以赋予他独立的决定权；改变工作任务结构，如下达明确具体的工作任务；改变领导者与下属的关系，如可以安排价值观念相近、经历类似、有较多共同语言的下属。

有许多研究理论支持费德勒权变模型，费德勒权变模型强调为了领导有效需要根据具体情境采取什么样的领导行为，而不是从领导者的素质出发强调应当具有什么样的行为，这为领导理论的研究开辟了新方向。但是，也有不少学者质疑该模型，例如有学者对领导者能否改变自己的风格提出了不同意见，认为有效的领导者完全能改变自己的风格以适应管理情境。另外，权变变量的测量尺度、测量方法也存在着操作上的困难。此外，LPC 问卷的使用也存在一些问题，对于该量表的逻辑，费德勒并没有给出实质性的说明，也有一些研究指出 LPC 的分数并不稳定。此外，该模型还忽视了 LPC 分数居中的领导者，而这些领导者有可能会比高分和低分的领导者取得更好的领导绩效，因为他们能够更好地平衡工作和员工之间的关系。

二、情境领导理论[①]

心理学家科曼（Korman）于 1966 年首先提出了领导生命周期理论（Life Cycle Theory of Leadership），赫西（Hersey）和布兰查德（Blanchard）发展了该理论，称之为“情境领导理论”（Situational Leadership Theory）。该理论为广大的管理专家们所推崇，并常常作为主要的培训手段。如世界 500 强企业中的北美银行、卡特彼勒公司、IBM 公司、施乐公司等都采用此理论模型分析有效领导。情境领导理论在分离情境时，特别关注和重视下属的成熟度这个变量。该理论认为，任何领导方式都要经过下属的接纳效果而显现效果，成功的领导是通过选择恰当的领导方式而实现的，选择的过程取决于下属的成熟度水平。领导者必须准确地判断或者直觉地了解下属的成熟度，然后应用与之相适应的领导风格。

赫西和布兰查德定义的成熟度的含义是：个体能够并且愿意完成某项具体任务的程度。他们把下属的成熟度分为四个阶段：不成熟、初步成熟、较为成熟、成熟。

R1（不成熟）：下属不胜任也不愿意承担某项工作。R2（初步成熟）：下属缺少能力，但愿意承担必要的工作。R3（较为成熟）：下属有能力，却不愿意承担某项工作。R4（成熟）：下属有能力也愿意承担某项工作。

情境领导理论也采用了费德勒的关心工作任务和员工关系的领导维度分类，并进一步把每一维度分成低和高两个水平，组合成四种类型的领导风格：指示、推销、参与、授权。

指示（高任务、低关系）：领导者定义完成工作需要的角色，明确告诉下属要完成什么样的工作，何时何地完成以及如何完成。推销（高任务、高关系）：领导者向下属提供结构化和支持性的指示。参与（低任务、高关系）：领导者与下属共同决策，向下属提供便利条件和沟通渠道。授权（低任务、低关系）：领导者向下属提供极少的具体指示或者个人支持。

如图 9－4 所示，情境领导理论认为，领导者应该根据下属的成熟度来采取相应的领

---

① 斯蒂芬·P. 罗宾斯，等．组织行为学．孙健敏，等译．14 版．北京：中国人民大学出版社，2012：328－330.

导行为方式。当下属不成熟时，领导者应该采用高任务、低关系的指示型领导方式；当下属初步成熟时，领导者采用高任务、高关系的推销型领导方式最有效；当下属较为成熟时，领导者采取低任务、高关系的参与型领导方式最合适；当下属很成熟时，领导者采取低任务、低关系的授权型领导方式能取得最好的领导绩效。

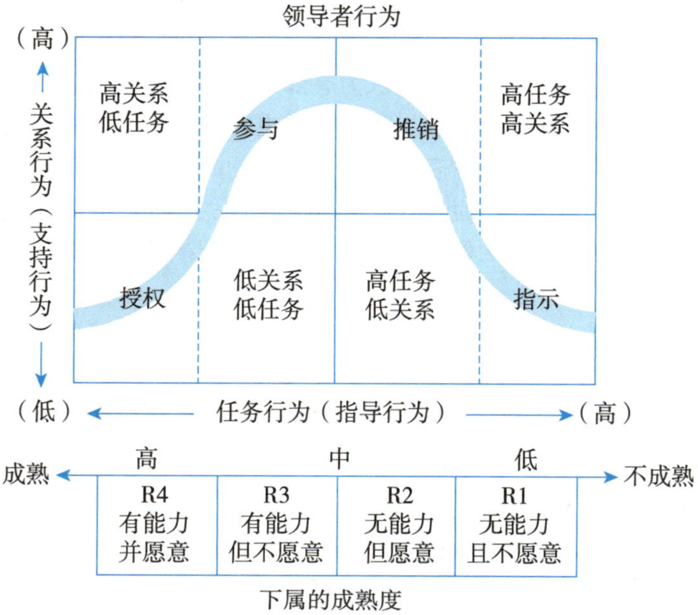

图 9-4　情境领导模型

情境领导理论承认下属的重要性以及领导者可以弥补下属能力和动机方面的缺陷的观点具有重要的价值。该理论由于容易理解、便于操作，受到了很多管理者的欢迎。自提出开始，该理论已应用于众多企业管理者的培养。尽管在实践中获得了很大的成功，但是该理论很少引起研究者们的重视，只有少量验证性的实证研究，研究结果部分地支持该理论。

三、路径-目标理论①

路径-目标理论（Path-Goal Theory）由多伦多大学的组织行为学教授罗伯特·豪斯（Robert House）于 1971 年最先提出，后来华盛顿大学的管理学教授特伦斯·米切尔（Terence R. Mitchell）对这一理论进行了完善和补充，目前该理论已经成为当今最受人们关注的领导观点之一。路径-目标理论的结构框架如图 9-5 所示，该理论的基础主要来源于俄亥俄州立大学的研究以及激励的期望理论。路径-目标理论认为，领导者的工作是帮助下属达到他们的目标，并提供必要的指导和支持以确保下属各自的目标与群体或组织的总体目标相一致。“路径-目标”的概念来自一种信念，即有效领导者通过明确指明实现工作目标的途径来帮助下属，并为下属清理各项障碍，从而使下属目标的实现更为容易。

根据路径-目标理论，领导者对下属的影响主要表现在：第一，使下属需要的满足与

---

① 斯蒂芬·P. 罗宾斯，等. 组织行为学. 孙健敏，等译. 14 版. 北京：中国人民大学出版社，2012：331-332.

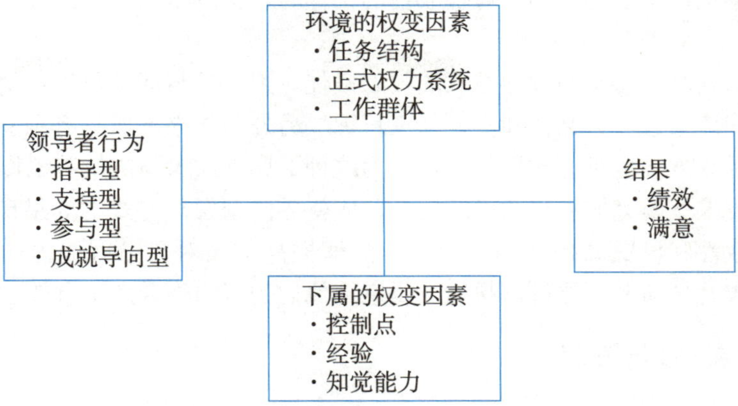

图 9－5　路径-目标理论的结构框架

资料来源：斯蒂芬·P. 罗宾斯，等．组织行为学．孙健敏，等译．14 版．北京：中国人民大学出版社，2012.

工作目标的达成结合在一起；第二，为达成目标提供有效的指导、辅助、支持、奖励等。

豪斯确定了四种领导行为：指导型、支持型、参与型和成就导向型。

（一）指导型领导（Directive Leadership）

领导者对下属需要完成的任务进行说明，包括对他们有什么期望、如何完成任务、完成任务的时间限制等。指导型领导者能为下属制定出明确的工作标准，并将规章制度向下属讲得清清楚楚，指导不厌其详，规定不厌其细。

（二）支持型领导（Supportive Leadership）

领导者对下属的态度是友好的、可接近的，他们关注下属的福利和需要，平等地对待下属，尊重下属的地位，能够对下属表现出充分的关心和理解，在下属有需要时能够提供真诚帮助。

（三）参与型领导（Participative Leadership）

领导者邀请下属一起参与决策。参与型领导者能同下属一起探讨工作，征求他们的想法和意见，将他们的建议融入团体或组织将要执行的决策中。

（四）成就导向型领导（Achievement-oriented Leadership）

领导者鼓励下属将工作做到尽量高的水平。这种领导者为下属制定的工作标准很高，寻求员工工作的不断改进。除了对下属期望很高外，成就导向型领导者还非常信任下属有能力制定并完成具有挑战性的目标。

在现实中究竟采用哪种领导方式，要根据下属的特性、环境变量、领导活动结果等不同因素，以权变观念求得同领导方式的恰当配合。

和费德勒不同，豪斯主张领导方式的可变性。他认为，领导方式是有弹性的，这四种领导方式可能在同一个领导者身上出现，因为领导者可以根据不同的情况斟酌选择，在实践中采用最适合于下属特征和工作需要的领导方式。豪斯强调，领导者的责任就是根据不同的环境因素来选择不同的领导方式。如果在所有环境条件下都采用某一种领导方式，必然会导致领导活动的失败。

如果下属是教条的和权力主义的，任务是不明确的，组织的规章和程序是不清晰的，那么，指导型领导方式最适合。

当下属从事机械重复性的和没有挑战性的工作时，支持型领导方式能够为下属提供工作本身所缺少的“营养”。

当任务不明确时，参与型领导方式的效果最佳，因为参与活动可以澄清达到目标的路径，帮助下属知道通过什么路径和实现什么目标。另外，如果下属具有独立性和强烈的控制欲，参与型领导方式也具有积极影响，因为这种下属喜欢参与决策和工作建构。

如果组织要求下属完成模棱两可的任务，成就导向型领导方式的效果最好。在这种情境中，激发挑战性和设置高标准的领导者，能够提高下属对自己有能力达到目标的自信心。事实上，成就导向型领导可以帮助下属感到他们的努力将会产生有效的成果。

四、领导者-参与模型①

弗罗姆（Vroom）和耶顿（Yetton）于 1973 年提出了领导者-参与模型（Leader-participation Model），该模型运用权变思想将领导行为和参与决策联系在一起。相对其他的领导权变理论，该模型更为规范，提供了根据不同的情境类型而需遵循的一系列规则，从而确定决策过程中领导者和下属参与的类型和程度。最初的决策树模型包含七项权变因素和五种可供选择的领导风格。由于该模型极其复杂和烦琐，这里仅作一个简单的介绍。

该模型考虑的领导风格共有以下五种情形：

独裁Ⅰ：使用自己手头现有的资料独立解决问题或作出决策。

独裁Ⅱ：从下属那里获得必要的信息，然后独立作出决策。在从下属那里获得信息时，你可以告诉或不告诉他们你的问题。在决策中，下属的任务是向你提供必要信息而不是提出或评估解决方案的可行性。

磋商Ⅰ：与有关的下属进行个别讨论，获得他们的意见和建议，所作出的决策可能受到或不受到他们的影响。

磋商Ⅱ：与下属们集体讨论有关问题，收集他们的意见和建议，所作出的决策可能受到或不受到他们的影响。

群体决策：你与下属们集体讨论问题，你们一起提出和评估可行性方案，并试图获得一致的解决办法。

在各种不同的情境下，如何从这五种领导风格中进行选择呢？弗罗姆和耶顿最初提出了七个权变变量来描述具体情境，弗罗姆和亚瑟·加哥（Arthur Jago）后来又对该模型进行了修正，将权变因素增加到十二个：

QR：质量要求，说明该决策的技术质量有多重要。

CR：承诺要求，说明下属对决策的承诺有多重要。

LI：领导者的信息，说明领导者是否拥有足够的信息作出高质量的决策。

ST：问题结构，说明问题的结构是否清楚。

CP：承诺的可能性，如果领导者独自作出决策，看下属是否会对该决策作出承诺。

GC：目标一致性，说明问题解决后所达成的组织目标是否为下属所认可。

CO：下属的冲突，说明作出的决策是否会与下属发生冲突。

SI：下属的信息，说明下属是否拥有足够的信息以作出高质量的决策。

---

① 斯蒂芬·P. 罗宾斯，等. 组织行为学. 孙健敏，等译. 14 版. 北京：中国人民大学出版社，2012：332-335.

TC：时间限制，看领导者是否因为时间紧迫而限制了下属的能力。

CP：地域的分散，看把分散的下属召集到一起的代价是否过高。

MT：激励-时间，说明在最短的时间内做决策有多重要。

MD：激励-发展，看为下属提供发展的机会是否重要。

该模型的决策过程就是要把每一个情境变量变为问题，按照既定的先后顺序逐步判断，进行选择，从而作出决策。

一些研究结果证实了领导者-参与模型的正确性，该模型也提供了更大范围的领导风格以及情境变量，并且认为领导者的风格是可以改变的。但是该模型过于复杂，在实践中领导者很难根据模型作出决策。

五、对领导权变理论的评价

领导权变理论与以往的领导特质理论和领导行为理论最大的不同在于领导权变理论认为领导是关于领导者、被领导者和环境的函数。

首先，权变理论统合了领导现象的复杂性。领导作为一种极为复杂的社会现象，不仅是领导者本人的行为结果，而且还有赖于周围的领导环境。领导者特质研究和领导者行为研究皆以领导者为出发点，以领导者个人的内在素质或行为来探究领导现象，不同程度地忽略了与领导现象相关的领导环境的重要作用，忽略了被领导者在领导过程中的作用。领导权变理论研究把领导者个人特质、领导者行为及领导环境相互联系起来，从而创造了一套比较完善的领导理论体系。

其次，权变理论的另一个重要贡献是它为人们提供了一套有效的领导方法。领导者特质的研究重点在于分析领导者应具备的各种特质，以此作为选拔领导者的依据，而没有涉及领导方法的领域。领导者行为研究虽已涉足领导方法领域，但其研究主要是想从众多的成功领导者的行为中概括出一套理论的、固定不变的和放之四海皆适用的领导方式。而领导权变理论则从领导者个人特质、领导者行为及领导环境交互影响来解释领导现象，否认有任何固定不变、普遍适用的领导方式的存在，认为任何领导方式在与环境的适当搭配下，均可能成为最有效能的领导方式，因此它没有提出有关最佳领导方式的主张，而代之以领导方式与情境匹配的模式。

最后，领导权变理论更切合实际工作中领导者的需要。由于领导本身是一种极为复杂的社会现象，加之研究者的观点和研究方法的不同，因此不论是领导特质研究还是领导行为研究，所得研究结果都存在矛盾，使实际工作中的领导者无所适从。由于领导权变理论以统合的方式和权变的观点解释了领导现象的复杂性，吸收了前人有益的研究成果，因此为人们提供了研究领导现象的新途径和提高领导效能的新方法，这就在很大程度上拉近了领导理论与实际的距离，满足了实际工作者对领导理论的需要。

9.5 领导理论的新进展及应用

近年来领导理论又有了一些新进展，主要包括领导者-成员交换理论、领导归因理论、魅力型领导理论以及交易型领导与变革型领导理论等。这些理论都有一个共同点，那就是它们都减少了理论上的复杂性，而从普通人的角度来看待领导这一现象。

一、领导者-成员交换理论①

领导者-成员交换理论是由乔治·格里奥（George Graeo）提出的。该理论认为，领导者对待下属的方式是有差别的；组织成员关系的集合中往往会包括一小部分高质量的交换关系（圈内成员之间）和大部分低质量的交换关系（圈外成员与圈内成员之间）。一般来说，领导者倾向于将个人特点（如年龄、性别、态度）与领导者相似、有能力、性格外向的人选为圈内人，其他下属则成为圈外人。圈内人受到领导者的信任，得到领导者的格外关照和特权，得到的绩效评估等级更高，对领导者更满意。而圈外人则与领导者交往的时间较少，得到的奖励机会也较少，他们与领导者的关系更多地局限于正式职务关系。

有很多的研究对该理论提供了支持性的证据，领导者对待下属的方式的确是有差异的。在实际工作中，应当注意防止这种圈内交换关系变成裙带关系，滋生腐败，或是形成同质性的小群体，从而导致缺乏创新。

二、领导归因理论②

领导归因理论（Attribution Theory of Leadership）是在归因理论的基础上，由特伦斯·米切尔首先提出的一种领导理论。这种理论指出，领导者对下级的判断会受到领导者对其下级行为归因的影响。但领导者对下级行为的归因可能有偏见，这将影响领导者对待下级的方式。同样，领导者对下级行为归因的公正和准确也将影响下级对领导者遵从、合作和执行领导者指示的意愿。领导者典型的归因偏见是把组织中的成功归因于自己，把失败归因于外部条件，把工作的失败归因于下级，把工作的成功归因于自己。而员工可能会把他们的绩效归因于领导者，从而导致对他们的领导者形成积极的或消极的态度。

归因是指个体对他人或自己行为的原因进行理解的过程。通过归因，个体能够清楚他人行为是基于内因还是基于外因，从而有助于理解、评价、影响他人的行为。领导归因理论指出，领导者对下级行为原因的解释，尤其是对下级工作绩效的归因影响着管理措施的采用。研究发现，领导者对下级常犯基本归因错误，即在对他人的行为进行归因时，倾向于低估外在因素的影响，高估内部因素的影响。此外，对于地位高的员工来说，领导者更可能把绩效高归为内部因素；对于地位低的员工来说，领导者更可能把绩效低归为内部因素。

领导归因理论表明，领导者观察下级行为表现及所处环境，做出归因分析和判断，再根据归因结果做出相应的行为反应。在归因分析和判断中，领导者根据自己的观察把下级的行为归于外因或内因，但这期间受两方面因素的影响：其一是观察线索，即领导者要考虑下级行为的差异性（是仅对此项工作还是对所有工作）、普遍性（是仅他一人如此还是全体皆然）和一贯性（是偶尔为之还是长期如此）；其二是领导者的个人偏见。在行为反应中同样也受两方面因素的影响，即对所造成后果影响的认识和领导者的偏见。

---

① 斯蒂芬·P. 罗宾斯，等．组织行为学．孙健敏，等译．14版．北京：中国人民大学出版社，2012：330－331.

② 同①338.

因此，克服领导者的归因偏见是有效领导的重要条件之一。领导归因理论的主要贡献在于提醒领导者要对下级的行为做出准确“诊断”，并“对症下药”，以达到有效管理的目的。

三、魅力型领导理论①

魅力型领导理论（Charismatic Leadership Theory）是指领导者利用其自身的魅力鼓励追随者并做出重大组织变革的一种领导理论。20 世纪初，德国社会学家韦伯提出“charisma”，即“魅力”的概念，意指领导者对下属的一种天然的吸引力、感染力和影响力。但从 20 世纪 70 年代后期开始，一些学者对这一概念重新作了解释和定义，进行了深入的研究，加入了新的内容，并且有不少研究者试图确认具有领袖魅力的领导者的个人特征。

豪斯（Robert House）于 1977 年指出，魅力型领导者有三种个人特征，即高度自信、支配他人的倾向和对自己的信念坚定不移。随后，本尼斯（W. Bennis）在研究了 90 名美国最有成就的领导者之后，发现魅力型领导者有四种共同的能力：有远大的目标和理想；明确地对下级讲清这种目标和理想并使之认同；对理想的贯彻始终和执着追求；知道自己的力量并善于利用这种力量。加拿大麦吉尔大学的康格（Conger）与凯南格（Kanungo）对魅力型领导者进行了最全面的分析，他们概括出魅力型领导者区别于无魅力领导者的下述特征②：

（1）反对现状并努力改变现状；

（2）设置与现状距离很远的目标前景；

（3）对自己的判断力和能力充满自信；

（4）能深入浅出、言简意赅地向下级说明自己的理想和远大目标，并使之认同；

（5）采取一些新奇、违背常规的行为，当他们成功时，会引起下级的惊讶和赞叹；

（6）对环境的变化非常敏感，并采取果断措施改变现状；

（7）经常依靠专长权力和参照权力，而不仅只用合法权力；

（8）经常突破现有秩序的框架，采用异乎寻常的手段达到远大的目标；

（9）被认为是改革创新的代表人物。

但一些学者的研究也指出，魅力型领导者也可能有消极的一面。如果魅力型领导者过分强调个人需要高于一切，要求下级绝对服从，或利用其高超的说服能力误导或操纵下级，则可能产生不良结果。

魅力型领导理论从 20 世纪 80 年代起，日益受到研究者的重视。这是因为随着经济全球化的发展，市场竞争日趋激烈，各类组织尤其是企业组织迫切需要魅力型领导者的改革和创新精神，以应对环境的挑战，进行各种危机管理。康格在 1989 年提出了魅力型领导的四阶段模型，这四个阶段包括③：

首先，对环境作持续评估，形成愿景。

其次，运用动听的、说服性的语言与组织成员进行愿景沟通。

再次，构建组织成员的信任和忠诚。下属自愿地而非被强迫地支持领导者实现愿景，领导者进而构建组织成员对他本人及目标愿景的信任和信心，做到这一步，需要领导者的

---

① 斯蒂芬·P. 罗宾斯，等．组织行为学．孙健敏，等译．14 版．北京：中国人民大学出版社，2012：338－340.

② 同①338－339.

③ 顾琴轩．组织行为学：新经济·新环境·新思维．2 版．上海：上海人民出版社，2007：329－330.

冒险精神、非传统的知识和经验以及自我牺牲精神。

最后，实现愿景。运用角色建模、授权以及一些非传统技术实现愿景。

四、交易型领导与变革型领导理论

本单元前面介绍的大多数领导理论，从领导行为理论到领导权变理论，都属于交易型领导理论。它们都强调通过明确角色或者任务要求来指导下属，或者通过激励下属来实现既定目标。交易型领导的特征是强调交换，在领导者与下属之间存在着一种契约式的交易。在交换中，领导者给下属提供报酬、奖励、晋升机会、荣誉等，以满足下属的需要与愿望；而下属则以服从领导者的命令指挥、完成其所交给的任务作为回报。尽管下属会服从领导者的要求，但不会产生对组织的热情和忠诚。

另一种类型的领导者是变革型领导者。他们让下属了解组织目标的重要性，鼓励下属为了组织利益超越个人利益，激发他们高层次的需要，从而对下属产生深远而不同寻常的影响，下属对领导者和组织怀有信任和忠诚感。

表 9－5 概括了交易型领导者与变革型领导者各自的特点。

表 9－5　交易型领导者与变革型领导者的特点

交易型领导者 权变奖励：努力与奖励相互交换原则，良好的绩效是奖励的前提，承认成就。 通过例外管理（主动）：监督、发现不符合规范与标准的行为，把它们改正为正确行为。 通过例外管理（被动）：只有在没达到标准时才进行干预。 自由放任：放弃责任，回避决策。
变革型领导者 领袖魅力：提供远见和使命感，逐步灌输荣誉感，赢得尊重与信任。 感召力：传达高期望，使用各种方式强调努力，以简单明了的方式表达重要意图。 智力刺激：激励智力、理性和周到细致的问题解决活动。 个别化关怀：关注每一个人，针对每个人的不同情况给予培训、指导和建议。

资料来源：斯蒂芬·P. 罗宾斯，等．组织行为学．孙健敏，等译．14 版．北京：中国人民大学出版社，2012.

五、领导方式的选择

尽管存在各种不同的领导方式，但归纳起来，不外乎三种类型：集权型、民主型和放任型。在企业的实际工作中，如何选择合适的领导方式，需要考虑以下几个方面的因素：领导者因素、下属成熟度、工作性质以及组织环境。

（一）领导者因素

每个领导者都会根据自己的经历和知识来看待其领导工作，所以领导者的能力、个性、态度和情感必然会影响其对于领导方式的选择。

领导者的领导能力是指其调控的能力和驾驭的能力。一般来说，领导能力越高，就越容易采用集权型的领导方式；领导能力越低，就越应采用民主型的领导方式。

领导者的个性是指领导者对权力的偏好。有些领导者崇尚组织中有一个强有力的指挥，他们往往有集权的倾向；而有些领导者则习惯成为团队中的一员，促进团队内部竞争，鼓励多样性和创新性，他们往往会与下属一起分享权力。

集权或分权取决于领导者对下属的态度。有些领导者对下属的能力非常认可，他们认为员工的职业生涯对组织的长期发展至关重要，那么他们也会对下属授予更多的权力。有些领导者采取集权管理往往是因为他们更加相信自己的能力，对下属缺乏信任。

对安全有着强烈情感需要的领导者，尤其在某些不确定的环境下，唯恐因为自己放弃权力使整个工作的推进过程变得无法控制而增加业务的风险，所以往往采用集权型的领导方式来保证目标的达成。这一类领导者，无论是对工作的过程还是结果，都力求达到较高的可预见性和稳定性。

（二）下属成熟度

领导方式的有效性与下属成熟度的高低密切相关。下属成熟度是指个体完成某一具体任务的能力和意愿程度。领导方式的选择之所以要重视下属是基于这样一个事实：无论领导者做什么，其效果都取决于下属接纳或拒绝的程度。

根据赫西与布兰查德的领导情境理论，领导方式可分为指示型、推销型、参与型和授权型。该理论认为在员工的职业生涯早期，员工的工作能力和工作意愿较低，领导者应该尽可能给予员工指导和帮助，即采用指示型的领导方式。随着员工职业能力的提高，高任务与高关系的领导方式更适合于员工的发展，应采用推销型领导方式。当员工步入职业生涯鼎盛时期，领导者的主要角色是提供便利和沟通，应采用参与型领导方式。在员工职业生涯晚期，各方面都能自律自主，领导者应该给予员工一定的决策权力，这时，应采用授权型的领导方式。这是一个随着下属成熟度不断提高，领导方式从集权型向民主型逐渐转变的过程。

（三）工作性质

领导方式的有效性还与工作的性质密切相关。现代领导活动专业化的特征使领导者面临许多技术含量很高的问题。如果一项工作的技术化程度、专业化程度较高，超出了领导者个人素质所能承受的限度，那么领导者采取分权的领导方式的可能性较大。另外，对完成工作目标的时间限制也是领导方式选择的重要依据。在领导者觉得必须立即作出决策时，往往很难让别人参与。所以，那些经常处于“危机”和“紧急状态”的组织一般都倾向于集权管理。领导方式的选择还与具体决策的利益相关性有关，当一项工作的组织利益相关性远远大于个人利益相关性时，采取分权的领导方式往往会加剧决策的混乱。反之，当一项工作的个人利益相关性远远大于组织利益相关性时，领导者在决策时让下属分享并使用权力是极为必要的。

（四）组织环境

影响领导方式有效性的另一个重要因素就是组织环境。因为任何领导方式，无论是集权化还是分权化都有其优势和劣势，选择领导方式的关键在于判断哪种领导方式更适合当前的组织环境，能够更大程度地扬长避短，从而更好地实现组织的战略目标。这里的组织环境既指组织内部领导者周围的各种条件，又包括组织与社会的关系。所以在进行领导方式选择前，应该对组织环境的各个因素如组织结构、人员比例、市场环境、竞争对手、主要供应商、客户等进行分析。对环境的确定程度对领导方式的选择有着直接的影响，一般而言，分权管理因为信息传递成本较低，并且能够很好地发挥下层的主动性和创造性，所以更适合不确定性较高的环境。反之，环境不确定性较低的企业，其对市场适应力的要求不高，可以通过集权管理来提高管理的效率。又如，组织不同层次的管理层的领导方式也是不一样的，企业上层由于其决策的重要性更倾向于采用民主型的领导方式；而中层则可以适当地集中；至于基层可以灵活变通。

从上述分析中可以得出，有效领导方式选择的关键取决于该领导方式与领导者和情境包含的多重变量的匹配程度。所以，我们绝不能简单地将成功的领导者归结为强硬的领导者或民主的领导者。成功的领导者的共同特点应当是：在多数情况下能够准确地估量各种影响因素和条件，据此确定自己的领导方式并采取相应的实际行动。

本单元内容提要

1. 领导是通过对个人或群体施加影响，以实现共同目标的过程。在企业的实际情况中，领导在产生方式、所处理的问题、主要行为以及影响下属的方式等方面有别于管理。有关领导的理论经历了领导特质理论到领导行为理论，再到领导权变理论的发展历程，在近年来还出现了一些新进展。

2. 领导特质理论主要认为领导者的成功是由其独特的个人特质或者技能来决定的。但领导特质理论并没有找到大家公认的一些特质，并且也忽略了其他的一些影响变量。

3. 对于领导行为理论的研究，比较著名的有：艾奥瓦大学的研究、俄亥俄州立大学的研究、密歇根大学的研究、管理方格论，这些理论都是从领导行为的维度来解释领导现象，但忽略了情境因素的影响。

4. 由于领导特质理论与领导行为理论的局限性，领导权变理论引入了情境的变量。费德勒权变模型、情境领导理论、路径-目标理论、领导者-参与模型分别对不同的情境变量进行了分离和研究，并且取得了大量的成果。

5. 近年来，领导理论取得了一些新进展，有学者提出了领导者-成员交换理论、领导归因理论、魅力型领导理论、交易型领导与变革型领导理论等更直观的理论对领导现象进行解释。

6. 尽管有许多领导理论，但在选择合适的领导方式时，需要充分考虑领导者因素、下属成熟度、工作性质以及组织环境等影响因素。

技能培养与练习

1. 什么是领导？领导与管理有什么区别？
2. 领导理论的发展路线是怎样的？
3. 领导特质理论有什么局限性？
4. 什么是管理方格论？它与俄亥俄州立大学、密歇根大学研究的观点有什么异同？
5. 情境领导理论包含哪些权变变量？其他权变理论是否也包括这些变量？
6. 交易型领导和变革型领导的特点各是什么？
7. 如何选择合适的领导方式？

技能练习

技能开发

案例分析

领导风格的差异

某市建筑工程公司是一家大型施工企业，下设一个工程设计研究所、三个建筑施工队。研究所由 50 名具有高、中级职称的专业人员组成。施工队有 400 名正式职工，除少数领导骨干外，多数职工文化程度不高，没受过专业训练，在施工旺季还要从各地招收 400 名左右的临时工补充劳动力的不足。

张总经理把研究所的工作交给唐副总经理直接领导、全权负责。唐副总经理是一位高级工程师，知识渊博，作风民主，在工作中，总是认真听取不同意见，从不自作主张、硬性下发规定。公司下达的施工设计任务和研究所的科研课题都是在全所人员共同讨论、出谋献策并取得共识的基础上，作出具体安排的。他注意发挥每个人的专长，尊重个人兴趣、爱好，鼓励大家取长补短、相互协作、克服困难。在他的领导下，科技人员的积极性很高，聪明才智得到了充分发挥，年年超额完成创收计划，在科研方面也取得了显著成绩。

公司的施工任务由张总经理亲自负责。张总经理是工程兵出身的复员转业军人，作风强硬，对工作要求严格认真，工作计划严密、有部署、有检查，要求下级必须绝对服从，不允许自作主张、走样变形。不符合工程质量要求的，要坚决返工、罚款；不按期完成任务的扣发奖金；对在工作中相互打闹、损坏工具、浪费工料、出工不出力、偷懒耍滑等破坏劳动纪律的都要严厉地批评、处罚。一些人对张总经理的这种不讲情面、近似独裁的领导方式很不满意。张总经理深深懂得，若不迅速改变职工素质低、自由散漫的习气，企业将难以长期发展下去，于是他亲自抓职工文化水平和专业技能的提高。在张总经理的严格管教下，这支自由散漫的施工队逐步走上了正轨，劳动效率和工程质量迅速提高，第三年还创造了全市优质样板工程，受到市政府的嘉奖。

思考题：

1. 你认为这两种领导方式谁优谁劣？
2. 为什么他们都能在工作中取得好成效？
3. 如果你是领导者，你会采用什么样的领导方式？

单元 10
组织理论及其应用

学习目标

知识目标：

1. 理解组织的概念
2. 了解组织理论的发展历程
3. 认识常见的组织设计形式
4. 了解组织变革的动力与阻力
5. 了解组织发展的特征与流程

技能目标：

1. 掌握组织结构设计的六要素
2. 知道如何设计组织结构
3. 掌握常用的组织变革方法
4. 学会运用相关策略去克服组织变革的阻力

素养目标：

1. 学会结合中国社会发展情况去思考和创新组织结构
2. 理解社会发展与组织发展和变革之间的关系

组织理论是一门新兴的管理学科，是企业管理学科体系中的一个重要分支，它主要研究企业组织结构的设计与变革。本单元将对组织理论作一个简要的介绍。通过本单元的学习，相信你将对什么是真正的组织、如何设计组织的结构及组织何时需要变革等问题有一定的认识。

10.1　组织的概念、类型与功能

一、组织的定义与特征

（一）什么是组织

“组织”一词有两种含义：一种是动词，就是有目的、有系统地集合起来，如组织群众，这种组织是管理的一种职能；另一种是名词，指按照一定的宗旨和目标建立起来的集体，如工厂、机关、学校、医院、各级政府部门、各个层次的经济实体、各个党派和政治团体等。

从广义上说，组织是指由诸多要素按照一定方式相互联系起来的系统。它包含生物学中的有机体组织，如皮下组织、肌肉组织等；也包括动物的群体组织，如一窝蜜蜂，还有人的组织等。

组织是指人们为了实现一定目标，运用信念、理想、态度、知识、技能和其他要素互相协作结合而成的具有一定边界的集体或团体，如党团组织、工会组织、企业、军事组织等。加雷思·摩根从不同的角度对组织进行定义，如表 10－1 所示。从他的论述中我们可以看出，狭义的组织专门是对人群而言的，运用于社会管理之中。在现代社会生活中，人们已普遍认识到组织是人们按照一定的目的、任务和形式编制起来的社会集团，组织不仅是社会的细胞和社会的基本单元，而且可以说是社会的基础。本单元所说的组织就是指狭义的组织。

表 10－1　什么是组织

- 组织是追求目标的理性实体，如企业；
- 组织是权力分子的结盟，如立法机构；
- 组织是与环境互动的开放系统，如科研单位；
- 组织是为了实现目的而建立的人为系统，如宗教团体；
- 组织是由相对独立的单位组成的松散式结构，如学校；
- 组织是影响决策的政治系统，如工会；
- 组织是对内部成员互动加以约束的工具，如军队；
- 组织是通过内部纵向、横向关系处理资讯的单位，如行政部门；
- 组织是成员只能接受制度而无权自由选择偏好的模式，如工厂；
- 组织是由不成文的协议构成的团体，如利益集团。

资料来源：加雷思·摩根．组织．北京：清华大学出版社，2005.

（二）组织的特征

所有组织，无论是社会组织还是生物组织，都具有目的性、整体性和开放性三个主要特征。

（1）目的性，即组织成员是为一个共同目标而结合起来的。

（2）整体性，即组织是作为一个整体存在的。组织中的成员通过分工而专门从事某项职能工作，组织结构将他们联结成一个相互关联的整体。

（3）开放性，即组织具有不断地与外界环境进行物质、能量、信息交换的性质和功能。任何具体组织作为整体都不是孤立存在的，它总是处于一定的环境之中，并且同环境相互联系、相互作用，从而表现出自己的整体性能。组织向环境开放是组织得以向上发展的前提，也是组织得以稳定存在的条件。

二、组织的分类

（一）按组织的规模分类

组织按规模的大小可分为小型组织、中型组织和大型组织。比如，同是企业组织，就有小型企业、中型企业和大型企业；同是医院组织，就有个人诊所、小型医院和大型医院；同是行政组织，就有小单位、中等单位和大单位。按这个标准进行分类具有普遍性，不论何种类型的组织都可以进行这种划分。以组织规模划分组织类型，是对组织现象的表面认识。

（二）按组织的社会职能分类

组织按社会职能的不同可分为文化性组织、经济性组织和政治性组织。文化性组织是一种人们之间相互沟通思想、联络感情、传递知识和文化的社会组织，各类学校、研究机关、艺术团体、图书馆、艺术馆、博物馆、展览馆、纪念馆、报刊出版单位、影视电台机关等都属于文化性组织。文化性组织一般不追求经济效益，大多属于非营利组织。而经济性组织是一种专门追求社会物质财富的社会组织，它存在于生产、交换、分配、消费等不同领域，工厂、工商企业、银行、财团、保险公司等社会组织都属于经济性组织。政治性组织是一种为某个阶级的政治利益而服务的社会组织，国家的立法机关、司法机关、行政机关、政党、监狱、军队等都属于政治性组织。

（三）按组织内部是否有正式分工关系分类

组织按内部是否有正式分工关系可分为正式组织和非正式组织。正式组织是为了有效地实现组织目标，明确规定组织成员之间职责和相互关系的一种结构，其组织制度和规范对成员具有正式的约束力。对成员有无正式的约束力是判别一个组织是否为正式组织的主要标准。

非正式组织则是组织成员在感情相投的基础上，由于现实观点、爱好、兴趣、习惯、志向等一致而自发形成的结伙关系。非正式组织也有自己的目的，也可能存在分工，但是其目的和分工并不是经过正式计划的，也没有严格的规章制度来保证其目的和分工的实施与存续。非正式组织中的目的和分工是自发的、富有弹性的、非生存性的或自娱性的。正式组织与非正式组织的区别主要有四个方面，如表 10－2 所示。

表 10－2　正式组织与非正式组织的区别

正式组织	非正式组织
有经过计划的正式的组织结构	没有正式计划的组织结构
有意创造出具有一定形式的关系	经由相互作用而自发产生
通常用组织结构图来说明	不用图表来说明
传统理论推崇正式组织	人际关系理论推崇非正式组织

非正式组织在满足组织成员个人的心理和感情需要方面较正式组织更具有优越性，而且它形式灵活，稳定性弱，覆盖面广（可以渗透组织内不同部门甚至组织外部），几乎所有正式组织的成员都会介入某种类型的非正式组织。因此，管理者应正视非正式组织的存在，在组织中有意识地引导和促进具有积极意义的非正式组织的形成和发展，努力使其成为正式组织的辅助力量。

三、组织的心理功能

（一）进行角色规定

组织首先必须规定成员的角色，分配角色任务，同时对角色的职、责、权进行明确的划分。

（二）进行目标协调

组织对整体的目标、各部门的目标以及组织成员个人的目标进行协调，以使组织整体服从并实现组织的目标。

（三）进行信息选择

对于一个组织来说，信息的选择是一个重要的管理手段。没有真实而有效的信息，组织的发展就可能产生方向性的问题，管理也会因此而陷入混乱之中。

（四）对成员有心理动力作用

组织可以聚合全体成员的力量为实现组织目标而共同努力，也可以使全体成员为完成任务而产生心理动力。这种心理动力表现在三方面：强制性（如规章制度）、功利性（如奖惩制度）、规范性（如价值观、信念等）。不同的组织起主要作用的心理动力不同，如监狱、精神病院等是强制性起主要作用；政党、社团组织等是规范性起主要作用；工商企业则多为功利性起主要作用。

10.2　组织理论

组织理论主要是告诉管理者如何协调、控制和指挥组织中的人进行劳动。随着科学技术水平和社会生产力水平的提高，组织理论也在发展变化，主要有古典组织理论、新古典组织理论以及现代组织理论。

一、古典组织理论

古典组织理论最早可追溯到亚当·斯密。他在《国富论》中首先提出了劳动分工的原则。劳动分工原则是组织设计的一个基本原则，至今仍具有生命力。古典组织理论的正式产生和盛行时期为 19 世纪末期和 20 世纪初期，可分为科学管理理论、行政管理理论和官僚制理论三派，主要代表人物分别为泰勒、法约尔和韦伯。

古典组织理论侧重于对静态组织的研究，注重组织效率。其主要论点有：

(1) 劳动分工：组织的每一单位，无论是横向的部门或单位还是纵向的高、中、低层，都是根据劳动分工的原则进行区分和设置的。

(2) 职权与职责：组织中每一单位、单位内每一个职位，均有明确规定的职权与职责。组织中每一单位的主管或员工都必须按规定的职权与职责进行工作。

(3) 等级制度：组织中必须划分严格的等级，上级对下级下达命令，下级必须接受和执行。另外，上级不能越级指挥，下级也不可越级汇报，以保证统一指挥、统一领导。

(4) 严格的规章制度：强调组织中建立规章制度的必要性，要求每一名员工，无论职位高低，都必须依照规章制度办事。

二、新古典组织理论

新古典组织理论又称“行为科学组织理论”，形成于 20 世纪 30 年代，其代表人物有梅奥、麦格雷戈、巴纳德、西蒙等人。行为组织理论的基本思想是以人为中心，强调人际关系和信息沟通。该理论认为：人是组织的主宰，要注意发挥人的主观能动性；应尽量满足员工的需要，根据兴趣爱好分配工作，因事择人，量才而用；根据人的需要和特点设置组织层次和单位；重视非正式群体的作用，激发员工工作主动性和积极性。然而，行为组织理论过分强调人际关系和满足社会心理需要，从而降低了专业化、分工、统一指挥和制度的有效性，使生产率的提高受到制约。

小资料

组织理论的拓展知识

三、现代组织理论①

现代组织理论是20世纪60年代至70年代末形成的，主要代表人物包括钱德勒、劳伦斯等人。其基本思想是：把组织看成开放的理性模式，外部环境对组织结构和管理起决定性作用，组织结构和管理方式必须服从整体的战略目标；强调组织是社会组织，具有生存价值、社会作用和个性特征；强调人是组织的中心，因而衡量组织经营状况，不仅要考虑其经济效益指标，还要考虑员工的工作、生活质量，使员工认识到自己存在的价值并得到组织的承认与尊重。

10.3 组织结构与设计

一、组织结构

组织结构，即组织内部的一种框架结构，它决定了组织完成工作任务时如何进行分工、分组、协调、合作。管理者在发展或变革一个组织的结构时，就在开展组织设计工作。

管理者在进行组织结构设计时，必须考虑六个关键因素：工作专门化、部门化、命令链、控制跨度、集权与分权、正规化，如表10－3所示。

表10－3　组织结构设计的关键因素

关键因素	关键问题
工作专门化	任务分解、细化到什么程度？
部门化	工作分组的目的是什么？
命令链	员工向谁汇报工作？
控制跨度	一个经理管几个下属？
集权与分权	决策权放在哪一级？
正规化	应该在多大程度上利用规章制度？

资料来源：斯蒂芬·P. 罗宾斯，等. 管理学. 孙健敏，等译. 14版. 北京：中国人民大学出版社，2012.

（一）工作专门化

20世纪初，亨利·福特（Henry Ford）通过建立汽车生产线而享誉全球。他的做法是，

① 沈亚平. 现代组织理论与管理. 天津：天津大学出版社，2003.

给公司每一位员工分配特定的、重复性的工作，例如，有的员工只负责装配汽车的右前轮，有的员工则只负责安装右前门。福特通过把工作分成较小的、标准化的任务，利用技能相对有限的员工，每 10 秒钟就能生产出一辆汽车。

福特的经验表明，让员工从事专门化的工作，他们的生产效率会提高。今天，我们用工作专门化这个术语或劳动分工这类词汇来描述组织中把工作任务划分成若干步骤来完成的细化程度。

（二）部门化

一旦通过工作专门化完成任务细分之后，就需要按照类别对它们进行分组以便使共同的工作可以进行协调。工作分类的基础是部门化。以下是四种通用的部门化方式：

1. 职能部门化

对工作活动进行分类的依据是活动的职能。制造企业的总经理通过把财务、研发、生产、营销、人事等方面的专家划分成共同的部门来组织其工厂运转，如图 10－1 所示。

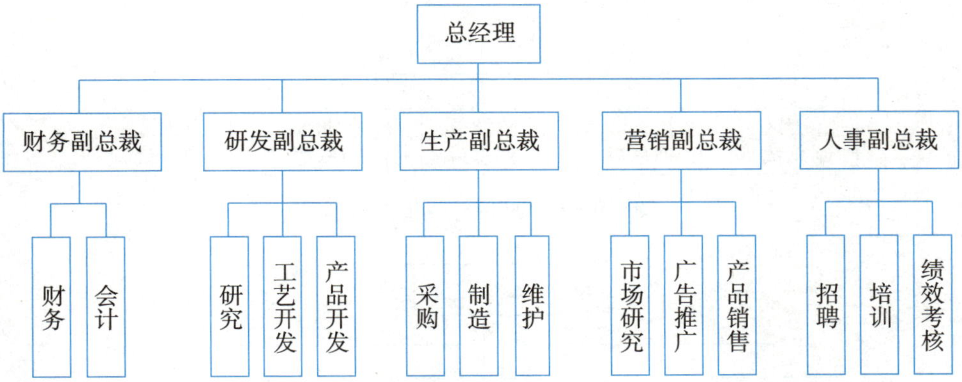

图 10－1　职能部门化组织结构

根据职能进行部门的划分适用于所有的组织。职能的变化可以反映组织的目标和活动。一个医院的主要职能部门可能有研究部、护理部、财会部等；而一个职业足球队则可能设球员人事部、售票部、旅行及后勤部等。职能部门化通过把专业技术、研究方向接近的人分配到同一个部门中来实现规模经济。

2. 产品部门化

产品部门化即根据组织生产的产品类型进行部门划分，如图 10－2 所示。这种分组方法的主要优点是可提高产品绩效的稳定性，因为公司中与某一特定产品有关的所有活动都由同一主管指挥。如果一个组织的活动是与服务而不是与产品有关，每一种服务活动就可以自然地进行分工。比如，一个财会服务公司多半会设有税务部门、管理咨询部门、审计部门等，每个部门都会在一个产品或服务经理的指导下提供一系列服务项目。

3. 地区部门化

地区部门化即根据地域来进行部门划分，如图 10－3 所示。例如，就营销工作来说，根据地域，可分为东、西、南、北四个区域，分片负责。如果一个公司的顾客分布地域较广，这种部门化方法就有其独特的价值。

4. 顾客部门化

顾客部门化就是根据顾客的类型来进行部门划分，如图 10－4 所示。根据顾客类型来划分部门的理论假设是每个部门的顾客存在共同的问题和要求，因此通过为他们分别配置有关专家，能够满足他们的需要。

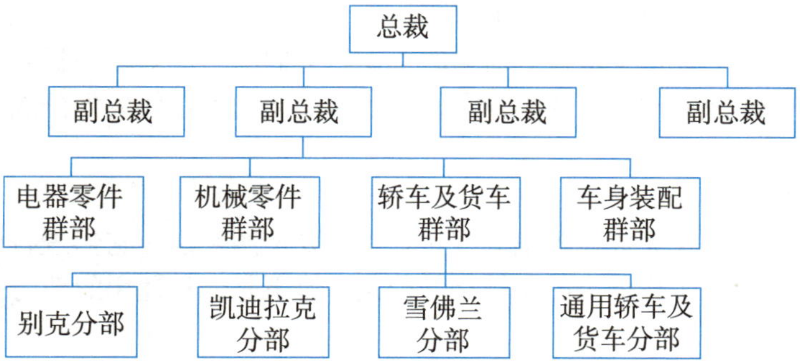

图 10－2　产品部门化组织结构

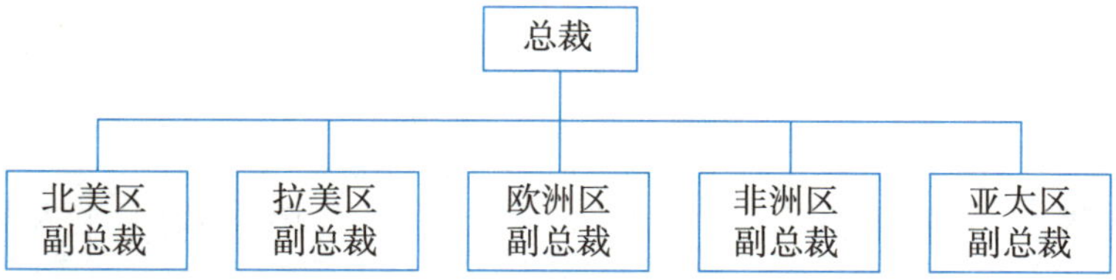

图 10－3　地区部门化组织结构

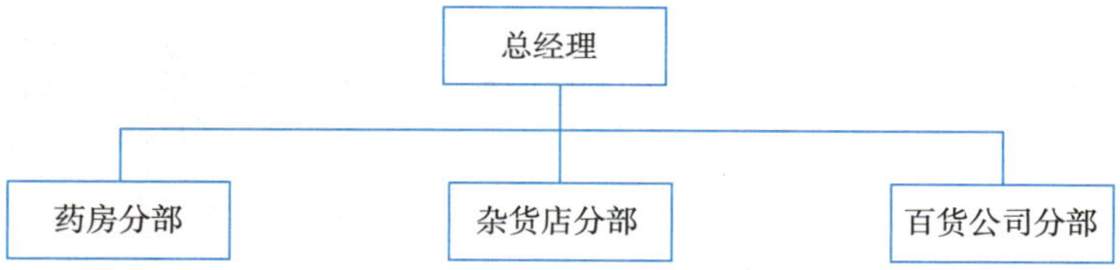

图 10－4　顾客部门化组织结构

（三）命令链

命令链是一种不间断的权力路线，从组织最高层扩展到最低层，澄清谁向谁报告工作的问题。它能够回答员工提出的这种问题：“我有问题时，去找谁?”和“我对谁负责?”等。过去，命令链是组织设计的基石，但今天它的重要性已经大大降低。不过，在决定如何更好地设计组织结构时，管理者仍需考虑命令链的意义。

命令链涉及两个辅助性概念：权威和命令统一性。权威是指管理职位所固有的发布命令并期望命令被执行的权力。为了促进协作，每个管理职位在命令链中都有自己的位置，每位管理者为完成自己的职责任务，都要被授予一定的权威。命令统一性原则有助于保持权威链条的连续性。它意味着，一个人应该对一个主管且只对一个主管直接负责。如果命令链的统一性遭到破坏，一个下属可能就不得不穷于应付多个主管不同命令之间的冲突或优先次序的选择。

（四）控制跨度

控制跨度，即一名领导者直接领导的下级人员的人数。这个问题非常重要，因为它决定着组织要设置多少层次、配备多少管理人员。在其他条件相同时，控制跨度越宽，组织效率越高。

假设有两个组织，基层操作员工都是 4 096 名，如果一个控制跨度为 4，另一个为 8，那么控制跨度宽的组织比控制跨度窄的组织在管理层次上少两层，可以少配备 800 人左右的管理人员。如果每名管理人员年均薪水为 40 000 元，则控制跨度宽的组织每年在管理人员薪水上就可节省 3 200 万元。显然，在成本方面，控制跨度宽的组织效率更高。但是，在某些方面宽跨度可能会降低组织的有效性，也就是说，如果控制跨度过宽，由于主管人员没有足够的时间为下属提供必要的领导和支持，员工的绩效也会受到不良影响。

控制跨度窄也有其好处，把控制跨度保持在 5～6 人，管理者就可以对员工实行严密的控制。控制跨度窄主要有三个缺点：第一，管理层次会因此而增多，管理成本会大大增加。第二，使组织的垂直沟通更加复杂；管理层次增多也会减慢决策速度，并使高层管理人员趋于孤立。第三，易造成对下属监督过严，妨碍下属的自主性。

（五）集权与分权

在有些组织中，高层管理者制定所有的决策，低层管理人员只管执行高层管理者的指示。另一种极端情况是组织把决策权下放到最基层管理人员手中。前者是高度集权式的组织，而后者则是高度分权式的组织。

集权化是指组织中的决策权集中于一点的程度。这个概念只包括正式权威，也就是说，某个位置固有的权力。一般来讲，如果组织的高层管理者不考虑或很少考虑基层人员的意见就决定组织的主要事宜，则这个组织的集权化程度较高；相反，基层人员参与程度越高，或他们越能够自主地作出决策，组织的分权化程度就越高。

集权式组织与分权式组织在本质上是不同的。在分权式组织中，采取行动、解决问题的速度较快，更多的人为决策提供建议，所以员工与那些能够影响他们的工作生活的决策者隔阂较少，或几乎没有。

（六）正规化

正规化是指组织中的工作实行标准化的程度。如果一种工作的正规化程度较高，就意味着做这项工作的人对工作内容、工作时间、工作手段没有太多自主权。管理者总是期望员工以同样的方式投入工作，保证稳定一致的产出结果。在高度正规化的组织中，有明确的工作说明书，有繁杂的组织规章制度，对于工作过程有详尽的规定。而正规化程度较低的工作，相对来说，工作执行者的日程安排没有那么僵硬，员工对自己工作的处理权限就比较大。由于个人权限与组织对员工行为的规定成反比，因此工作标准化程度越高，员工决定自己工作方式的权力就越小。工作标准化不仅减少了员工选择工作行为的可能性，而且使员工无须考虑其他行为选择。

组织之间或组织内部不同工作之间正规化程度差别很大。一种极端情况是某些工作正规化程度很低，如大学书商（向大学教授推销新书的出版商代理人）工作自由权限就比较大，他们的推销用语不要求标准划一，在行为约束上不过就是每周交一次推销报告，并对新书出版提出建议。另一种极端情况是工作正规化程度较高，如某出版公司的职员，他们上午八点要准时上班，否则会被扣掉半小时工资，而且，他们必须遵守管理人员制定的一系列详尽的规章制度。

二、两种不同的组织形式①

不同的组织有不同的组织形式，一般有机械式结构与有机式结构两种类型，如图 10-5

---

① 斯蒂芬·P. 罗宾斯，玛丽·库尔特，戴维·A. 德森佐. 管理学：原理与实践. 毛蕴诗，主译. 10 版. 北京：机械工业出版社，2019.

所示。

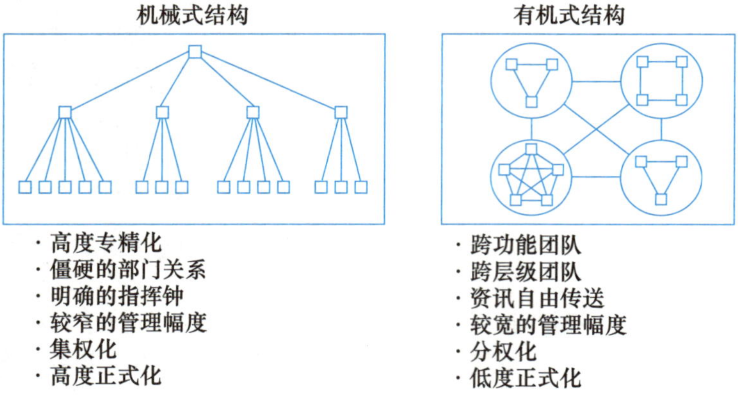

图 10－5　机械式结构与有机式结构

机械式结构是一种刻板的严密控制的结构，而有机式结构是一种灵活的具有高度适用性的结构。对于选用哪种组织形式更好，则要考察组织的环境、战略、规模、技术和文化等权变因素。

三、常见的组织设计[①]

（一）直线制

直线制是一种产生最早也是最简单的组织形式，直线制组织结构如图 10－6 所示。它的特点是各级行政单位从上到下实行垂直领导，下属部门只接受一个上级的指令，各级负责人对所属单位的一切问题负责。厂部不另设职能机构（可设职能人员协助主管人工作），一切管理职能基本上都由行政主管自己执行。直线制结构的优点是：结构比较简单，责任分明，命令统一。其缺点是：它要求行政负责人通晓多种知识和技能，亲自处理各种业务。在业务比较复杂、企业规模比较大的情况下，把所有管理职能都集中到最高主管一人身上，显然主管是难以胜任的。因此，直线制只适用于规模较小、生产技术比较简单的企业，对生产技术和经营管理比较复杂的企业并不适用。

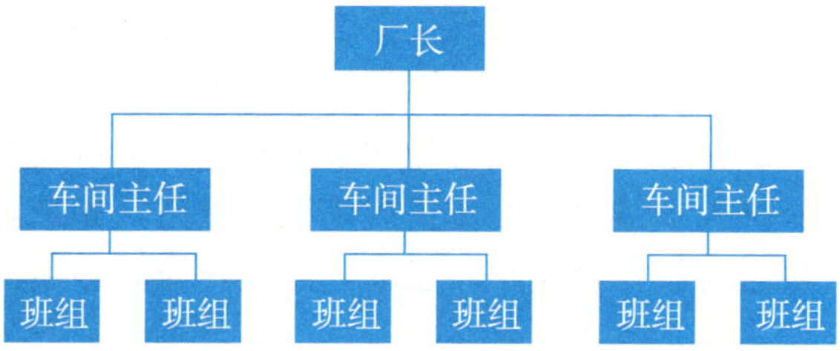

图 10－6　直线制组织结构

（二）职能制

职能制组织结构，是指各级行政单位除主管负责人外，还相应设立一些职能机构，如

① 理查德·L. 达夫特．组织理论与设计．王凤彬，等译．11 版．北京：清华大学出版社，2014.

图 10－7 所示。如在厂长下面设立职能机构和人员，协助厂长从事职能管理工作。这种结构要求行政主管把相应的管理职责和权力交给相关的职能机构，各职能机构有权在自己业务范围内向下级行政单位发号施令。因此，下级行政负责人除了接受上级行政主管人员的指挥外，还必须接受上级各职能机构的领导。

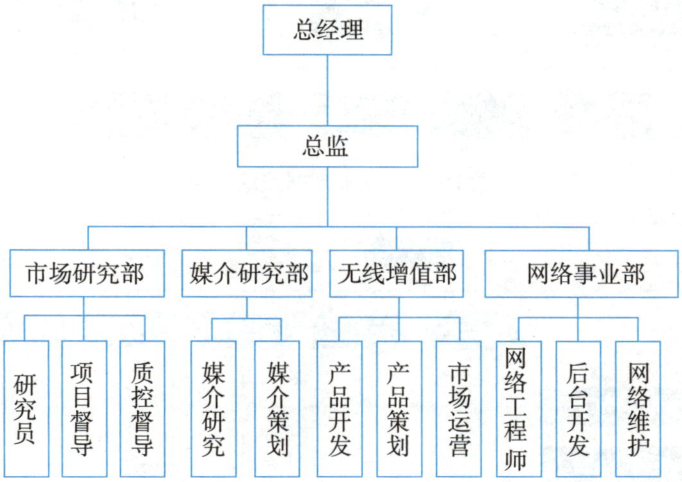

图 10－7　职能制组织结构

职能制的优点是：能适应现代化工业企业生产技术比较复杂、管理工作比较精细的特点；能充分发挥职能机构的专业管理作用，减轻直线领导人员的工作负担。但职能制的缺点也很明显：它妨碍了必要的集中领导和统一指挥，形成了多头领导；不利于建立和健全各级行政负责人和职能科室的责任制，在中间管理层往往会出现有功大家抢、有过大家推的现象；在上级行政领导和职能机构的指导和命令发生矛盾时，下级会无所适从，影响工作的正常进行，容易造成纪律松弛。生产管理秩序混乱。由于这种组织结构形式存在明显的缺陷，现代企业一般都不采用。

（三）事业部制

事业部制最早是由美国通用汽车公司总裁斯隆于 1924 年提出的，故有“斯隆模型”之称，也叫“联邦分权化”，是一种高度（层）集权下的分权管理体制，其组织结构如图 10－8 所示。它适用于规模庞大、产品（服务）品种繁多、技术复杂的大型企业，是国外规模较大的联合公司多采用的一种组织形式，前些年我国一些大型企业集团或公司也引进了这种组织形式。事业部制是分级管理、分级核算、自负盈亏的一种形式，即一个公司按地区或按产品类别分成若干个事业部，从产品设计、原料采购、成本核算、产品制造一直到产品销售，均由事业部及所属工厂负责，实行单独核算，独立经营，公司总部只保留人事决策、预算控制和监督大权，并通过利润等指标对事业部进行控制。也有的事业部只负责指挥和组织生产，不负责采购和销售，实行生产和供销分立，但这种事业部正在被产品事业部所取代。

（四）矩阵制

在组织结构上，既有按职能划分的垂直领导系统，又有按产品（项目）划分的横向领导关系的结构，称为矩阵制组织结构，如图 10－9 所示。

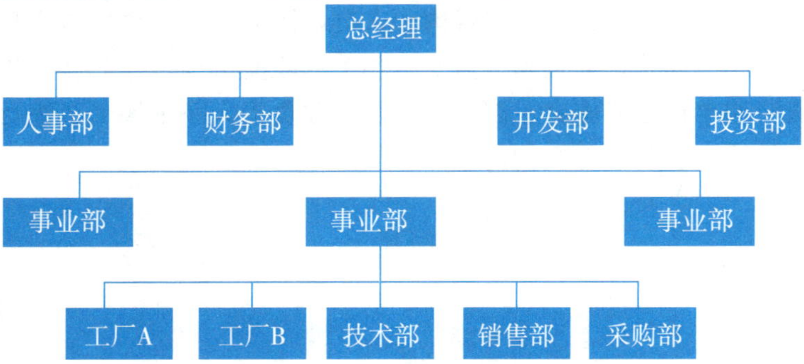

图 10－8　事业部制组织结构

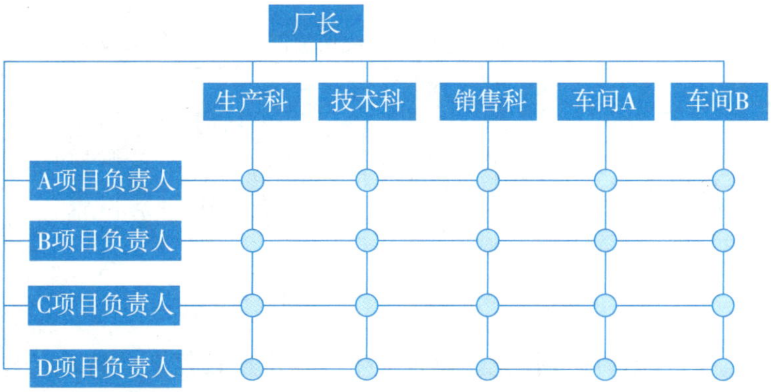

图 10－9　矩阵制组织结构

矩阵制组织是为了改进直线职能制横向联系差、缺乏弹性的缺点而形成的一种组织形式。它的特点是围绕某项专门任务成立跨职能部门的专门机构，例如组成一个专门的产品（项目）小组去从事新产品开发工作，在研究、设计、试验、制造等各个不同阶段，由有关部门派人参加，力图做到条块结合，以协调有关部门的活动，保证任务的完成。这种组织结构形式是固定的，人员却是变动的。项目小组和负责人也是临时组织和委任的，任务完成后就解散，有关人员回原部门工作。因此，这种组织结构非常适用于横向协作和攻关项目。

矩阵制组织结构的优点是：机动、灵活，可随项目的开发与结束进行组织或解散。由于这种结构是根据项目组织的，任务清楚，目的明确，各方面有专长的人都是有备而来，因此在新的工作小组里，能沟通、融合，能把自己的工作同整体工作联系在一起，为攻克难关、解决问题而献计献策。它还加强了不同部门之间的配合和信息交流，克服了直线制结构中各部门互相脱节的现象。

矩阵制组织结构的缺点是：项目负责人的责任大于权力，因为参加项目的人员都来自不同部门，隶属关系仍在原部门，只是为“会战”而来，所以项目负责人对他们管理困难，没有足够的激励手段与惩治手段。这种人员上的双重管理是矩阵制组织结构的先天缺陷，由于项目组成人员来自各个部门，当任务完成以后，仍要回原部门，因而容易产生临时观念，对工作有一定影响。

矩阵制组织结构适用于一些重大攻关项目。企业可用来完成涉及面广的、临时性的、复杂的重大工程项目或管理改革任务。特别适用于以开发与实验为主的单位，尤其是应用性研究单位等。

上述四种组织结构各有利弊，分别适用于不同类型的组织，具体如表 10-4 所示。

表 10-4　组织结构比较分析

组织结构类型	优点	缺点	适用组织类型
直线制	命令统一、权责明确、组织稳定	缺乏横向联系、权力过于集中、对变化反应慢	小型组织、简单环境
职能制	高专业化管理、轻度分权管理、培养选拔人才	多头领导、权责不明	专业化组织
事业部制	有利于回避风险、锻炼人才、内部竞争、加强控制、专业管理	需要大量管理人员、企业内部缺乏沟通、资源利用效率较低	大中型、特大型组织
矩阵制	密切配合、反应灵敏、节约资源、高效工作	双重领导、素质要求高、组织不稳定	协作性组织、复杂性组织

10.4　组织变革与发展

一、组织变革

组织变革是指运用行为科学和相关管理方法，对组织的权力结构、组织规模、沟通渠道、角色设定、组织与其他组织之间的关系，以及对组织成员的观念、态度和行为，成员之间的合作精神等进行有目的的、系统的调整和革新，以适应组织所处的内外环境、技术特征和组织任务等方面的变化，提高组织效能。

（一）组织变革的压力与动力

1. 全球经济一体化

全球经济一体化引起企业经营战略的变化，国际化经营绝不仅仅是企业经营范围的扩大，企业也不能把已有的生产经营策略自然而然地套用到国际经营活动中。伴随着企业国际化经营的进程，企业往往都要修正甚至制定新的发展战略。由于组织结构服从于经营战略，企业战略的变化必然会导致企业组织结构变化。全球经济一体化的事实使得远程协调控制变得越来越重要。另外，应注意不同文化的接触与交融，不同文化背景的企业成员一起工作，人们在思维方式、价值观念、生活习惯、宗教信仰乃至喜好等方面的差异会反映在日常工作中，容易在上下级和同事之间引起冲突和纠纷。

2. 知识经济社会的到来

第一，信息知识取代资本成为社会中的决定因素，价值增长主要靠增加知识来实现；第二，企业组织工作的重要任务是战略性地开发和利用知识资源；第三，知识经济加速了高技术企业的发展；第四，信息技术的普遍运用正在改变传统的组织管理模式。

3. 消费市场对企业的直观挑战

第一，生产者与消费者之间的天平正在向消费者一端倾斜；第二，消费者需求越来越多样化；第三，市场变化速度惊人；第四，对服务的重视大大超过对生产制造的重视。

4. 企业竞争优势的新来源

环境的剧烈变化在很大程度上改变了传统的企业竞争方式，弱化了企业传统的优势基础，并迫使企业本着创新的思想寻找新的竞争优势来源，以便在快速变化的经营环境中求生存。另外，劳动力、社会趋势以及世界政治格局的变化都是导致组织变革的动力。

（二）组织变革的阻力及应对策略

1. 组织变革的阻力

组织变革就是要改变那些不能适应企业的内外环境、阻碍企业可持续发展的因素，如企业的管理制度，企业文化，员工的工作方式、工作习惯等。这种变革必然会涉及企业的各个层面，引发企业内部个人和部门利益的重新分配，因此，必然会遭到来自企业各个方面的阻力。

（1）个人层面。

人们对待组织变革的态度与其个性有十分密切的关系。那些敢于接受挑战、乐于创新、具有全局观念、有较强适应能力的人通常变革的意识较为强烈；而那些有强烈成就欲望的人，或是一些因循守旧、心胸狭窄、崇尚稳定的人对变革的容忍度较低，抵触情绪较大。一些依赖性较强、没有主见的员工，常常在变革中不知所措而产生依附于组织中群体的态度倾向。除此之外，由于变革会打破现状，破坏已有的均衡，必然会损害一部分人的既得利益，这类人常常是组织变革的最大抵触者，他们常常散布谣言、制造混乱，甚至采取强硬措施抵制变革。个人层面的阻力主要来源于员工的个性心理和经济利益的驱使，变革阻力的力度较小，但却是构成组织变革阻力的基本单元。

（2）组织层面。

在组织层面上产生变革阻力的因素有很多，既包括组织结构、规章制度等显性阻力，又包括组织文化、氛围、员工的工作习惯等隐性阻力。由于组织变革会对组织内部各部门、各个群体的利益进行重新分配，因此那些原本在组织中权力较大、地位较高的部门和群体必然会将变革视为一种威胁，为了保护自身利益常常会抵制变革。另外，企业的业务流程再造必然会重组企业的组织结构，对某些部门、某些层次予以合并、撤减，以及重新进行权责界定，一些处于不利地位的部门和层次就会反对变革。相对组织内的显性阻力而言，组织内的隐性阻力就更加隐蔽，而且短时间内难以克服。在长期的工作中，员工与员工之间、员工与领导之间、员工与组织之间已经形成了某种默契，一旦实行变革，就意味着改变员工已形成的工作关系和工作方式，必然会引起员工的不满。

2. 应对策略

针对这些变革的阻力，我们可以制定出一些应对的策略：

（1）企业的人力资源部门要为组织变革服务。

员工的个性与其对待变革的态度有着密切的关系，因此，企业在招聘的过程中，首先，应该引入心理测评，通过测评招聘一些有较强适应能力、敢于接受挑战的员工；其次，在组织变革的过程中，企业要加强对员工的培训，提高员工的知识水平和技能水平，使得企业的人力资源素质提高和企业变革同步推进；最后，在日常经营过程中，企业应该建设一种团体主义的文化，培养员工对组织的归属感，形成一种愿意与企业同甘共苦的企业文化。

（2）加强与员工的沟通，让员工明白变革的意义。

在变革实施之前，企业决策者应该营造一种危机感，让员工认识到变革的紧迫性，让他们了解变革对组织、对自己的好处，并适时地提供有关变革的信息，澄清有关变革的各种谣言，为变革营造良好的氛围。在变革的实施过程中，要让员工理解变革的实施方案，并且要尽可能地听取员工的意见和建议，让员工参与到变革中来。与此同时，企业还应该时刻关注员工的心理变化，及时与员工交流，在适当的时候可以作出某种承诺，以消除员工的心理顾虑。

（3）适当地运用激励手段。

在组织变革的过程中适当运用激励手段，会达到意想不到的效果。一方面，企业可以在变革实施的过程中，提高员工的工资和福利待遇，使员工感受到变革的好处和希望；另一方面，企业可以对一些员工予以重用，以稳住关键员工，消除他们的顾虑，使他们安心地为企业工作。

（4）引入变革代言人。

变革代言人即通常所谓的咨询顾问。在变革的过程中，一些员工看待变革的动机带有主观性，他们认为变革是为了当局者能更好地谋取私利；还有一些员工认为变革发动者的能力有限，不能有效地实施变革。而引入变革代言人就能很好地解决上述问题。一方面，咨询顾问通常都是由一些外部专家组成，他们的知识和能力不容置疑；另一方面，变革代言人由于来自第三方，因此通常能较为客观地认识企业所面临的问题，较为正确地找到解决的办法。

（5）运用力场分析法。

力场分析法是勒温于 1951 年提出来的，他认为：变革是相反方向作用的各种力量的一种能动的均衡状态。对于一项变革，企业中既存在变革的动力，又存在变革的阻力，人们应该通过分析变革的动力和阻力，找到变革的突破口。

（6）培植企业的精神领袖。

由于企业的精神领袖通常具有卓越的人格魅力和非常优秀的工作业绩，因此由他们发动变革，变革的阻力就会小很多。当然，客观而论，在企业中培植精神领袖并不一定是一件好事，但在组织变革的过程中确实能起到立竿见影的效果。

（三）组织变革的模型①

组织变革模型中最具影响的应该是勒温的组织变革模型。勒温在 1951 年提出一个包含解冻、变革、再冻结三个步骤的有计划的组织变革模型，用以解释和指导如何发动、管理和稳定变革过程，如图 10－10 所示。

图 10－10　勒温的组织变革模型

① 王重鸣．管理心理学．北京：人民教育出版社，2001.

1. 解冻

这一步骤的焦点在于创设变革的动机，鼓励员工改变原有的行为模式和工作态度，采取新的适应组织战略发展的行为与态度。为了做到这一点，一方面，需要对旧的行为与态度加以否定；另一方面，要使员工认识到变革的紧迫性。可以采用比较评估的办法，把本单位的总体情况、经营指标和业绩水平与其他优秀单位或竞争对手加以比较，找出差距和解冻的依据，帮助员工“解冻”现有态度和行为，迫切要求变革，愿意接受新的工作模式。此外，应注意创造一种开放的氛围和心理上的安全感，减少变革的心理障碍，提高变革成功的信心。

2. 变革

变革是一个学习的过程，需要给员工提供新信息、新行为模式和新的视角，指明变革方向，实施变革，进而形成新的行为和态度。这一步骤中，应该注意为新的工作态度和行为树立榜样，采用角色示范、导师指导、专家演讲、群体培训等多种途径。勒温认为，变革是一个认知的过程，它由获得新的概念和信息而得以完成。

3. 再冻结

在再冻结阶段，利用必要的强化手段使新的态度与行为固定下来，使组织变革处于稳定状态。为了确保组织变革的稳定性，需要注意使员工有机会尝试和检验新的态度与行为，并及时给予正面强化；同时，加强群体变革行为的稳定性，还要促使形成稳定持久的群体行为规范。

（四）组织变革的方法

组织变革总体说来有以下五种方法：

1. 强制执行

强制执行，即强令人们进行改变。在组织内，强制执行往往是与惩罚措施并用的。强制执行的好处是简单、见效快。其弊端是难以被员工接受，会带来两种后果：迫使员工辞职；受到惩罚威胁的员工可能会以各种形式破坏变革。一般而言，在紧急情况下适合采取强制执行的方法。

2. 说服

说服，即向员工讲明变革将给其自身所带来的好处。首先，在组织中，说服常常是与奖励机制挂钩的，如能说服员工进行变革，并辅以加薪或提职等激励措施，他们就会从切身利益出发，主动为变革的成功而努力。说服方式是从员工个人的切身利益出发的，人们之所以愿意参与变革，是因为他们看到变革能使其个人受益。但说服也有其不利之处。一些人不相信组织会在变革发生以后切实兑现其所承诺给予员工的各种好处。这种情况下，人们自然不会同意参与变革。其次，相比而言，说服是一种比较昂贵的方式，因为人们总是期望得到更高的提薪数额或其他好处。只有当管理者拥有能够作出并履行承诺的财力时，说服才会成为一种有效的方法，否则就应当选择其他变革方式。

3. 规定与政策约束

组织内部的规定也同样起到约束员工行为的作用。如果员工违反有关规定，就要受到惩罚甚至被解雇。在员工不能真正为自己或他人的利益考虑时，可采用这种方法。这种方法不利的一面是对组织内员工的行为具有消极影响。在情况迅速发生变化，或强制手段只会促使员工藐视权威时，就不宜采用这种方法。

4. 更换领导者

人们往往非常信赖优秀的领导者，相信他们几乎无所不能。如果原来的领导者或经理人抱残守缺，或在情况发生变化的条件下拒绝变革，就应采用更换领导者的办法。但是，如果某些问题是由领导者无法控制的原因造成的，采用更换领导者的方法就未必合适了。

5. 辩论实行

一些组织在考虑实行重大的战略变革时，常常倾向于采取辩论的方法。辩论的目的是彻底弄清变革的各种利弊，以便组织做出正确决策。辩论的好处在于它有助于迅速而准确地弄清事实。辩论的质量取决于辩论双方的水平，如果一方忽视了重要事实，辩论则达不到预期的目的。在组织变革时，如果对一项决定有两种迥然不同的意见，就可采用辩论的方法。遗憾的是，情况并不总是那么简单。

二、组织发展

组织发展是一个利用行为科学的技术和理论在组织中进行有计划的变革的过程。它致力于增强组织结构、进程、战略、人员和文化之间的一致性，开发新的创造性地解决问题的方法，以及发展组织的自我更新能力。

（一）组织发展的特征

组织发展是提高全体员工积极性和自觉性的手段，也是提高组织效率的有效途径。组织发展有以下几个显著的基本特征：

1. 组织发展包含深层次的变革，包含高度的价值导向

组织发展意味着需要深层次和长期性的组织变革。例如，许多企业为了获取新的竞争优势，计划在组织文化的层次实施新的组织变革，这就需要采用组织发展模型与方法。由于组织发展涉及人员、群体和组织文化，包含着明显的价值导向，因此应特别注重合作协调而不是冲突对抗，强调自我监控而不是规章控制，鼓励民主参与管理而不是集权管理。

2. 组织发展是一个诊断—改进周期

组织发展的思路是对企业进行“多层诊断”“全面配方”“行动干预”“监控评价”，从而形成积极健康的诊断—改进周期。组织发展的一个显著特征是把组织发展思路和方法建立在充分的诊断和实践验证的基础之上。组织发展的关键部分之一就是分析和解决问题，这也是组织发展的一个重要基础。

3. 组织发展是一个渐进过程

组织发展既有一定的目标，又是一个连贯的、不断变化的动态过程。组织发展的重要基础与特点，是强调各部分的相互联系和相互依存。企业组织中的各种管理与经营事件不是孤立的，而是相互关联的，一个部门或一方面所进行的组织发展，必然影响其他部门或其他方面的进程。因此，应从整个组织系统出发进行组织发展，既要考虑各部分的工作，又要协调各部分的活动，并调节其与外界的关系。组织发展着重于过程的改进，既解决当前存在的问题，又通过有效沟通、问题解决、参与决策、冲突处理、权力分享和生涯设计等过程，学习新的知识和技能，解决相互之间存在的问题，明确群体和组织的目标，实现组织发展的总体目标。

4. 组织发展是以有计划的再教育手段实现变革的策略

组织发展不只是有关知识和信息等方面的变革，更重要的是在态度、价值观念、技

能、人际关系和文化气氛等管理心理方面的更新。组织发展理论认为，通过组织发展的再教育，可以使员工抛弃不适应形势发展的旧规范，建立新的行为规范，并且使行为规范建立在员工的态度和价值体系优化的基础之上，从而实现组织的战略目的。

5. 组织发展具有明确的目标与计划性

组织发展就是订立和实施发展目标与计划的过程，并且需要设计各种培训学习活动来提高员工进行目标设置和战略规划的能力。大量的研究表明，明确、具体、中等难度的目标更能够激发员工的工作动机并提高工作效能。目标订立与目标管理活动不但能够最大限度地利用企业的各种资源，发挥人和技术两个方面的潜力，而且还能产生高质量的发展计划，增强员工长期的责任感和义务感。因此，组织发展的一个重要方面就是让组织设立长远的学习目标并掌握工作计划技能，包括制订指标和计划、按照预定目标确定具体的工作程序，以及决策技能等。

（二）组织发展的流程

1. 进入

组织出现了变革的需要。这可能突出地表现为组织中出现了明显的绩效问题。组织的高层决策者从组织内部或组织外部聘请专门的咨询人员来针对性地解决问题。

2. 开始

内部的或外部的咨询人员逐渐进入角色，他们开始厘清出现的问题以及问题的症结。与此同时，他们努力获得组织高层对变革的承诺。

3. 评估和反馈

内部的或外部的咨询人员对前期的诊断进行总结，向组织的高层人员汇报，由他们对问题进行评估，并将结果反馈给咨询人员。

4. 行动计划

在得到了组织高层的认可后，咨询人员同公司高层人员一同研究解决问题的方案。

5. 变革

实施解决问题的方案，组织开始了变革的过程。

6. 评价

咨询人员协助组织高层人员对整个变革过程进行评价。

7. 采纳

组织的其他成员开始接受变革。

8. 分离

外部的咨询人员开始准备离开组织。在离开前，咨询人员需要确认组织变革能够正常地开展下去。

本单元内容提要

1. 组织是指人们为了实现一定的目标，运用信念、理想、态度、知识、技能和其他要素互相协作结合而成的具有一定边界的集体或团体。组织有目的性、整体性、开放性三个主要特征。组织可按规模、社会职能以及是否有正式分工关系等分为不同的类型。组织还有角色规定、目标协调、信息选择、心理动力作用等功能。

2. 代表组织理论发展历程的几个理论分别是：古典组织理论、行为科学组织理论以及现代组织理论。

3. 管理者在进行组织结构设计时，必须考虑六个关键因素：工作专门化、部门化、命令链、控制跨度、集权与分权、正规化。常见的组织设计有直线制、职能制、事业部制、矩阵制等。

4. 全球经济一体化、知识经济社会的到来、消费市场对企业的直观挑战以及企业竞争优势的新来源等都构成了组织变革的动力。而组织变革的阻力分别来自个人层面和组织层面。勒温模型是重要的组织变革模型。

5. 组织发展有几个显著的基本特征：包含深层次的变革，包含高度的价值导向；是一个诊断—改进周期；是一个渐进过程；是以有计划的再教育手段实现变革的策略；具有明确的目标与计划性。组织发展应遵循一定的流程。

技能培养与练习

1. 什么是组织？它有哪些分类方法？它有哪些功能？

2. 组织理论的发展历程是怎样的？

3. 常见的组织设计形式有哪些？

4. 组织变革中有哪些动力与阻力？勒温的组织变革模型分哪三步？组织变革的方法有哪些？

5. 组织发展的特征与流程是什么？

技能练习

技能开发

案例分析

万科的组织变革

一、公司发展历程

万科成立于 1984 年 5 月，创立初期主要是在国内代理经销日产摄影录像器材。由于它及时捕捉市场机会，业务量迅速上升，占领了国内同类产品 60%的市场份额。万科与日本的 Sony、日商岩井、JVC 等著名企业建立了良好而稳定的业务联系，并形成了相对稳定的供货渠道和销售网络。但是，由于 1987—1988 年间严峻的贸易形势，万科及时地进行了自身经营业务的调整。它依靠本身周密而广泛的市场信息网络，不失时机地涉足工业和房地产两大新兴领域。在 1988 年底，万科进行了股份制的改造，改变了公司的资本结构，扩大了资金的规模，为公司的长期发展注入了活力，同时也促进了公司经营管理的规模化。到1994年底，通过参股、合作等多种形式，万科已从原先的小企业发展成为以商业贸易、工业、房地产、文化与传播四大产业为支柱的经营实体，成为颇具规模和知名度的综合性公司。

二、组织结构的演变

随着公司的发展与壮大以及所面临的环境的不断变化，万科在不断地变革其组织结构。

1. 创业之初的组织结构

在创业期的前几年时间里，由于业务单一、规模较小，万科采用了简单的直线制组织结构，如图10-11所示。这种组织结构使万科能有效运转。

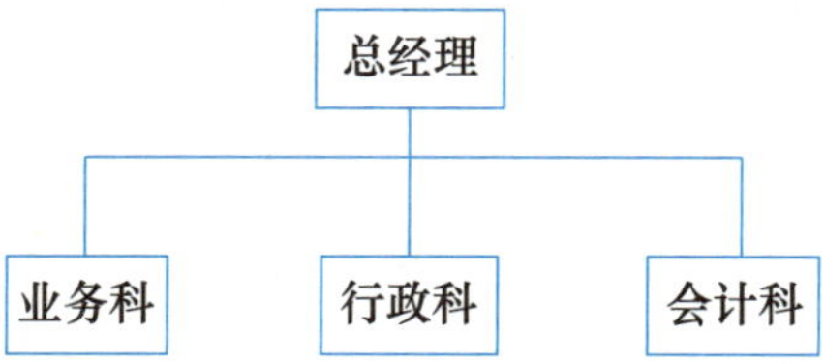

图10-11 直线制组织结构

2. 调整后的组织结构

随着经营活动的多元化和规模的不断扩大，万科多次变革其组织结构，组织的规章制度和职能等也不断得到完善。到1994年底，其组织结构如图10-12所示。

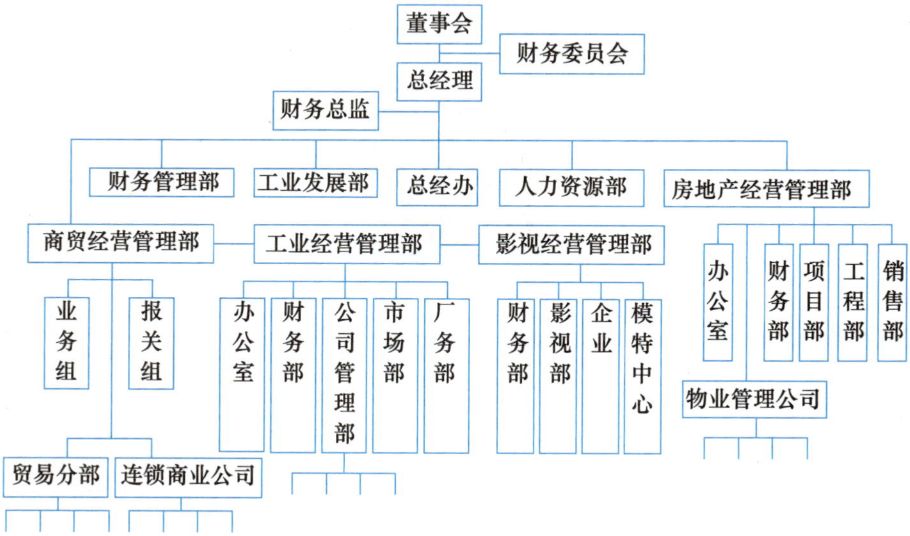

图10-12 调整后的组织结构

三、对调整后的组织结构的分析

1. 从公司行业的性质看

万科是一个跨行业的企业集团公司，为此，相当多的人认为万科考虑到其部门产品众多，业务差异性大，各部门的经营有很大的不同，如贸易公司与工业企业公司的运转机制迥然不同，而饮料与服装及房地产又各具特色，因此，很难对各部门进行统一的管理，只有像现在的事业部制那样实行分权管理和分级核算，才能调动各部门的积极性，使公司整体适应变化着的市场环境。另一部分人则认为，分事业部制会造成各事业部机构的设置重叠，比如，各事业部都有自己的职能机构；另外，各事业部只考虑自身的问题，容易形成本位主义；再则，各事业部经营状况不一，造成事业部之间职工收入差距，不如实行直线制组织结构好。

2. 从公司规模看

绝大多数人认为，公司的经营业务广，职工人员多，已无法采用以总经理为首的直线式的管理。为了调动各部门负责人和广大职工的积极性，应该让各事业部的人员有更大的自主性。而小部分人则认为，可以通过规章制度的加强与完善来统一各部门和广大职工的协调统一性。

3. 对集权与分权的看法

绝大多数人认为由于经营多样、职工众多，万科应该把相当一部分权力下放给事业部，如不放权，凡事都集中在总经理等高层手中，总经理会完全忙于日常的事务，而无暇考虑企业的长远发展规划。如果实行事业部制，公司的领导就可更多地考虑企业长远的战略和对外部环境的诊断研究，及时抓住关键问题并进行处理；而且，实行分权的事业部制，也可培养更多的管理人才。而一些持不同意见者认为，万科在创业期实行集权制，当时公司运转得很好，既然集权能使公司有效运转，就没有必要去分权。

四、组织变革后的问题

组织变革使万科更加飞速地发展。然而，随着事业的飞速发展，事业部越来越多，因此，如何加强各事业部与总部以及各事业部之间的信息沟通仍是需要解决的问题。

思考题：

1. 万科实行事业部制是否是明智之举？为什么？
2. 如何说服一些反对变革的人同意万科的组织结构变革？
3. 你能为案例中万科面临的问题提出解决方案吗？

单元 11
组织文化建设

学习目标

知识目标：

1. 理解组织文化的概念与作用
2. 了解组织文化的构成和影响要素
3. 对比有关组织文化的几种理论
4. 了解组织文化建设的内涵
5. 了解跨文化冲突的内容
6. 理解企业兼并的文化整合模式
7. 理解中国特色组织文化建设的一般模式与发展趋势

技能目标：

1. 掌握建设组织文化的步骤
2. 学会用组织文化去影响组织与员工
3. 学会管理组织跨文化冲突
4. 掌握不同情境下的文化整合策略

素养目标：

学会将中国特色社会主义文化思想应用到组织文化建设中

企业的管理人员现在越来越多地关注组织文化，并开始认识到它对组织的重要性。那么，到底什么是组织文化？它对组织及其员工有哪些方面的影响呢？本单元将系统介绍组织文化的概念和形成过程，以及组织文化的相关理论，并重点阐述如何有效建设和运用组织文化来产生积极影响，最后还为现在越来越普遍的跨文化管理和并购现象中的文化整合提供了一些基本方法。

11.1　组织文化的概念与作用

一、组织文化的产生与发展

在20世纪70年代以前，对文化的研究主要偏重于人文、历史和社会的范畴，组织文化作为一种管理理论形成于20世纪80年代。20世纪五六十年代，作为第二次世界大战战败国的日本实现了经济腾飞。日本企业的迅速发展和美国企业发展的相对滞缓，引起了美国一些企业管理人士及学者的注意。美国的一些研究者开始把目光转向了东方，转向了日本，力图探究“日本奇迹”的奥秘。研究者在系统比较日、美两国企业管理上的差异和总结日本一些成功企业的经验之后，开始认识到组织文化在企业发展中的重要作用。于是，他们纷纷发表论著，提出组织文化的概念，论述组织文化的内容和作用，逐渐形成了组织文化的理论体系。

早期有关组织文化的著作主要有：威廉·大内的《Z理论：美国企业界怎样迎接日本的挑战》、伏格尔的《日本名列第一》、迪尔和肯尼迪的《企业文化——企业生存的习俗和礼仪》等。这些著作以崭新的思想、独到的见解、精辟的论述和丰富的例证从不同方面对组织文化进行阐述，标志着组织文化理论的诞生。

在随后对组织文化的研究中，学者们开始从各个侧面对组织文化进行更深入的探索，组织文化研究取得了新的进展。在进入20世纪90年代以后，随着科技的进步和全球化的日益发展，组织文化呈现出新的发展特点：一是知识型组织文化的发展，组织的竞争优势越来越依赖于其拥有的知识，而组织的知识型员工的比例也在不断增加；二是组织跨文化或多元文化的发展，跨国公司的不断发展以及企业兼并活动的不断增多，都使得组织的跨文化或多元文化管理成为重点。

二、组织文化的概念

组织文化，又称为企业文化，国内外学者对组织文化的概念，有许多不同的定义和表述，较有代表性的有以下几种：

特雷斯·迪尔和阿伦·肯尼迪认为，企业文化是价值观、英雄人物、习俗仪式、文化网络、企业环境。

威廉·大内认为，企业文化是“进取、守势、灵活性”，即确定活动、意见和行为模式的价值观。

罗宾斯认为，组织文化的本质特征包括七个方面：创新与冒险程度、注意细节、结果定向、人际导向、团队定向、进取心以及稳定性；并且这些特征的不同组合会形成可能完全不同的组织文化。

组织文化是指组织在长期的生存和发展过程中所形成的，为组织多数成员所共同遵循的最高目标、基本信念、价值标准和行为规范。它是理念形态文化、行为制度形态文化和物质形态文化的复合体。每当我们提到一些世界著名的大企业时，我们也会马上联想到它们独特的文化。例如3M公司的创新文化、迪士尼的微笑服务文化等。因此，组织文化是指企业在生产经营实践中逐步形成的，为全体员工所认同并遵守的，带有本组织特点的使命、愿景、宗旨、精神、价值观和经营理念，以及这些理念在生产经营实践、管理制度、员工行为方式与企业对外形象的体现的总和。

小案例

一个记者眼中的海尔文化

什么是文化？当代思想家梁漱溟曾有一句最通俗的解释，他认为文化就是一个社会过日子的方法。顺着梁先生的定义看海尔文化，这个在很多人看来抽象的概念一下子就豁然开朗了，海尔文化其实不就是海尔集团过日子的方法吗？一个企业的产品领先，必定是有领先的文化；一个企业卓然于世，必定是因为有同样卓然的文化做积淀。我在海尔采访，感受最深的是这一点：无处不在的企业文化。文化是无形的，但是这种无形却是最能转化为有形，并且能让人看得最真切，因为它能附着在每一件产品上，渗透于每一个人内心里，贯穿于服务的全过程。

任何抽象的东西都能最终表现在具象上，比如现在很多企业都在学习的海尔服务模式。之所以称之为模式，是因为它已经标准化了，但是，如果仅仅学习这种模式而缺少强大企业文化支撑的话，到头来也只是邯郸学步。为什么？学习海尔服务精髓才是根本。采访海尔刚刚推出的“神秘顾客”计划时，我作为“神秘顾客”的一员目击过一个最基层维修工上门服务“创造感动”的全过程：“神秘顾客”送小礼物取得用户的亲近感，敢于到用户家监督自己的服务。维修工与其说是机械地按照流程操作，不如说是把这种制度转化成自己的一腔真诚去感动用户。流程易学，真诚则必须是发自内心的、是敬业精神的最高境界。因此，我想说，学习任何一种先进经验都必须“创造性地转化”，文化建设的过程应当如海尔这样自下而上的创造性转化才能行之有效。

记得新闻界的前辈艾丰说过，看海尔必须用传统哲学的眼光才能看懂。我看海尔服务的全过程，不正是贯穿着最朴素的东方哲学之美吗？你看，礼、义、信、廉、耻是人性的支柱，也是追求人性化产品的企业的支柱。授人以物，是为礼；监督服务是为义；在约定的时间内送货、安装是为信；不喝人家一口水，是为廉；虚心接受用户抱怨，根据抱怨改进产品和服务，达到最终满足用户需求的目标，是为知耻。海尔文化不正是不断进行创造性转化，不断创新、发展的活文化吗？唯有活文化才有生命力，才能保障可持续发展。

三、组织文化的作用

每个组织都会有自己的文化，其强弱程度的不同会对组织成员的态度和行为产生重大的影响。组织文化尤其是强文化从一定程度上来说，会替代组织的某些制度化和正规化的东西，即使没有正式的书面的规章制度，但组织成员对于哪些是基本的、恰当的、有意义的行为会有共同理解。如 3M 公司的创新文化体现在其 15%原则上，即员工可利用 15%的工作时间来从事自己感兴趣的项目，不管是否与公司利润相关。而公司的每一个员工会对其他人不断地失败又不断地尝试这种行为有深刻的了解。

文化在组织中具有许多功能：首先，它起着区分不同组织的作用。因为每个组织的文化都会各不相同。其次，它显示了组织成员的共同价值观和对组织的认同感。文化尤其是强文化能够使组织成员更加关注组织利益而非个人利益。再次，它通过为组织成员提供行为的标准，把整个组织聚合起来，增强了组织社会系统的稳定性。最后，文化作为一种意义形成的控制机制，能够预测、引导和塑造组织成员的态度和行为。

组织文化的最后一个功能是我们最关注的，即通过对组织文化的产生、构成以及相关理论的了解，我们可以更好地建设符合组织特征的文化，从而能更好地引导和发挥员工的能力，而这也正是我们学习组织文化的意义所在。

但是我们也要注意到，组织文化在某些特定条件下也有可能产生消极作用，例如对企业的变革、员工背景的多样化和企业的兼并收购活动产生阻碍，本单元将在最后一节对这些问题进行更深入的探讨。

11.2　组织文化的构成与影响要素

组织文化并不是完全看不见摸不着的，它可以体现为一些具体的形式。那么，它的构成是怎样的呢？它的形成过程受哪些因素的影响呢？我们在本节中探讨这些问题。

一、组织文化的层次

如果我们把组织文化体系看成是一个由内向外的球形体的话，那么它由物质层文化、制度层文化、精神层文化三个层次的内容组成，如图 11－1 所示。

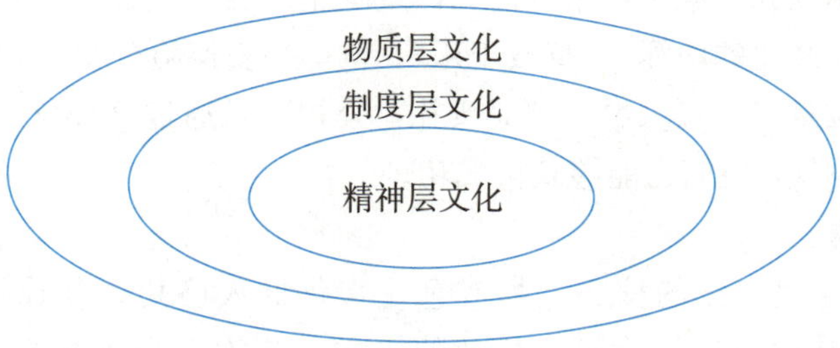

图 11－1　组织文化层次图

物质层文化是由企业员工创造的产品和各种物质设施等构成的器物文化，通常包括企业标识、产品或服务、工作环境、技术装备等。制度层文化是组织文化的中间层次，主要包括组织内部的各种规章制度、行为习惯、经营风格、行为规范等。精神层文化是企业在生产经营中形成的一种企业意识和文化观念，它对企业的物质文化及制度文化形成决定性的影响，通常包括企业宗旨、企业价值观等。表 11－1 罗列了部分优秀企业的宗旨。

表 11－1　优秀企业的宗旨

企业	宗旨
福耀玻璃	诚信、务实、创新、高效
腾讯	通过互联网服务提升人类生活品质

续表

企业	宗旨
沃尔玛	“我们存在的目的是提供顾客物有所值的东西”，有比较低的价格和比较多的选择，改善他们的生活，其他一切都属次要。
IBM	给予每个员工充分的考虑，坚持到底把事情做好，所作所为追求完美。

二、组织文化的构成

为了更直观地描述组织文化，以及了解组织员工通过什么方式来学习组织文化，我们需要对组织文化的构成要素进行解释。一般来说，组织文化的构成要素包括组织的价值观、文化仪式、英雄人物、故事、语言等。

（一）价值观

价值观是指企业内成员对某个事件或某种行为的好与坏、善与恶、是否值得仿效的一致认识。价值观是企业文化的核心，统一的价值观使企业内成员在判断自己行为时具有统一的标准，并以此来规范自己的行为。例如在 IBM，每个员工都知道“技术领先、顾客满意、尊重员工”，并且以此作为行为准则。

（二）文化仪式

文化仪式是指企业内的各种表彰、奖励活动，聚会以及文娱活动等，它可以把企业中发生的某些事情戏剧化和形象化，来宣传和体现本企业的价值观，使人们通过这些生动活泼的活动来领会企业文化的内涵，“寓教于乐”。例如平安保险公司的年终大会最令人震撼和引人注目的环节就是“荣耀之星”颁奖典礼，公司正是通过这种仪式告诉员工，只要努力工作和有足够的勇气，他们也能够获得成功。

（三）英雄人物

英雄人物是指企业文化的核心人物或企业文化的人格化，其作用在于作为一种活的样板，给企业中其他员工提供可供仿效的榜样。英雄人物对企业文化的形成和强化起着极为重要的作用，他们既可以是组织的创始人，也可以是普通的但工作出色的员工。

（四）故事

许多组织中都会流传着各种各样大多与组织创业者或组织发展历史中重大事件有关的故事。这些故事可以生动形象地向员工表达组织文化中的某些思想，同时也可以为组织现有政策措施提供解释和支持。例如海尔文化建设的一个主要途径就是通过故事来引导员工的行为，《海尔的故事》一书收录了海尔大量优秀管理者和员工的故事，其中“赛马不相马”“海尔文化激活休克鱼”“张瑞敏砸冰箱”等故事广为流传。

（五）语言

许多组织，尤其是成立已久的组织，都会发展出自己特定的工作语言，而这种语言能够用来识别组织中的成员。借着学会这种语言，组织成员表达出他们对组织文化的接受，而这也有助于组织文化的保存。花旗银行的员工会使用很多的职位简称，如 CRM（贵宾理财经理）、CGA（贵宾理财专员）、BSM（银行服务经理）等，新员工进入花旗银行一段时间后才能理解这些公司特有语言的含义，而这些名词也会成为他们语言的一部分。

三、组织文化形成的影响要素

为什么成千上万个组织当中没有完全相同的组织文化呢？因为组织文化的形成要受到多种要素的影响，各种要素之间相互作用，就形成了组织独特的文化。影响组织文化形成的主要要素有以下几种：

（一）创始人

组织创建者的价值观、人格特质、经营哲学、领导方式等对组织文化的形成起着举足轻重的作用。例如，迪士尼公司的创始人华特·迪士尼的经营哲学一直支配着公司的实践："给顾客所有你能提供的东西！全力保持干净整洁！友好对待顾客！把乐园变成一个滑稽、幽默的地方！"

（二）行业特征

不同行业中的组织对组织文化有不同的要求。如果组织文化能适应行业的特征，则能促进组织的发展；否则，将会阻碍组织的发展。比如在咨询行业中的公司如果以按部就班型文化为主流，很可能会对企业经营起阻碍作用。

（三）民族文化

民族文化对组织文化有重大影响。例如，日本的民族文化非常支持员工参与组织活动。日本科学家与工程师会积极促进质量管理小组的活动，并帮助各个公司建立质量管理小组。

（四）地区文化

地区文化对组织文化的影响主要表现在对个体或群体的价值观有直接的影响。例如，美国加州的硅谷和麻省的南塔特克岛，这两地公司的文化就存在差异（见表 11－2）。硅谷的公司鼓励企业家精神、非正式沟通、个体主义以及分权结构；南塔特克岛的公司则强调正式沟通、保守作风、群体主义以及集权结构。

表 11－2　硅谷、南塔特克岛地区文化比较

维度		硅谷	南塔特克岛
地区特点	历史与文化传统	缺乏社会传统；未来导向	强烈的家庭、社区意识
	产业遗产	刚刚成立的计算机公司	成熟的烟囱工业
	劳动力特点	专业人士，年轻，有创业精神、冒险精神	专业人士，年老，保守，家庭导向，追求稳定，忠诚，工作勤奋
	地理与气候	工厂靠近商业区，气候温暖	工厂分散，气候寒冷
	经济	地区经济非多样化，生活成本高，企业家精神，实验主义，非正式合作，物质主义，个体主义	区域经济正在增长，生活成本日益增加

续表

维度	硅谷	南塔特克岛
地区、产业、文化	员工联系密切 强调自我表现，财富，专业	正式、保守 员工联系松散 控制导向 群体导向 注重忠诚
组织特征	长期导向和战略计划短缺 横向结构 分权、结果导向 工作程序、着装、工作方式非正式化 报酬灵活 强调股票期权	长期导向、战略计划 纵向结构 决策集权 工作程序、着装、工作方式正式化 报酬系统偏爱长期诱因 追求工作稳定

资料来源：李剑锋．组织行为学．北京：首都经济贸易大学出版社，2003.

11.3 组织文化理论

既然有着各种各样的组织文化，那么是否存在一种最佳的组织文化呢？有很多学者从最佳实践的角度，提出了一系列有关优秀组织文化的理论，下面简单介绍几种较有影响力的研究。

一、Z 理论①

日裔美国管理学家威廉·大内从 1943 年起研究日本企业管理，并把日本与美国企业管理工作进行分析对比（见表 11－3），于 20 世纪 80 年代提出了 Z 理论。

表 11－3　日本与美国企业管理工作比较

比较项目		日本	美国
管理思想		重视人-人系统	重视人-机系统
管理主体	主体要求 主体范围	强调通才 大	强调专才 小
管理客体	需求层次 文化素质 归属感 了解组织目标 工作动机	高 高 高 多 经济-非经济	低 高 低 少 经济

① 威廉·大内．Z 理论：美国企业界怎样迎接日本的挑战．孙耀君，等译．北京：中国社会科学出版社，1985.

续表

比较项目		日本	美国
决策	决策目标	长期	中、短期
	决策内容	研究与开发	尖端项目
	决策主体	中层主管	个体
	决策时间	长	短
	执行决策	快	慢
	责任承担	群体	个体
组织	职位	长期	短期
	人事制度	固定	流动
	组织结构	灵活	严密
	沟通	含蓄、双向	明确、单向
	上下级关系	紧密	松懈
	同事关系	密切	独立
	部门关系	合作	竞争
	领导方式	参与	权威
	激励手段	物质与精神并重	物质
控制	控制程序	严密	严密
	控制手段	内在控制	外在控制

Z 理论是研究人与企业、人与工作之间关系的理论。威廉·大内把领导者个人决策、员工处于被动服从地位的企业称为 A 型组织，这种组织对员工实行短期雇用和快速升级的办法，要求员工专职专能，不利于激发员工的聪明才智和创造性。他把与此种组织相反的企业称为 J 型组织。A 型组织应当向 J 型组织转变，建立民主管理体制，即 Z 型组织。

Z 理论认为，企业管理当局与员工的利益是一致的，两者的积极性可融为一体。Z 理论的主要内容包括以下几点：

第一，企业对员工的雇用应是长期而不是短期的。即使在企业面临困境的时候，一般也不采取解雇员工的办法。这样就会使员工感到职业有保障，从而积极地关心企业的利益和前途。

第二，上下结合制定决策。鼓励员工参与企业的管理工作，从一般问题到企业重大问题的决策，都鼓励、支持员工参与。

第三，实行个人负责制。要求基层管理人员不是机械地执行上级命令，而是要敏感地体会上级命令的实质，创造性地去执行。

第四，上下级之间关系要融洽。企业管理当局要公正，处处显示对员工的全面关心，使员工心情舒畅、愉快。

第五，对员工要进行全面的知识培训，使员工有多方面的工作经验。

第六，准确评价与稳步提拔。强调对员工进行长期而全面的考察，不以"一时一事"下结论。

第七，控制机制要较为含蓄而不正规，但测试手段要正规。

总之，威廉·大内认为一切企业的成功都离不开对员工的信任，因此，他主张以坦白、公正、开放、沟通作为管理的基本原则，实行民主管理。

小资料

Z 理论的应用

二、7S 理论①

20 世纪七八十年代，在美国企业饱受经济不景气折磨，且听够了有关日本企业成功经营艺术的背景下，麦肯锡咨询公司的研究人员对美国数十家最优秀的大公司进行长期研究后发现，这些成功企业都具有一些共同特点，并且其成功都取决于战略（Strategy）、结构（Structure）、制度（Systems）、人员（Staff）、作风（Style）、技能（Skills）、共有的价值观（Shared Value）这七要素，即 7S 理论，如图 11－2 所示。其中，前三项称为硬管理要素，后四项称为软管理要素。

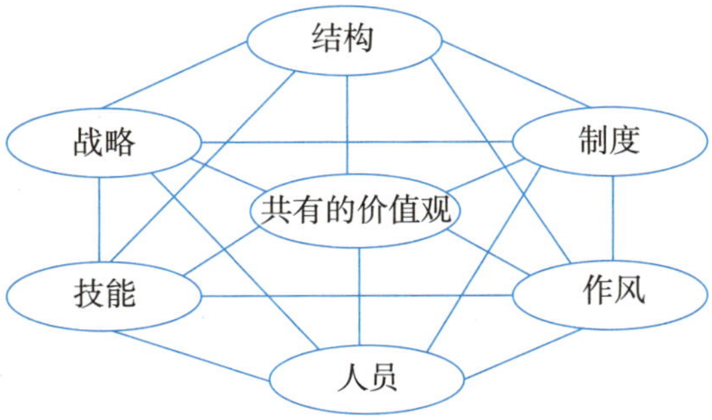

图 11－2　7S 架构图

（1）战略是指一个企业如何获取和分配它的有限资源的行动计划。1947 年美国企业制定发展战略的只有 20%，而 1970 年已经达到 100%。日本经济新闻社在 1967 年曾进行过专门调查，在 63 家给予回答的日本大公司中，都有战略规划。在美国进行的一项调查表明，有 90%以上的企业家认为战略是企业取得成功的重要因素，企业的经营早已进入“战略制胜”的时代。

（2）结构是指一个企业的组织方式是分权还是集权，重视直线人员还是重视参谋人员，即在组织结构图上是怎样排列的。

（3）制度是企业精神和战略思想的具体体现。

（4）人员是指企业内部整个人员的组成状况。如 IBM 的销售工程师技术水平都很高，可以帮助顾客解决技术上的难题。

（5）技能是指企业和它的关键人物的特长以及他们的竞争对手所没有的卓越能力。松下幸之助认为，每个人都要经过严格的训练，以成为优秀的人才；譬如在运动场上驰骋的健将们大显身手，但他们惊人的体质和技术不是凭空而来的，是长期在生理和精神上经过严格训练的结果。

（6）作风是指高级管理人员的行为方式，也可以指整个企业的作风。

（7）共同的价值观是指一个企业及其成员的奋斗目标。价值观要通过各种手段进行宣传，使企业的所有成员都能够理解它、掌握它，并用它来指导自己的行动。日本企业在管理方面的一个重要经验就是注重沟通领导层和执行层的思想，使得领导层制定的战略能够顺利、迅速地付诸实施。

研究表明，和日本企业经理相比，美国企业经理仅仅重视硬管理要素，而往往忽视软

① 竺乾威．组织行为学．上海：复旦大学出版社，2002：304－315.

管理要素。例如，在作风方面，美国的企业经理崇尚强硬的管理作风、强硬的语言和强硬的行动；日本的企业经理则崇尚同情和体谅的作风、有礼貌的语言、不使人过于难堪的行动，处处以赢得人心为最高准则。在技能方面，日本的企业经理重视技能的培养，许多矛盾处理得颇有艺术性，善于在清楚与含糊、确定与待定、完善与粗略之间求得平衡与统一；而美国的企业经理处理矛盾一般比较生硬，偏爱清楚、确定和完善。

三、卓越企业文化理论①

彼得斯和沃特曼在其全球畅销的《追求卓越：美国优秀企业的管理圣经》一书中总结了优秀公司的八种文化特征。

（一）贵在行动

优秀的公司强调领导性，实行走动管理，以促进信息沟通。而且，管理者常常不等全部信息都收集完毕就开始决策，因为对他来说，延迟决策等于从不决策。

（二）紧靠顾客

优秀的公司坚持顾客第一、员工第二、社区第三、股东第四的理念。紧靠顾客主要表现在强调服务与质量、开拓市场以及尊重顾客的意见等几个方面。强调服务的具体措施有：把售后服务当法宝，认为推销工作是在货物售出后才开始的；对顾客的每一条意见都给予迅速答复；经常开展上门服务和现场服务；从思想上认为出色的企业靠顾客和市场来驱动，而不是靠技术来驱动。强调质量的主要表现是：坚持百分之百合格的质量和可靠性。

（三）行自主，倡创业

优秀的公司为了鼓励创新人才脱颖而出，常常改变组织结构。例如，把大公司分解成自主经营的小公司。同时，展开内部竞争，让多个开发小组同时研制同一类产品、解决同一个问题，并且鼓励冒险、允许失败。

（四）以人促产

优秀的公司总是把普通员工当作提高质量和生产率的根本源泉。公司尊重、善待员工的表现包括以下几个方面：

（1）保障员工就业。尤其是在经济衰退、不景气的时候，千方百计地保持全员就业，使人员稳定。

（2）信任员工。员工都想把工作干好，都希望有所创造，只要向他们提供适当的环境，他们就能做出成绩。

（3）平等待人。例如，称工人为公司成员、伙伴、主人等，提倡彼此直呼其名，不冠以头衔、不带姓氏。

（4）以人为本，把人提高到“目的”的地位。

（五）深入现场

优秀的公司鼓励管理人员走出办公室，深入车间、深入一线。例如，麦当劳公司的高级主管常常定期巡视全球各店，从质量、服务、清洁和价格四个方面对各店进行评估。

（六）不离本行

优秀的公司拒绝从事自己不熟悉的业务。如果搞多种经营，也是紧紧围绕自己的核心

---

① 托马斯·彼得斯，罗伯特·沃特曼．追求卓越：美国优秀企业的管理圣经．戴春平，等译．北京：中央编译出版社，2003.

技术。研究表明，最不成功的企业大多是在各个领域都插上一脚的公司。

（七）精兵简政

优秀的公司一直保持结构简单、人才精干的特点。许多优秀公司的组织结构可以用三根支柱来比喻：

(1) 符合业务高效率需要的稳定性支柱，即保持一种简单而又始终如一的基本组织形式（一般来说是以产品为基础的分部）。

(2) 符合经常性革新需要的创业精神支柱，即以“短小精悍就是好”为核心，不断把新业务分出去成立分部，建立以创业精神的多少及贯彻执行情况为基础的测量考核制度。

(3) 符合避免僵化需要的打破旧习支柱，即能定期改组，例如当老的分部变得庞大和官僚化时愿意分化出新分部。

（八）松紧结合

优秀的公司既有松散的特性又有严格的特征。前者如俱乐部式的环境，灵活的组织结构，允许自愿参加的革新活动，强调以一种略为紊乱的方式把东西搞出来的广泛的实验活动等。后者如一套认真奉行的共有价值观，注重行动，强调极其频繁的信息沟通和迅速的反馈，提倡简洁的公文。

小案例

海尔文化“激活休克鱼”

1995 年 7 月，青岛市政府决定把红星电器公司整体划归海尔集团。红星电器本来是和海尔一样的青岛市重点企业，后来由于经营不善，在海尔成为中国家电第一名牌时，红星电器却亏损 1 亿多元，资不抵债。

此时，在张瑞敏面前摆着一个艰巨任务：如何操作？如何发展？于是，张瑞敏首先提出一个问题：红星电器失败于何处？是技术问题、资金问题，还是员工问题？而他认为：红星电器的失败，不是少技术，也不是少资金，更不是员工不好，关键是管理不到位，员工凝聚力差，缺乏将现有生产要素有效组合的灵魂。而海尔员工、干部有共同认可的价值观，形成了海尔文化。因此，当前的紧迫工作就是将海尔文化输入红星电器。只要思想认识一致了、统一了，一切都好办。文化是企业灵魂，无形资产可盘活有形资产，红星电器必然重生。其后，海尔副总裁柴永森奉命到红星电器就任总经理。

在划归第二天，海尔企业文化、资产管理等五大中心的管理人员进驻红星电器，实施“文化先行”的管理理念。随后，张瑞敏又到红星电器全体中层以上干部会上推心置腹地讲述自己的管理心得体会，要求大家从“我”做起，从现在做起，目标是 2～3 年争创中国洗衣机第一品牌，最终是国际名牌。三个月之后，企业扭亏为盈，现在已经成为在全球具有竞争力的海尔洗衣机本部。

1998 年 3 月，海尔文化“激活休克鱼”案例被写入哈佛商学院案例，张瑞敏亲自去哈佛讲这一课，此案例已在全球商学院使用。海尔兼并红星电器的整个过程体现了老子的一句话：“天下万物生于有，有生于无。”这个“无”就是海尔文化。兼并只注重资金投入而没有成功的企业文化的移植，是不能奏效的。

四、文化类型说①

美国学者狄尔和肯尼迪根据企业在经营过程中面临风险的程度和获得信息反馈的速度，把企业文化分为四种类型。

（一）硬汉型文化

这种文化鼓励内部竞争和创新，鼓励冒险，具有竞争性较强、产品更新快的企业文化特点。硬汉型文化的典型代表有广告业、体育业等。

（二）努力工作，尽情享受型文化

这种文化把工作与娱乐并重，鼓励员工完成风险较小的工作，具有竞争性不强、产品比较稳定的企业文化特点。其典型代表有销售业、软件业等。

（三）赌注型文化

这种文化具有在周密分析基础上孤注一掷的特点，即投资大、见效慢的企业文化特点。赌注型文化的典型代表有飞机制造业、石油勘探业等。

（四）过程型文化

这种文化着眼于如何做，基本没有工作反馈，员工难以衡量他们所做的工作，具有机关性较强、按部就班就可以完成任务的企业文化特点。过程型文化的典型代表有政府机关、公共机构等。

但是我们也应该注意到，许多组织不能清晰地归类到以上四种文化类型中的某一种，因为在组织内部可能拥有混合型的组织文化。如有研究发现，通用电气公司中不同的部门就存在不同的组织文化。不过组织文化类型学说的提出，使管理者认识到员工个性与组织文化的匹配有可能影响到其在组织中升迁的高度和难易程度。例如，创新型员工在硬汉型组织中会很活跃，但在过程型组织中就可能无所作为了。

11.4　组织文化建设的内容与步骤

任何一个企业都需要经过长期发展，才能形成自己独特的组织文化。但组织文化，尤其是优秀的组织文化，并不是自发成长起来的，而是需要通过组织文化建设来实现。组织文化建设就是指企业的管理者有意识地培养优秀文化、克服不良文化的过程。

一、组织文化建设的内容

组织文化建设的内容主要包括企业理念、企业精神、企业规范和企业形象。

企业理念是企业决策者根据企业实际制定的，为处理市场、经营者与消费者之间关系的价值准则和营销方略。企业对经营理念的表述一般很简短，但内容十分丰富。如“为顾客创造价值，为员工创造机会，为社会创造效益”。

企业精神是企业在长期生产经营中形成的一种信念和追求，它用简洁明了的语言，体

① 顾琴轩．组织行为学：新经济・新环境・新思维．2 版．上海：上海人民出版社，2007.

现了企业的本质特征。如“对待企业要忠诚，对待工作要敬业，对待自己要创新”。

企业规范指的是约定俗成或明文规定的标准，主要包括：制度规范，如厂规、技术操作规范、工作标准等；行为规范，如仪表举止规范、文明语言规范等；道德规范，其核心是社会公德、职业道德和社会美德。

企业形象是指将企业的标志、广告内容、商标造型以及经营服务特色等，通过自身和各种媒介推向社会，从而给消费者留下的统一、深刻、系统的印象。

二、组织文化建设的步骤

组织文化建设是一个庞大的工程，在实施过程中，管理者往往会感觉无从下手。但其实只要根据企业既定的目标，遵循一定的步骤，组织文化的全面建设并不那么困难。组织文化建设应该由内而外、自上而下进行，并且主要依靠高层管理者来推动。一般来说，组织文化建设的步骤如图 11－3 所示。

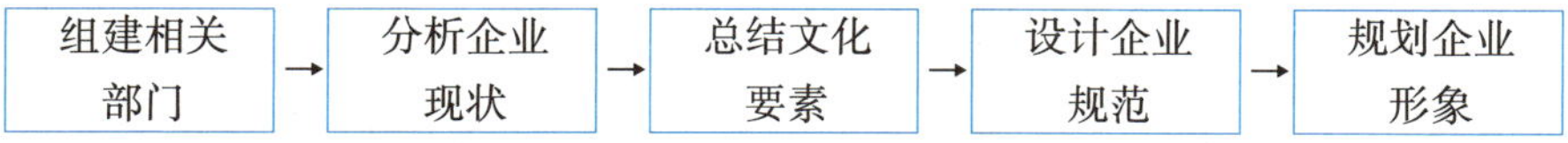

图 11－3　组织文化建设的步骤

第一步：企业内部要组建企业文化战略委员会等相关部门，由专人负责（最好是企业的最高领导），并组建企业文化执行小组；最重要的是全员参与。

第二步：调查分析企业现状、行业态势、竞争状况、企业最终目标等，只有明确企业存在的必要性、企业发展要求、员工和管理层的实际需求，企业文化才能够真正被全体员工认同、执行和传递。

第三步：科学性、艺术性地归纳总结企业远景、企业使命、企业精神、企业理念、企业战略、企业口号等。

第四步：依据已提炼出的理念和企业实际需求，设计企业规范，包括员工行为规范、服务规范、生产规范、危机处理规范等。

第五步：进行企业形象系统规划，一般要请专业设计机构进行，以确保设计符合艺术性、国际化、高识别性等要求。

优秀的组织文化能够营造出和谐、上进的企业氛围，对企业发展起着巨大的推动作用；相反，恶劣的组织文化会阻碍企业前进的步伐，甚至导致企业走向衰退和灭亡。在组织文化建设中，管理者特别是高层管理者的观念和行为起着至关重要的作用。因此，每一位管理者能否把握好自身的管理角色，关系到优秀的组织文化建设的成败。

三、组织文化的塑造

组织文化初步建立起来后，管理者可以通过多种方法和途径来塑造与强化组织文化，下面介绍几种基本方法和辅助手段：

（一）基本方法

1. 管理者对事情的关注

管理者应当持续地关注什么行为能够强有力地传达信息，表明哪些事情重要、哪些事情无关紧要。员工通过观察、领会等过程，可以把握实际的组织文化特征。

2. 管理者对危机的反应

管理者处理危机的方式能够显示组织文化的许多方面。例如，当市场需求急剧下降时，公司管理者的反应各不相同，有的采用大量裁员的方式，有的采用减少工作时间的方式。解决方式的差异反映了企业的价值观和态度。

3. 角色示范和培训

组织文化最关键的传达方法是管理者的身体力行、以身作则。如果在正式场合管理者反复强调要准时上班，自己却经常迟到，员工就会明白什么是“真正的组织文化”。

4. 报酬与晋升标准

组织成员能够从报酬制度、考评标准、晋升政策等方面识别出组织的价值、态度和假设。因此，管理者想要促使某种价值观转换成每个员工的共同认识，必须设计出与这种价值观一致的奖励、晋升制度。

5. 招聘和选拔的标准

组织挑选新成员是内化、渗透价值观最核心、最有效的一种方法。如果管理者拥有这样的假设，招聘和录用一大批他认为符合条件的人，也会有助于形成组织独特的文化。

（二）辅助手段

1. 组织结构设计

通过组织结构设计，领导者可以表露自己的价值观和信念。例如，假如领导者认为只有自己的智慧和经验才是最可靠的，他们会选择层次很多、控制严密的组织机构。相反，假如领导者认为企业的成功有赖于发挥每位员工的积极性和团队精神，他们会更倾向选择分权与团队结构。

2. 制度和程序

制定各项规章制度、确定各种办事程序，有助于组织文化的形成与维持。

3. 物质环境

组织的建筑物设计、办公室环境等也能影响组织文化。例如，为表示追求的是平等的地位和顺畅的沟通，很多公司的办公室会采用比较低的玻璃隔板，还使用圆形的会议室桌子。

4. 故事和仪式

领导者通过传播与组织价值观相符的各种故事，执行各种有利于强化组织文化的仪式、礼仪，以利于形成与巩固组织文化。

5. 正式陈述

塑造组织文化的最后一种方法是把组织倡导的价值观正式写下来，以便进行宣传。

11.5　跨文化管理

随着世界经济逐步趋于全球化和一体化，跨国公司和各种形式的合资企业的数量与规模在不断增长，国内外企业的兼并活动也日益频繁。这些趋势都使得组织文化更加多元化，集中体现在员工个体以及文化背景的多元化方面。从组织文化管理的角度看，就产生了两个主要的问题：一是如何进行组织的跨文化管理；二是如何进行企业兼并后的文化整合。

一、什么是跨文化管理

跨国企业面临的是一个有着诸多跨文化差异的经营环境，而这种跨文化差异主要体现在各民族的文化在客观上存在差别，不同国家、不同民族的风俗与习惯、道德与传统、生活与环境、物质与精神追求都不一样。企业跨文化管理，就是要把本土的文化理念融汇于经营管理之中，在企业跨国经营的资源整合、产品创新、品牌创立、市场营销等方面更加符合本土化要求。

成功的跨国经营企业在这方面作出了有益的尝试。例如惠普中国公司探索了一种建立在东西方文化结合基础上的人本管理新模式，即在中国文化和美国文化背景的相互交融中，不断提高公司的外部适应性和内部和谐性。共同的长期战略、互利、相互信任和共同管理是跨国经营哲学的基础。许多学者的研究表明，跨国经营中凡是大的失败几乎都是因为忽略了跨文化管理而导致的。

小资料

各国企业文化的模式与管理特点

二、企业跨文化冲突与管理

（一）跨文化冲突

如前所述，跨文化差异对跨国经营管理有巨大影响。而跨文化冲突更是跨国企业向东道国扩张时普遍会遇到的问题，冲突具体表现在以下几个方面：

1. 精神文化冲突

母国员工接受企业原有的精神文化，并不代表东道国员工也会接受，尤其是当跨国企业采用并购扩张的话，现有的两种文化便互相抵触、排斥。

2. 制度文化冲突

企业在进行跨国扩张后，必然会对原有的组织结构、管理制度和行为规范进行调整重构。在这个过程中，新旧制度文化的冲突在所难免。

3. 物质文化冲突

企业的物质文化往往以实物形式体现，如企业产品、广告和包装等。企业扩张后要重新进行战略规划，制定新的产品策略、促销策略等，从而引起新旧物质文化的冲突。

4. 利益冲突

企业文化的变化调整必然会带来企业员工权力、地位与利益的调整，一旦新的企业文化损害了企业员工的利益，他们就有可能从自身的利益出发反对、抵制企业扩张。

（二）对跨文化冲突的管理

从外部环境来看，处在不同文化区域所产生的文化冲突中，对一个渴望实现成功经营的企业来说，无疑是一个巨大的挑战，如不进行有效管理，可能会造成国际市场机会的损失和组织结构的低效率。而从内部管理来看，人们之间不同的价值观、不同的生活目标和行为规范，必将增大企业目标整合与实施的难度，增加企业的经营管理成本。一般而言，企业可通过以下几种方法来对跨文化冲突进行管理：

1. 在企业内部建立起跨文化的共同价值观

人们总是对自己国家或民族的文化充满自豪感，大多数人总是有意无意地把自己的文化视为正统，认为外国人的言行举止总是稀奇古怪，而事实上这些看似古怪的行为和价值观念对他国人来说是再自然不过的。因此，要尽可能地让员工消除民族优越感，努力去理解对方的文化，以平等的态度进行交流。在此基础上，找到两种文化的结合点，发挥两种文化的优势，在企业内部逐步建立起统一的价值观。

2. 进行跨文化培训

作为跨国经营企业，要解决好文化差异问题、做好跨文化管理有赖于一批高素质的跨文化管理人员。因此，选派的管理人员尤其是高层管理人员，除了要具有敬业精神、技术知识和管理能力外，还必须思想灵活，不守成规，有较强的移情能力和应变能力，尊重他人，平等意识强，能够容忍不同的意见，善于同各种不同文化背景的人友好合作。这些能力和素质通过跨文化培训可以获得。

3. 管理本土化

越来越多的跨国公司已意识到本土化对于在异国投资取得成功的重要性。

三、企业兼并后的文化整合

随着市场竞争的不断加剧，企业间的兼并也日益增多。企业兼并是将两个不尽相同或完全不同的企业合二为一，因此，必将关系到两个企业不同文化的整合，而兼并的成功与否和企业文化能否成功整合高度相关。

（一）文化整合的意义

企业文化具有无形性、软约束性、相对稳定性、连续性等特点，有学者甚至将企业文化定义为组织中的基因（DNA）——虽不可见但在组织构造中却起着关键作用。在企业兼并过程中，原属于不同企业的文化合并在一起，其文化结构有机性差、各要素不够协调或相互不同步、能量内耗大，因此，系统整合兼并企业文化并优化其整体效应非常重要。美国学者科特和赫斯克特的研究发现，文化整合做得好的兼并企业实现收入增长 68.2%，股价上涨 90.1%，净收入增长 75.6%，而文化整合做得差的兼并企业这三项指标分别为 16.6%、74%和 1%。

（二）文化整合的模式

企业兼并中，主要有四个因素影响企业的文化整合：（1）企业兼并战略，是横向兼并，还是纵向兼并，或是多元化兼并；（2）两个兼并企业原有的文化特征，是强文化还是弱文化，以及文化的优劣性；（3）企业兼并中面临的风险程度，是高、是低还是中等；（4）兼并后企业集权程度，是高、是低还是中等。

根据这四个主要因素，企业文化整合模式可分为文化注入式、文化融合式、文化促进式和文化隔离式。

1. 文化注入式

并购企业欲将被并购企业纳入自己的体系时，文化整合常常采用文化注入式，即并购企业在被并购企业中植入自己的企业文化，以并购企业的企业文化取代被并购企业的企业文化。如海尔集团在兼并红星电器时就采用了这种模式，通过对被并购企业进行文化注入，使其起死回生。

2. 文化融合式

实力相当的企业合并到一起，一般采取文化融合式，即将双方的企业文化通过相互渗透和不同程度的调整，有机地融合起来，形成一种新文化。惠普与康柏的合并就是一个很好的例子。

3. 文化促进式

文化促进式多用在被并购方实力相对较弱，但企业文化相对较强且优秀，能对并购方文化产生良好影响的企业并购中。并购方在其企业文化保持基本价值观稳定的情况下，借鉴和吸收被并购方企业文化的合理方面，使原文化的功能更齐全、结构更完善。

4. 文化隔离式

这种文化整合主要适用于某些跨国企业间的重组。因为双方文化背景和企业风格迥然不同，甚至相互排斥或对立，所以在文化整合的难度和代价较大的情况下，如果能保持彼此的文化独立，避免文化冲突，反而更有利于企业的发展。如美国通用电气公司控股日本五十铃公司时，通用电气并没有向五十铃输入自己的文化，而是采用了文化隔离的整合方式，这样较好地处理了两者之间文化差异很大的合并障碍。

对于并购企业来说，采用哪一种文化整合模式取决于战略相关性和文化宽容度；对于被并购企业员工来说，他们对自己文化的认同和并购企业文化对其的吸引力也在一定程度上影响文化整合模式的选择。如果并购双方选择的文化整合模式趋于一致，那么整合过程会比较平稳且容易达成共识；如果存在很大分歧，或者并购方根本就没有考虑被并购方的接受程度，整合过程中就很容易激发矛盾，引发被并购企业员工的强烈反感与抵制，想要取得预期的整合效果就会变得非常困难。因此要采用何种文化整合模式需要综合考虑各个方面的因素，尤其是上文提到的四个主要影响因素。

小案例

TCL 的启示：文化定位是跨文化整合的灯塔

2004 年，对 TCL 来说是一个重要的历史年份，TCL 完成了具有历史意义的收购，将汤姆逊彩电业务和阿尔卡特手机业务纳入囊中。一时间，业界及外界好评如潮：TCL 完成了具有标志意义的国际性跨越，营运平台拓展至全球。而 TCL 当年年报的表现却与最初美好的设想恰恰相反：TCL 的两起重要国际并购成立的合资公司 TTE（TCL 与汤姆逊的合资企业）和 T&A（TCL 与阿尔卡特的合资企业）的年度亏损均达到上亿元。

事实上，目前在中国企业进行海外扩张的进程中，必须面对一个问题：被并购企业所在国的员工、媒体、投资者以及工会组织对中国企业持有的疑虑和偏见。中国产品海外市场价格低廉，给不少人错觉，认为中国企业会在并购之后的企业实施降薪手段以降低劳动力成本，加之以往中国企业被认为工作效率低下的印象还没有被完全扭转，被并购企业的普通员工担心自己拿不到丰厚薪酬，管理人员担心自己的职业生涯发展受到影响，投资者担心自己的回报。这些被并购企业由于自身具有悠久的历史和十分成熟的企业环境，往往会对自身文化的认同度较高，普遍对中国企业的文化理念缺乏认同。在这种情况下，如果中国企业将自身的文化强加给被并购企业，其结果往往是处于各持己见状态，长此以往，会使双方在业务及组织上的整合受到阻碍，整合之后工作的难度也将大幅度增加。TCL 在收购汤姆逊后就遇到了类似的情况，尽管汤姆逊旗下的 RCA 品牌还处于经营亏损的状态，但它依然拒绝接受 TCL 关于产品结构的调整，不愿接受引入中国设计以使产品成本更具竞争力的建议。由此可见，并购之前做好充分的文化分析和整合沟通，是并购后企业顺利运营的必要条件。

同样地，TCL 对阿尔卡特手机业务的并购，由于企业经营理念和文化上巨大的分歧，其合资公司自成立以来无论是在海外市场还是国内市场都仍旧延续原来阿尔卡特以及 TCL 移动公司两套人马、两套运行体系的方式，在资源和业务整合上根本没有达到预期目标。阿尔卡特与 TCL 公司在企业文化上也未寻找到整合的契合点，反过来更加大了业务整合难度。

文化整合是否到位是并购后企业原先的战略规划能否执行到位的基础。一个内部持不同管理思路和价值观的企业犹如患上了精神分裂症，貌合神离，整合失败在所难免。因此，清晰的文化定位对于缺少跨文化整合经验的中国企业来讲更加像灯塔一样重要。

四、中国特色组织文化建设的一般模式与发展趋势

在大批中国学者的共同努力下，20 世纪 90 年代中期中国特色企业文化理论开始形成。1991 年出版的《中国企业文化——现在与未来》是第一本研究中国企业文化的专著，这本书的贡献在于初步构建了中国特色企业文化理论的框架。

自从 1984 年美国的组织文化理论传到中国，中国企业文化建设经过 30 多年的发展，已经形成“百花齐放”的局面。其中的佼佼者有海尔、海信、联想、华为、阿里、腾讯等。回顾中国企业文化由不自觉到自觉的发展历程，我们可以从中总结出企业文化建设的一般模式。

（一）党政齐抓共管

中国国有企业具有思想政治工作的优良传统和工作优势，我们充分利用这些优势，使之与企业文化建设紧密结合，党政齐抓共管，探索具有中国特色的企业文化建设模式。

在中国企业，特别是国有企业中，除了经济活动以外，还有政治活动和文化活动。党组织、团组织、妇联、工会等在企业内发挥着重要作用，具有很大的影响力和号召力。这是企业文化建设不可忽视的力量。借助于党组织的政治领导作用和政治思想工作的优势，企业文化建设就有了成功的基础。

企业文化建设已经形成了党政齐抓共管的格局，主要有两种模式：一是由党委直接抓企业文化建设，而企业的各级管理者则全力支持，企业文化建设职能由宣传部或企业文化处主管，或者“一套班子两块牌子”；二是由董事长或总经理牵头，党委发挥政治领导作用，人力资源部或企业文化部主管，其主要优点是企业文化建设与经营管理结合更紧密，有利于企业核心竞争力的增强。

（二）思想工作与文化建设的交融

在我国大中型骨干企业和事业单位中，一直都由党的基层组织负责思想政治工作。近年来，很多非公企业也按照要求设立了党组织。在实践中，许多企业提出了一个共同的问题：企业文化与思想政治工作是什么关系？

有人觉得，两者是一回事，因此抓企业文化是画蛇添足、多此一举，无非是给思想政治工作戴上顶时髦的帽子而已，也有人认为它们不是一回事。实际上，企业文化与思想政治工作既不相互包含，又不完全重合，而是你中有我、我中有你，是种相互交叉、互为依存的关系。

企业文化与思想政治工作有许多共同点，如目标基本一致、对象相同、内容有相似之处、方法大体重合。

从企业文化的角度看，其核心层次——理念层的内容，如企业的价值观、目标、宗旨、精神、道德、风气等，都属于思想政治工作的范围；其中间层次——制度行为层的形成和贯彻，基本上属于经营管理工作。从思想政治工作的角度看，其大部分内容直接与企业的经营管理活动有关。由此可见，思想政治工作是确立企业核心价值观、培育企业精神、建设企业文化的主要手段，而企业文化则为思想政治工作与管理工作密切结合提供了一个最好的形式。加强企业文化建设，就可以使思想政治工作与企业管理工作更好地形成合力，避免“两张皮”的现象。在企业文化建设中，要求思想政治工作紧紧围绕着业务管理工作开展，要求企业管理工作以人为中心，向企业成员的价值观、道德领域深入，使二者水乳交融、相得益彰。

不言而喻，处于生产经营活动中心地位的董事长、总经理，理所当然地应该成为企业文化建设的带头人；而负责企业思想政治工作、处于企业政治核心地位的党组织，则理应成为企业精神培育、企业文化建设的核心力量，广大共产党员应该成为企业文化建设的排头兵。

（三）优良文化与不良文化的冲突与消长

改革开放以来，一些优良企业文化纷纷产生，对企业发展起到了巨大的推动作用。但同时，一些不良文化也在企业中滋生，如果不加以区别，企业就会受到不良文化的干扰，影响自身的发展。

1. 个人本位与集体主义

我国在改革开放过程中，破除了计划经济体制，同时也在相当程度上削弱了企业长期存在的集体主义精神、爱厂如家的主人翁精神，特别是打破“铁饭碗”之后，员工的主人翁精神在一定程度上受到了影响。由于过多地强调竞争，“个人本位”的价值观被空前强化，于是出现了技术上相互保密、工作上相互掣肘、成绩面前相互争功等现象，其直接后果是破坏了团队精神，破坏了真诚的协作关系，破坏了企业的凝聚力，甚至出现了“同行是冤家”的不良风气。

法国管理学家法约尔提出过十四条管理原则，其中有一条就是“个体与整体利益”。这也是我国的一个优良传统，国家利益高于一切，集体利益高于个人利益。如果丢掉集体利益，个人利益将无从谈起，这一点是企业文化建设中必须要强调的。

2. 等价交换与奉献精神

市场经济的大潮一浪高过一浪，等价交换的原则侵入社会的各个角落，利益杠杆似乎成为企业最有效的管理手段，而奉献精神在一些人看来已经过时了。难道奉献精神真的没有意义了吗？在讲究“等价交换”的市场机制面前，中国的企业家应保持头脑清醒：奉献精神永远不会过时，是用什么“价”也不可以交换的。

3. 感情投资与感情激励

“感情投资”这一概念曾一度传遍大江南北，成为许多企业家的口头禅，还有人提出“无成本激励”，也就是利用感情沟通实现不花钱的激励。这给一些企业管理者带来了消极影响：企业管理者把与员工的感情沟通变成一种笼络人的技巧，而不是发自内心的关心和认同。这种感情投资目的很明确，就是一场交易，为“投资者”取得回报，如果员工没有投资价值是绝不投资的。

而我们通常讲的是感情激励，不是一场交易，也不是笼络手段，是真诚的感情交流与感情投入，其基点在于双方都是企业的主人。感情激励的要点有二：一是真诚，只有真诚才会唤起真诚，真诚是友谊的基石，虚伪是友情的大敌；二是平等，感情激励不是上级对下级的感情施舍，而是两个平等自尊的人之间的感情交流，只有这样才会收到激励的效果。如果说“感情投资”仅仅是驭下之术，那么建立在真诚的感情投入基础上的“感情激励”方为领导者的率众之道。

（四）社会变革过程中观念更新的复杂与艰难

面对经济全球化趋势，我国坚持把改革开放作为一项基本国策。特别是 2001 年我国成功加入世界贸易组织，对外开放进入了一个崭新的阶段。在对外经济交往时，肯定会发生中西方观念的碰撞。在这个过程中，一定要把握企业理念的正确方向，不要被一些似是而非的西方观点所左右。比如，西方经济学倡导的“追求利润最大化”观点，就经常被人误认为追求利润是企业的唯一使命。其实，任何企业都兼有经济组织和社会组织的功能，企业竞争力最终来源于企业的文化力、政治力和经济力三个方面，只有经济力是不够的。

再如，西方的“经济人”假设被西方企业广泛接受。而人的本性是随着经济地位的改变而变化的，当生理和安全等需求难以满足时，员工为物质需求而工作，是“经济人”。当温饱问题基本解决之后，社交需求、尊重需求和自我实现需求就成为主要工作动机，这时的员工是社会人、自我实现人。西方管理学也相继出现了社会人假设（人际关系学说）、自我实现人假设（Y 理论）、团队人假设（Z 理论），以及权变学派提出的复杂人假设（超 Y 理论），都更加有说服力，更能满足我国企业实践的需要。我们在面对员工队伍观念冲突，企业文化与个人文化、部门文化不协调时，应该保持清醒的头脑，在实事求是和求同存异的原则指导下，积极、稳妥地解决问题。

（五）新型企业价值观体系已基本形成

企业价值观是影响和左右企业发展的关键因素，这已经逐步在管理学界和企业界达成共识。许多知名企业都有价值观的表述。中国企业新型价值观体系也已基本形成。例如，联想集团确立了四条核心价值观：成就客户——我们致力于每位客户的满意和成功；创业创新——我们追求对客户和公司都至关重要的创新，同时快速而高效地推动其实现；诚信正直——我们秉持信任、诚实和富有责任感，无论是对内部还是外部；多元共赢——我们倡导互相理解，珍视多元性，以全球视野看待我们的文化。

本单元内容提要

1. 组织文化是指组织在长期的生存和发展过程中所形成的，为组织多数成员所共同遵循的最高目标、基本信念、价值标准和行为规范。它是理念形态文化、行为制度形态文化和物质形态文化的复合体。

2. 组织文化涵盖三个层次：精神层文化、制度层文化和物质层文化，主要由价值观、文化仪式、英雄人物、故事及语言等要素构成。组织文化的形成会受到创始人、行业特征、民族文化和地区文化等因素的影响。

3. 学者们在对组织文化进行研究的过程中，产生了几种较有影响的理论，其中包括威廉·大内的 Z 理论、麦肯锡咨询公司的 7S 理论、卓越企业文化理论、文化类型说等，每种理论都从不同角度对组织文化现象进行了解释。

4. 在创建组织文化时，需要遵循一定的步骤对企业理念、企业精神、企业规范和企业形象等进行建设，并且运用一些基本方法和辅助手段来塑造企业文化。

5. 在进行组织的跨文化管理时，需要注意到文化冲突的一些具体表现并对其进行管理。在企业的兼并活动中，也要根据实际情况采用合适的文化整合模式。

技能培养与练习

1. 什么是组织文化？它包括哪几个层次？
2. 组织文化的形成会受到哪些因素的影响？
3. 7S 理论与 Z 理论的基本内容是什么？
4. 如何进行组织文化的建设？
5. 组织跨文化冲突有哪些表现？如何解决？
6. 在企业兼并中如何采用合适的文化整合模式？

技能练习

技能开发

案例分析

中远航运：爱国主义与商业文化的融合

中远航运自成立以来，一直坚持以爱国主义为核心的企业文化并取得了卓越的成效，员工也以振兴中国远洋运输业为使命，敬业奉献、报效祖国。那么，中远航运是如何培养爱国主义文化并影响员工将爱国之情转化为自觉的行动的呢？

一、文化建设：培育爱国主义文化

50 多年来，为什么中远航运的远洋船队能从无到有、由小变大、由弱成强？为什么能够从当初营运杂货船的老牌航运企业蜕变成为特种船运输行业的翘楚？为什么能够在危机面前逆势而上，取得令人瞩目的成绩？

这不仅仅因为公司拥有较长的远洋历史，积累了丰富的应对危机的经验并拥有高素质人才队伍，还因为公司有优秀的企业文化。中远航运建立了以爱国主义为核心的企业文化，继承了“忠于祖国，热爱远洋，艰苦奋斗，遵守纪律”的优良传统，弘扬了“求是创新，图强报国”的企业精神，为中国远洋运输事业做出了历史性的贡献。以爱国主义为核心的企业文化是公司强大的精神支柱，为公司应对危机、攻坚克难增添了信心。企业文化建设是企业和员工双方的互动。一方面，中远航运高度重视企业文化建设，通过爱国教育、爱企教育和爱员工教育培育爱国主义文化；另一方面，在爱国主义文化的熏陶下，员工高度认可企业文化，并通过在岗位上敬业奉献，将爱国之情化作自觉的行动报效国家。

为了增强企业文化的传播效果，中远航运设置了企业文化部，专业高效地负责企业文化工作，通过宣传、教育等活动激发员工的爱国、爱企精神，引导员工报效祖国、敬业奉献，从而培育了爱国主义文化。

二、文化传承：反对说教，以制度引导

中远航运通过文化传承保持着爱国主义文化的生命力，为企业快速成长和发展壮大提供重要保障和强大的精神支柱。多年来，中远航运企业文化内涵不断丰富和发展，但是核心始终如一，那就是爱国主义。中远航运领导班子有这样的共识：我们企业是在国家的支持下成长起来的，我们怀着感恩之心投身于祖国伟大的远洋运输事业中，激励员工以振兴远洋运输事业为追求，敬业奉献，报效祖国。

中远航运反对空泛的口号式的说教，通过将爱国主义文化与公司的管理工作紧密结合，以制度引导员工的行为，以实际行动赢得员工的认可，从而使员工自觉地践行爱国主义精神，使爱国主义文化历经岁月沧桑而永葆生命力。

为了切实有效地传承以爱国主义为核心的企业文化，让企业文化落地，中远航运将企业文化纳入对包括领导层在内的全体员工的考核评价体系中，通过明确的指标去引导员工的行为。对各个部门的党建政治思想工作和精神文明建设的考核，会影响每一位员工的考核结果，从而引导员工自觉地拥护和践行爱国主义文化。

与此同时，公司还将企业文化融入奖惩机制。中远航运积累了丰富的企业文化建设经验，意识到企业文化的传承并非独立于其他管理工作。只有将企业文化传承与企业各项工作紧密地结合起来，通过相互影响、相互促进、共同发展，才能增强企业核心竞争力，为企业实现永续经营、为企业文化永葆生命力提供源源不断的活力。因此，中远航运运用企业文化与其他工作的内在一致性，将企业文化建设融入企业各项奖惩机制中，推动企业文化的传承。

中远航运鼓励员工把个人职业生涯发展需求与企业发展及国家远洋运输事业的发展紧密地联系在一起。中远航运鼓励员工以远洋运输事业为追求，并为那些忠于国家、敬业奉献、表现突出的员工提供了非常多的学习和晋升机会，包括积极利用中远集团的海外网点资源，加大年轻骨干人才的外派力度，设计科学的职业发展蓝图，拓宽和加快优秀员工的晋升之路，等等。这一系列的激励制度有效地与企业文化相融合，促使员工全身心地投入远洋运输事业中。

三、文化发展：爱国主义文化与商业文化的融合

企业文化具有连续性与发展性，总是在不断适应环境的过程中吐故纳新，遵循着文化积累、传播和发展的规律，不断演进与成长。在新时期，中远航运的发展战略是“打造全球综合竞争力最强的特种船公司，成为大型工程项目设备运输的领导者”。在强调经济效益和高效率的商业时代，爱国主义文化是不是过时了？爱国主义文化能与商业文化相互融合吗？

中远航运对爱国主义文化的坚守以及其辉煌的业绩证明了爱国主义文化和商业文化并不矛盾。相反，爱国主义文化是激励中远航运员工敬业奉献、奋勇前进的强大的精神动力。在新时期，中远航运一方面坚持以爱国主义为核心的企业文化；另一方面不断适应商业环境的变化，将爱国主义文化与商业文化紧密结合，扩展企业文化内涵，创新企业文化传播方式，为企业文化体系注入新的活力，从而不断推进企业文化向前发展。

中远航运党委副书记、工会主席李宏祥解释说："企业文化要深入人心，就要符合三个特征：一是时代特征，二是行业或企业特征，三是员工的特征。只有这样，企业文化才能在发展中保持个性。"为了适应外部环境的变化，中远航运结合企业实际情况提炼和丰富企业文化内涵，发展了以爱国主义文化为核心，以安全文化、创新文化、责任文化、学习文化、廉洁文化、和谐文化等新型子文化为重要组成部分的文化体系。新型的子文化既继承了爱国主义文化的内涵，又符合商业时代的发展要求，实现了爱国主义文化与商业文化的相互融合。

思考题：

1. 中远航运爱国主义文化对员工有何影响？为什么能够产生这些影响？
2. 在新时期，中远航运的爱国主义文化如何与商业文化相互融合？

单元 12
员工压力与心理健康

学习目标

知识目标：

1. 理解压力的来源
2. 掌握个人和组织应对压力的途径
3. 了解员工帮助计划

技能目标：

1. 知道如何应对压力
2. 能够采取员工帮助计划去更好地帮助员工

素养目标：

1. 学会正确面对压力，展现积极精神风貌
2. 学会缓解压力，促进身心健康发展

随着生活和工作节奏的加快以及社会竞争的加剧，员工面临的压力越来越大，造成的心理健康问题令人担忧。员工应如何应对压力？企业可以为员工做些什么？本单元将对这些问题提供一些建议。

12.1 压力概述

压力（Stress）指的是一种动态情景，在这种情景中，个体要面对与自己所期望目标相关的机会、限制或要求，并且这种动态情景所产生的结果被认为是重要而又不确定的。简言之，压力是环境刺激与个体反应相互作用的结果。

工作压力，即当工作的要求与员工本身的能力、资源或需求不能契合时，员工所对应产生的不良情绪及生理反应。

一、工作压力的来源

工作压力主要来自三方面：社会、组织和个人。

（一）社会因素

有一些压力来自社会方面，包括社会宏观环境，如产业政策、经济局势等大环境因素，以及员工身边的微观环境。如IT业要求掌握的专业技术日新月异，职场竞争压力大，专业人员淘汰率高，这就给IT从业人员造成很大的社会压力。员工所处社会阶层的地位高低、收入状况同样对其构成社会压力，如当员工自身收入状况与其他社会阶层相比，或者与其他同行业从业人员相比较低时，也可能会产生压力。

（二）组织因素

组织内有许多因素能带来压力，如组织结构、组织变革、组织生命周期、工作环境、文化整合、沟通障碍、领导风格、工作任务过重或工作量不足、角色要求、任务要求等都会给员工带来压力，具体可参见表12－1。

表12－1　组织压力源

公司环境		工作条件			
公司组织与管理	人际关系	工作环境	工作本身		
			工作内容	职务角色	工作时间与地点变动
组织气氛、组织架构、组织文化、薪资因素	与上司、同事、下属间的关系及支持性等	工作场所的物理、化学环境，例如，噪声、采光、通风、温度等	工作负荷量、工作步调、时效性、精密性、工作安全、挑战性、单调重复性	角色冲突、工作权限模糊、工作承诺、责任、问题处理自主权、职业生涯发展等	轮班时间、工作调动范围、工作时间的长短等

（三）个人因素

有时，员工本人也会成为自身压力的来源。例如，追求完美、期望过高、缺乏安全感、被迫不断变换角色、与人沟通不够、外部表现与内心想法相矛盾等，都会使员工感觉到压力。

小资料

生活事件与压力感

二、工作压力的后果

工作压力会作用于员工及公司的组织层面而导致个人症状与组织症状的产生。

当工作压力作用于个体时，严重的会引起员工的不良适应反应，包括失眠、紧张、不安、焦虑、神经过敏、忧虑、不满情绪与低自尊等，使员工的正常生理功能和行为表现产生脱序现象，如表12－2所示。

表 12－2　工作压力的个人症状

心理症状	生理症状	行为症状
1. 焦虑、紧张、混乱与易怒 2. 挫折与愤怒 3. 情绪过敏与活动过度 4. 降低有效人际沟通 5. 退缩与忧郁 6. 情绪的压抑、冷漠 7. 与人隔离与疏远 8. 工作厌烦及不满意 9. 心智疲劳及降低智力功能 10. 注意力不集中 11. 失去自发性及创造力 12. 丧失自尊	主要有皮肤、肠胃、呼吸、心血管、免疫系统等的异常，诸如： 1. 心跳加速和血压增高 2. 肾上腺素与去甲肾上腺素分泌增加 3. 胃肠失常，如溃疡 4. 身体疲乏 5. 冒汗 6. 心血管或呼吸系统出问题 7. 头痛 8. 失眠 9. 肌肉紧张	1. 生活习惯改变 2. 逃避工作 3. 降低工作绩效与生产力 4. 直接破坏工作 5. 饮食过量，导致肥胖 6. 增加看病的次数 7. 增加酒精与药物的使用，如过度饮酒 8. 食欲减退，体重减轻 9. 从事危险行为，工作危险性提升 10. 引起攻击性行为 11. 与同事、家人的关系不良 12. 企图自杀

工作压力可能引发的组织症状有高缺勤率、高离职率、低产品品质、旷职或罢工等，如表 12－3 所示。

表 12－3　组织症状

1. 旷职、缺勤 2. 离职 3. 职业倦怠 4. 易发生工作意外事故 5. 产品品质降低、数量减少 6. 决策效能低

但压力就真的有百害而无一利吗？事实上，适度的工作压力会激励员工，激发工作潜能，增加工作效率；然而过高或过低的工作压力则会减损员工所能展现的工作效率，并造成士气低落、工作成效不彰的反效果。也就是说，工作压力程度与工作效率的关系呈倒 U 形，如图 12－1 所示。

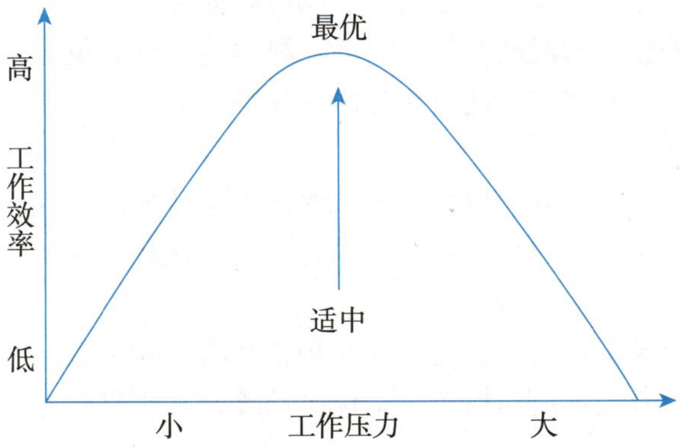

图 12－1　工作压力与工作效率的关系

12.2 压力应对策略

一、个体应对压力的途径

工作压力的减轻至少需要从组织环境改善及员工个人压力应对两个层面着手。面对工作压力时，在大的组织层面的改善还未到来的情况下，最迅速、有效的办法是提升个人的压力应对能力，如促进个人技巧、时间管理、思考方式、态度观念、情绪管理能力的提升。若需要完整的专业改进，则需寻求心理治疗师的协助。

其实，在日常工作生活中，员工个人可经由一些简单常见的方式，减缓工作压力，如运动、静坐、充足的休息与睡眠等。

二、组织应对压力的途径

（一）减少角色模糊

员工不知道该做些什么时，就会产生角色模糊。为防止压力的产生，应进行有效的组织沟通，明确员工的工作职责与工作权限；对工作进行再设计，以求合理；进行科学的职位分析，选择合适的员工担任合适的职位；实行员工民主参与管理；工作岗位、工作场所、工作任务变动不宜过于频繁；注意工作绩效反馈；进行岗位培训，以提高员工的学习技能和生产技能；制定合理的规章制度。

（二）减少角色冲突

角色冲突会带来一些难以协调而又难以实现的个人预期。企业同样要进行有效的组织沟通，明确员工的工作职责和工作权限；进行科学的岗位分析；使工作时间安排合理化；强调岗位培训；改善工作的心理环境，既保证员工在工作时相互交流和沟通，又不能使员工感到心理上的不适，以致相互干扰和妨碍。

（三）减少角色过载

员工被要求去做很多事，又没有足够的时间时，就会产生角色过度负荷感。企业应合理制定工作量；合理安排工作时间与休息时间；科学地开展职位分析和人员选拔；合理分配工作责任与工作风险；改善工作的物理环境（如噪声大、粉尘多、光线暗等）。

（四）增强控制感

将相关工作或两个任务合并，以增加工作的多样性，这样员工就能认识并发挥自己的能力，体验到自己很能干；同时可增强工作的自主权，让员工参与民主决策。

（五）提供社会支持

要关心员工、尊重员工，与员工建立起互相支持的人际关系；实行员工帮助计划，包括个人指导、工作压力分类和应对措施、工作再训练、职业改变咨询、压力过大员工的家庭支持等。

小案例

激励受挫员工

伟达机械制造公司总工程师张峻遇到了一个令人为难的人事问题。公司技术部主管、全公司工艺的技术管理人员刘为在这次评定职称时未能评上工程师。刘为深感沮丧，并已非正式地向张峻提出了调离公司的请求。

刘为毕业于中等技术学校，只有中技学历。这次就是受学历所限而未能评上工程师职称，对此张峻实在爱莫能助。刘为至今已有 20 年工龄，一直在伟达公司工作。他先在车间当了 10 年技术工人，后因其熟悉生产工艺又有颇强的管理能力，被调到厂技术部工作。他担任现职已 7 年多，被公认是张峻的得力助手。刘为是个事业型员工，很有抱负。他认为，以他的工作实绩和经验，晋升更重要的技术管理职务应是不成问题的。岂料，这次与工程师职称无缘。倒是好几个有学历却能力平平者反而都评上了工程师职称。不仅如此，按照现行规定，没有工程师职称，职务晋升将成泡影，连维持现职似乎也不适合。

张峻和公司的其他领导深信刘为可以成为一个优秀的技术管理人才，尽力为他提供到高等学校进修深造的机会。刘为感谢公司对自己的好意，然而想到人到中年再和年轻人一起应付考试，加上经济上的原因和家庭的拖累，于是婉言谢绝了。至于调离公司或是离开所热爱的现职工作，也是事出无奈，有违刘为多年来的人生目标。张峻可以说是一个相当了解刘为的人，他考虑还是应该鼓励刘为入学深造。事不宜迟，张峻打算再和刘为好好谈谈，但是应该怎样说服他呢？

12.3　员工帮助计划①

一、什么是员工帮助计划

员工帮助计划（Employee Assistance Program，EAP），即通过专业人员对企业进行诊断、建议，并对员工及其直系亲属提供专业指导、培训和咨询，旨在帮助员工及其家庭成员解决各种心理和行为问题，以提高员工的工作绩效以及改善企业气氛和管理，使企业获益。EAP 的核心目的在于减轻员工的压力，维护其心理健康。

EAP 于 20 世纪二三十年代起源于美国。当时美国一些企业注意到员工酗酒问题影响个人和企业绩效，而且人们已了解到酒精依赖是一种疾病，不是精神或道德问题，于是有的企业聘请专家帮助员工解决这些问题，建立了职业酒精依赖项目（Occupational Alcoholism Program，OAP），这也是员工帮助计划的雏形。

20 世纪六七十年代，美国社会酗酒、吸毒、滥用药物等问题日益严重，家庭暴力、离婚、精神抑郁越来越影响员工工作表现，于是很多 OAP 项目扩大范围，把服务对象扩

① 陈国海．组织行为学．2 版．北京：清华大学出版社，2006.

展到员工家属，项目增多，内容也更丰富。

随着跨国公司扩张、军队外驻、学术交流以及商学院留学生的培养，美国的 EAP 被引入欧洲及其他地区。特别是 20 世纪 80 年代以来，随着社会进步、企业壮大、管理思想的革新，EAP 在英国、加拿大、澳大利亚等发达国家都得到了长足发展和广泛应用。目前世界 500 强企业中，有 80%以上建立了 EAP，美国有将近 1/4 企业的员工享受 EAP 服务。

二、EAP 的作用

EAP 无论对员工个人还是企业组织，都具有重要的价值。

（一）EAP 对员工个人的作用

EAP 对员工个人的作用有：改善家庭、工作关系；降低失业概率；提高工作绩效和满意度；减少酗酒、吸烟及其他成瘾问题；改正不良习惯；更融洽地和他人相处；规划个人职业生涯；提高个人生活质量，保证社会安宁；增进个人身心健康，促进家庭和睦；降低工作压力。

（二）EAP 对组织的作用

EAP 对组织的作用有：改善管理效果，提高生产率；降低缺勤率；减少招聘成本及培训费用；提高公司士气，提升公众形象；减少赔偿投诉；减少客户投诉；降低出错率；改善组织气氛；优化工作间的合作关系；树立组织关心员工的形象。

（三）EAP 的服务内容

1. 工作环境设计与改善

工作环境设计与改善包括两方面的内容：一是改善工作硬环境，即改善工作物理环境、工作条件以及工作场所的设施或辅助工具；二是通过组织结构变革、优化工作氛围、建立工作轮换机制等手段改善工作软环境，在企业内部建立一个舒适、安全又具有支持性的工作环境，丰富员工的工作内容。

2. 心理压力应对

通过压力管理、挫折应对、情感调节等一系列培训，帮助员工掌握应对压力的基本方法，改善应对方式，提高适应能力。从改变员工对于压力的看法开始，最终改变他们对工作的看法，使其学会处理压力问题，从而增强他们对于工作压力的承受力。

3. 沟通和人际关系改善

良好的人际关系和交流不但是心理健康的表现，也是人们最基本的心理需求。一方面，通过培养和训练，使员工学会改善人际关系的技巧，提高处理人际关系的能力，建立起心理支持系统；另一方面，帮助组织领导者、管理者引导组织内的人际关系朝着积极的方向发展，包括建立合理的组织结构，创造有利的群体环境和交往气氛，改善和促进上下级之间的沟通和交往，理顺组织成员之间的各种关系，为整个组织建立起系统有效的沟通渠道和沟通网络。

4. 职业心理健康问题

由专业人员采用专业的心理健康评估方法评估员工心理健康状况，发现问题产生的原因，并提出解决方案或建议。对企业员工的一些具体个人问题，比如恋爱、婚姻、家庭、子女教育、个人心理困扰等，提供及时有效的咨询、辅导和支持帮助。对企业人员进行心理健康调查，根据企业的实际情况和具体要求，为企业举办各层次具有针对性的职业心理健康讲座、咨询、团体辅导（培训）以及搭建专业心理服务网络平台。

5. 职业生涯规划

对个体作出专业的诊断与详尽的评估，然后根据组织的规范，针对个体的具体情况作出合适的个性化设计（包括组织内的职业生涯设计乃至人生的规划），继之以适当的修正与持续的监督，促进个人潜能与价值的充分开发与实现，同时满足组织所要求达成的价值需求。

6. 心理危机干预

当员工的不良嗜好、身心疾患、家庭或婚姻生活失败、降职或解雇、创伤性应激、暴力或自杀性倾向等个人问题引发心理危机时，通过个别心理咨询、小组辅导、团体训练等一系列干预方式，帮助员工掌握提高心理素质的基本方法，增强其对心理问题的抵抗力。管理者可通过咨询和训练，掌握员工心理管理的技术，以便在员工出现心理困扰、发生心理危机时，及时找到适当的处理方法。

（四）EAP 的两种分类方式

1. 根据实施时间长短分为长期 EAP 和短期 EAP

EAP 作为一个系统项目，应该是长期实施的，持续几个月、几年甚至无终止时间。但有时企业只有在某种特定状况下才能实施员工帮助，比如并购过程中由于业务再造、角色变换、企业文化冲突等导致的压力和情绪问题；裁员期间的沟通压力、心理恐慌和被裁员工的应激状态；空难等灾难性事件，部分员工的不幸会导致企业内悲伤和恐惧情绪的蔓延等，这种时间相对较短的员工帮助能使企业顺利度过一些特殊阶段。

2. 根据服务提供者分为内部 EAP 和外部 EAP

内部 EAP 建立在企业内部，配置专门机构或人员，为员工提供服务。比较大型和成熟的企业会建立内部 EAP，而且由企业内部机构和人员实施，更贴近和了解企业及员工的情况，因而能更及时、有效地发现和解决问题。

外部 EAP 由外部专业 EAP 服务机构操作。企业需要与服务机构签订合同，并安排 1～2 名 EAP 专员负责联络和配合。

一般而言，内部 EAP 比外部 EAP 更节省成本，但员工由于心理敏感和保密需求，对内部 EAP 的信任程度可能不如外部 EAP。专业 EAP 服务机构往往有广泛的服务网络，能够在全国甚至全世界提供服务，这是内部 EAP 难以企及的方面。所以在实践中，内部和外部的 EAP 往往结合使用。

此外，在没有实施经验以及专业机构指导、帮助的情况下，企业想马上建立内部 EAP 会很困难，所以绝大多数企业都是先实施外部 EAP，再建立内部的、长期的 EAP。

本单元内容提要

1. 工作压力，即当工作的要求与员工本身的能力、资源或需求不能契合时，员工所对应产生的不良情绪及生理反应。工作压力主要来自社会、组织和个人三个方面。

2. 组织应对压力的途径有减少角色模糊、减少角色冲突、减少角色过载、增强控制感、提供社会支持等。

3. 员工帮助计划，即通过专业人员对企业进行诊断、建议，并对员工及其直系亲属提供专业指导、培训和咨询，旨在帮助员工及其家庭成员解决各种心理和行为问题，以提高员工的工作绩效以及改善企业气氛和管理，使企业获益。员工帮助计划包括工作环境设计与改善、心理压力应对、沟通和人际关系改善、职业心理健康问题、职业生涯规划、心理危机干预等内容。

技能培养与练习

1. 工作压力的来源有哪些？
2. 请分别谈谈个人和组织如何应对压力。
3. 什么是员工帮助计划？它包括哪些内容？

技能练习

技能开发

一、小测试

时间压力水平测试

阅读下面的 10 句陈述并以“是”或“否”作答。

1. 是　否　明年你是否计划减缓工作的进程？
2. 是　否　你是否认为自己是个工作狂？
3. 是　否　当需要更多时间时，你是否倾向于减少睡眠时间？
4. 是　否　每天结束时，你是否经常感到还有很多事情没有做完？
5. 是　否　你是否为未能花费足够多的时间与家人和朋友在一起而感到不安？
6. 是　否　你是否经常尝试去做比自己能够处理完的更多的事情？
7. 是　否　你是否经常陷于日常工作中？
8. 是　否　你是否感觉到自己不再有玩耍和娱乐的时间？
9. 是　否　当时间不够时，你是否常感到有压力？
10. 是　否　你是否喜欢独自花费更多的时间？

计分及解释：将所有回答“是”的项目个数加起来，超过 7 个（含 7 个）者为具有高时间压力者，低于 4 个者为具有低时间压力者。

二、管理游戏

把紧张吹跑

你紧张吗？你有压力吗？你是不是会在工作中觉得焦虑和灰心？当面对难关的时候你会怎么做？下面的游戏会帮你克服这些负面情绪。

参与人数：集体参与，单独操作。

时间：5～10 分钟。

场地：不限。

游戏规则和程序：

1. 教师向参加者解释“清肺呼吸”的基本知识：

首先，我们要尽力吸入一大口空气；其次，我们要屏住这口气，慢慢地从 1 数到 5；最后，我们要很慢很慢地把气呼出，直到完全呼尽。在这样做的时候，我们将扫除体内的紧张。

2. 示范清肺呼吸，然后让参与者做两三次这样的呼吸。问一下参与者对清肺呼吸的感觉如何。

3. 对清肺呼吸展开讨论：

(1) 在工作过程中，你愿意做清肺呼吸吗？为什么？

(2) 在什么样的场合，清肺呼吸对你是有用的？在什么样的场合，你不愿意进行清肺呼吸？

参考文献

1. 马克思，恩格斯．马克思恩格斯文集：第 10 卷．北京：人民出版社，2009.

2. 马克思，恩格斯．马克思恩格斯文集：第 9 卷．北京：人民出版社，2009.

3. 马克思，恩格斯．马克思恩格斯文集：第 1 卷．北京：人民出版社，2009.

4. 罗国杰．马克思主义价值观研究．北京：人民出版社，2013.

5. 邓小平．邓小平文选：第 3 卷．北京：人民出版社，1993.

6. 保罗·E. 斯佩克特．工业与组织心理学．孟慧，译．5 版．北京：机械工业出版社，2010.

7. 梅雷迪思·贝尔宾．超越团队．李丽林，译．北京：中信出版社，2002.

8. Jerry M. Burger. 人格心理学．陈会昌，译．6 版．北京：中国轻工业出版社，2004.

9. 陈国海．管理心理学．4 版．北京：清华大学出版社，2020.

10. 陈国海．组织行为学．2 版．北京：清华大学出版社，2006.

11. 杜柏林．管理学精要．胡左浩，等译．6 版．北京：电子工业出版社，2003.

12. 戴维·迈尔斯．社会心理学．侯玉波，等译．8 版．北京：人民邮电出版社，2006.

13. 邓靖松．组织行为学案例教程．北京：中国人民大学出版社，2021.

14. 顾琴轩．组织行为学：新经济·新环境·新思维．2 版．上海：上海人民出版社，2007.

15. 詹姆斯·马奇，赫伯特·西蒙．组织．邵冲，译．2 版．北京：机械工业出版社，2008.

16. 杰勒德．哈佛谈判学．成都：西南财经大学出版社，1998.

17. 康青．管理沟通．北京：中国人民大学出版社，2009.

18. 肯·布兰佳，等．击掌为盟：神奇的团队合作．张疆，张春波，译．北京：电子工业出版社，2003.

19. 李剑锋．组织行为学．北京：首都经济贸易大学出版社，2003.

20. 李新春．中山大学管理案例研究 2008. 北京：经济科学出版社，2009.

21. 理查德·L. 达夫特．组织理论与设计．王凤彬，等译．11 版．北京：清华大学出版社，2014.

22. 卢盛忠，余凯成．组织行为学．杭州：浙江教育出版社，1998.

23. 卢盛忠．管理心理学．4 版．杭州：浙江教育出版社，2010.

24. 斯蒂芬·P. 罗宾斯，玛丽·库尔特，戴维·A. 德森佐．管理学：原理与实践．毛蕴诗，主译．10 版．北京：机械工业出版社，2019.

25. 桑斯坦．极端的人群：群体行为的心理学．尹宏毅，郭彬彬，译．北京：新华出版社，2010.

26. 沈亚平．现代组织理论与管理．天津：天津大学出版社，2003.

27. 斯蒂芬·P. 罗宾斯，蒂莫西·贾奇．组织行为学．孙健敏，等译．18 版．北京：中国人民大学出版社，2021.

28. 斯蒂芬·P. 罗宾斯，等．组织行为学．孙健敏，等译．14 版．北京：中国人民大学出版社，2012.

29. 托马斯·彼得斯，罗伯特·沃特曼．追求卓越：美国优秀企业的管理圣经．戴春平，等译．北京：中央编译出版社，2003.

30. 汤云．电子商务企业文化建设实例剖析．商业时代，2007（24）.

31. 托马斯·谢林．冲突的战略．王水雄，译．北京：华夏出版社，2019.

32. 威廉·大内．Z 理论：美国企业界怎样迎接日本的挑战．孙耀君，等译．北京：中国社会科学出版社，1985.

33. 王重鸣．管理心理学．上海：华东师范大学出版社，2021.

34. 王重鸣．管理心理学．北京：人民教育出版社，2001.

35. 徐志红，等．薪酬·心愁·新仇．哈佛商业评论，2006（7）.

36. 熊敏鹏，等．公司薪酬设计与管理．北京：机械工业出版社，2006.

37. 亚伯拉罕·马斯洛．动机与人格．许金声，等译．3 版．北京：中国人民大学出版社，2013.

38. 郑晓明．组织行为学．北京：经济科学出版社，2002.

39. 张亚利．关于大学生情商水平与就业质量的研究．武汉：华中科技大学，2004.

40. 朱智贤．朱智贤全集（6 册）. 北京：北京师范大学出版社，2002.

41. 竺乾威．组织行为学．上海：复旦大学出版社，2002.